Así hablaba Jesús

Sus historias y oraciones

D1521788

Eugene H. Peterson

Así hablaba Jesús

Sus historias y oraciones

Eugene H. peterson

EDITORIAL

Miami, Florida

ASÍ HABLABA JESÚS
Sus historias y oraciones

© 2012 Eugene H. Peterson
Todos los derechos reservados

Publicado en español por Editorial Patmos
Miami, FL 33169 EE.UU.
www.editorialpatmos.com

Título original en inglés: *Tell it Slant*, © 2008 Eugene H. Peterson
Publicado por Wm B. Eerdmans Publishing Co.
2140 Oak Industrial Drive N.E., Grand Rapids, Michigan 49505

Traducido por Siliva Cudich
Diseño de portada: Wagner Leonardo Francia
Proyecto y diagramación: Wagner Leonardo Francia

Categoría: Estudio bíblico; Vida cristiana

ISBN 10: 1-58802-449-0
ISBN 13: 978-1-58802-449-7

Impreso en los Estados Unidos | *Printed in the United States*

Contenido

I. JESÚS EN SUS HISTORIAS

II. JESÚS EN SUS ORACIONES

Reconocimientos

Yo fui afortunado: aprendí el lenguaje de la fe a la misma vez que aprendí el idioma inglés. Mi escuela de lenguajes fue mi familia: mis padres y mi hermana Karen y mi hermano Kenneth, los mejores maestros y los compañeros de clase más simpáticos del colegio.

Este libro tuvo sus principios en las Conferencias J. Henderson de 1992 en el Seminario Teológico de Pittsburgh. Se desarrolló luego en cursos de lenguaje, Biblia y oración en Regent College en Vancouver, B.C., desde 1993 a 1998. Fue probado y maduró en conversaciones con pastores en numerosos retiros y conferencias.

Una sucesión de directores espirituales, extendidos a lo largo de cincuenta años mientras yo me trasladaba de un lado a otro del país, hizo que mis palabras permanecieran siendo frescas y honestas y personales: Reuben Lance de Montana, el pastor Ian Wilson de Baltimore, la hermana Constance FitzGerald, O.C.D., de Baltimore, el pastor Alan Reynolds de Canadá. Jonathan Stine es un amigo fiel que alienta la reverencia en los detalles más pequeños.

Cuando por fin creí que sabía lo que necesitaba saber y que podía pasar a otras cosas, mis nietos comenzaron a aparecer cada dos años aproximadamente y regularmente restauraron mi sentido de asombro ante el milagro del lenguaje. Este libro se lo dedico a ellos.

Para Jon y Cheryl Stine
fieles compañeros en la viña del texto

Introducción

El lenguaje —que nos es dado para glorificar a Dios, para recibir la revelación de Dios, para testimoniar la verdad de Dios, para ofrecer alabanzas a Dios— corre un peligro constante. Con demasiada frecuencia
se deseca la Palabra viva hasta convertirla en cadáveres proposicionales,
para luego dividirla en especímenes hermenéuticos en botellas de clo-
roformo.

*   *   *

Mi preocupación es que usemos el don de Dios del lenguaje en consonancia con el Dios que habla. Jesús es la persona principal con la que
tenemos que relacionarnos en este negocio. Sobre todo Jesús. Jesús, la
Palabra hecha carne. Jesús que "habló, y todo fue creado" (Salmo 33.9)
aun "desde la creación del mundo" (Mateo 13.35). Jesús que contaba
historias en los caminos y alrededor de la mesa durante la cenas en
Galilea y mientras viajaba por Samaria. Jesús que oraba en el Jardín y
desde la Cruz en Jerusalén. Jesús es la Palabra de Dios dirigida a nosotros en una variedad de entornos y circunstancias. Él entabla conversaciones con nosotros en el leguaje que recibimos de los Evangelios. Esas
conversaciones las continúa el Espíritu Santo con nosotros tal como él
lo prometió: "Pero cuando venga el Espíritu de la verdad, él los guiará
a toda la verdad, porque no hablará por su propia cuenta sino que dirá
sólo lo que oiga y les anunciará las cosas por venir" (Juan 16.13-14).

Él es también la persona que ora a su Padre y al nuestro, "ya que vive siempre para interceder por ellos" (Hebreos 7.25).

*   *   *

El lenguaje y la manera en que lo usamos en la comunidad cristiana son el punto principal de esta conversación sobre la espiritualidad del lenguaje. El lenguaje, todo él —cada vocal, cada consonante— es un don de Dios. Dios usa el lenguaje para crear y ordenar; nosotros usamos el lenguaje para confesar nuestros pecados y cantar alabanzas a Dios. Es el mismo lenguaje que usamos para conocernos los unos a los otros, para comprar y vender, para escribir cartas y leer libros. Usamos las mismas palabras para hablar entre nosotros que para hablar con Dios: los mismos sustantivos y verbos, los mismos adverbios y adjetivos, las mismas conjunciones e interjecciones, las mismas preposiciones y pronombres. No hay un lenguaje del "Espíritu Santo" que se utiliza para los asuntos relacionados con Dios y la salvación y luego un lenguaje mundanal aparte para comprar repollos y automóviles. "El pan nuestro de cada día dánoslo hoy" y "pásame las papas" vienen de la misma reserva común de palabras.

El hablar es mucho más que decir las palabras correctas y pronunciarlas bien. *Quiénes* somos y la *manera* en que hablamos es lo que hace la diferencia. No hay duda de que podemos pensar en muchas maneras creativas de usar mal las palabras: podemos blasfemar y maldecir, podemos mentir y engañar, podemos acosar y abusar, podemos chismear y ridiculizar. O no. Cada vez que abrimos la boca, en conversaciones mutuas o en oraciones a nuestro Señor, la verdad y comunidad cristianas están en juego. Es así que, lo primero en la lista de prioridades de la comunidad cristiana durante todas las generaciones es desarrollar diligentemente una voz que hable en consonancia con el Dios que habla, es hablar de manera que la verdad sea dicha y se forme comunidad y es orar al Dios y Padre de nuestro Señor Jesucristo y no a algún ídolo en forma de becerro de oro que haya sido creado por uno de los numerosos descendientes de Aarón.

Los predicadores y maestros tienen puestos importantes en la comunidad cristiana en cuanto al uso del lenguaje. El púlpito y el atril proporcionan lugares de autoridad e influencia en santuarios y aulas de clase que requieren un lenguaje cuidadoso y espiritual que honre a Cristo en cada sermón y lección. Pero aquí, yo estoy especialmente interesado en las conversaciones laterales, no estudiadas y cotidianas que tienen lugar en las cocinas y salas de estar, tomando un café con un amigo, hablando de cosas sin importancia en una playa de estacionamiento, o teniendo una discusión intensa y privada que podría hacer o deshacer una relación. Deseo ocuparme de las palabras que escuchamos y pronunciamos cuando desempeñamos nuestras tareas comunes de trabajo y familia, amigos y vecinos y proporcionarles la dignidad equivalente junto con el lenguaje que comúnmente asociamos con las así llamadas "cosas de Dios".

Por lo general, este lenguaje no posee un perfil destacado y no es un lenguaje que usamos cuando deseamos hacer algo o dominar un tema complejo. Es un lenguaje que usamos cuando no estamos tratando los unos con los otros en nuestros roles sociales o nuestras funciones asignadas. Saborea sutilezas. Disfruta de las ambigüedades.

Deseo derribar las paredes que hemos erigido entre el lenguaje que trata con Dios y el lenguaje que trata con la gente que nos rodea. Al final de cuentas es el mismo lenguaje. El mismo Dios al que nos dirigimos en oración y proclamamos en sermones está también profunda y eternamente involucrado con los hombres y mujeres con los que conversamos, ya sea de manera casual o intencional. Pero no siempre de manera obvia. Las palabras de Dios no van siempre precedidas por "Así dice el Señor". Requiere tiempo y atención hacer las conexiones necesarias entre lo dicho y lo que no se ha dicho, lo directo y lo indirecto, lo franco y lo oblicuo. Existen muchas ocasiones en que el enfoque imperioso o rotundo no honra ni a nuestro Dios ni a nuestros semejantes. A diferencia de los hechos crudos, la verdad, especialmente la verdad personal, requiere el cultivo de intimidades sin prisa.

Dios no fracciona nuestras vidas en lo religioso y lo secular. ¿Por qué lo hacemos nosotros? Deseo insistir en la continuidad del lenguaje entre las palabras que usamos en los estudios bíblicos y las palabras que usamos cuando estamos fuera pescando truchas. Deseo cultivar un sentido de continuidad entre las oraciones que le ofrecemos a Dios y las conversaciones que tenemos con la gente con la que hablamos y que nos habla a nosotros. Deseo alimentar la conciencia de la santidad de las palabras, el don sagrado del lenguaje, ya sean dirigidas vertical u horizontalmente. Tal como lo hizo Jesús.

*   *   *

De modo que Jesús es mi texto para cultivar un lenguaje que honra la santidad inherente en las palabras: el arraigo de Dios, la encarnación de Cristo, la vida del Espíritu. La primera parte de la conversación: "Jesús en sus historias" escucha mientras Jesús habla con la gente de su época mientras pasea por los campos de trigo, ingiere su comida, navega por el lago, responde preguntas, lidia con hostilidades. La segunda parte de la conversación: "Jesús en su oraciones" nos sumerge en la manera en que Jesús oró a su Padre: las oraciones en Galilea, las oraciones en Jerusalén, las oraciones en Getsemaní, las oraciones en Gólgota. Mientras escuchamos a Jesús mientras habla y luego participamos en sus oraciones, espero que nosotros juntos, los lectores y el escritor, desarrollemos una aversión inteligente a todas las formas de despersonalización del lenguaje "divino" y adquiramos el gusto y talento por el lenguaje siempre personal que usa Dios, incluso en nuestras conversación y charlas triviales, quizás en especial en nuestras charlas triviales, para crearnos y salvarnos y bendecirnos a cada uno de nosotros.

I

JESÚS EN SUS HISTORIAS

Jesús en Samaria: Lucas 9.51-19.27

Es una enorme ironía que Jesús, cuyas palabras crean y forman nuestra vida, jamás haya escrito una palabra, al menos ninguna palabra que haya sido preservada. Aquellas palabras que escribió en la tierra de Jerusalén usando su dedo como lápiz desaparecieron con la siguiente lluvia. No obstante, lo conocemos a Jesús como un hombre de palabras. Él es, después de todo, la Palabra hecha hombre.

Pero él no escribía. Él hablaba. Jamás tuvo un editor, nunca autografió libros, nunca mojó una pluma en un frasco de tinta. El lenguaje para Jesús era una cuestión de voz: "él habló, y todo fue creado" (Salmo 33.9).

Sus palabras, por supuesto, fueron escritas, y publicadas. Es muy probable que las palabras de nadie hayan sido reproducidas e impresas en tantos manuscritos y libros como las palabras de Jesús. Aún así, es importante tener presente esa calidad oral original, esa voz viva de Jesús, las palabras habladas que provienen de su boca y entran en la vida de hombres y mujeres a través de sus oídos atentos y corazones creyentes. Las palabras escritas, por importantes que sean, están a una gran distancia de la voz hablada. Es necesario hacer un esfuerzo decidido para escuchar la voz que habla y prestarle atención, no sólo observar y estudiar la palabra escrita.[1]

---

1   En *Cómete este libro: Recibe lo que Dios revela*. Editorial Patmos 2011, me expando considerablemente sobre este "esfuerzo decidido".

*   *   *

El lenguaje es principalmente un medio de revelación, tanto para Dios como para nosotros. Al usar palabras, Dios se revela a nosotros. Al usar palabras, nosotros nos revelamos a Dios y a los demás. Por medio del lenguaje, el ciclo completo de hablar y escuchar, tanto Dios como los hombres y mujeres creados por su Palabra pueden revelar vastos interiores que de otra manera no serían accesibles.

Esto es importante. Es importante pensar en ello ya que no es algo que sea obvio. Y es importante que lo reconsideremos a menudo, ya que la vasta industria de las comunicaciones trata principalmente al lenguaje como información o estímulo, pero no como revelación. En la gran mayoría de las veces, cuando se usa la palabra "Dios" en nuestra sociedad es apenas una pieza de información, despersonalizada hasta quedar convertida en una mera referencia o rebajada a una blasfemia. George Steiner, uno de los escritores que mejor percepción tiene del lenguaje, argumenta poderosamente que el comunicar información no es más que una función marginada y altamente especializada del lenguaje.[2] Pero el lenguaje que aprendemos junto a nuestros padres y hermanos y amigos tiene su origen en el Dios revelador. Todo nuestro hablar y escuchar se lleva a cabo en el mundo del lenguaje que está formado y sostenido por el hablar y escuchar de Dios. Las palabras que Dios usa para crear y nombrar y bendecir y ordenar en Génesis son las mismas palabras que escuchamos que Jesús usa para crear y nombrar y sanar y bendecir y ordenar en los Evangelios. Jesús habla, y nosotros escuchamos hablar a Dios.

El Jesús conversacional

El lenguaje de Jesús, como nos lo informan sus testigos evangelistas Mateo, Marcos, Lucas y Juan, es a veces una prédica designada y otras veces, una enseñanza. Aún así, gran parte de las veces lo en-

---

2   Véase George Steiner, *After Babel: Aspects of Language and Translation* (Oxford: Oxford University Press, 1998).

contramos a Jesús hablando de una manera que no es ni un sermón ni una enseñanza. Lo encontramos hablando de manera informal en una simple charla mientras cena en la casa de alguien o con amigos, paseando por los campos o por las orillas de un lago, o respondiendo a las diversas interrupciones y preguntas mientras se dirige a este o aquel lugar. En el presente contexto es ese tercer uso del lenguaje, el informal y despreocupado, el que me interesa.

*　　*　　*

El predicar viene primero. Es la clase de lenguaje que define, tanto en significado y manera, qué es lo que concierne a Jesús. Las primeras palabras fuera de la boca de Jesús, según nos lo informa Marcos (que fue el primero en escribir un Evangelio), fue una predicación: "Jesús se fue a Galilea a anunciar las buenas nuevas de Dios. «Se ha cumplido el tiempo —decía—. El reino de Dios está cerca. ¡Arrepiéntanse y crean las buenas nuevas!»" (Marcos 1.14-15). Concluye su sermón con un llamado al altar que fue respondido por cuatro pescadores. Estaba en camino.

El predicar es una proclamación. El predicar anuncia lo que Dios está haciendo aquí y ahora, en este momento y en este lugar. Llama además a los oyentes a responder apropiadamente. El predicar son las noticias, las buenas nuevas que Dios está vivo y presente y en acción: "Quizás no lo sabían, pero el Dios vivo está aquí, aquí mismo en esta calle, en este santuario, en este vecindario. Y está obrando ahora mismo. Ya mismo está hablando, en este preciso instante. Si saben lo que es bueno para ustedes, querrán participar".

Todos los escritores de los Evangelios nos dan una detallada orientación del predicar de Jesús, pero Marcos se destaca como el primero entre sus pares: su lenguaje incisivo, urgente mantiene con gran destreza el aquí, el ahora y lo personal delante de nosotros.

El predicar es el lenguaje que nos involucra personalmente en la acción de Dios en el presente. El predicar se destaca por comunicar lo personal y presente. El oyente no puede suponer que las palabras predicadas sean para otra persona más que él o ella. El oyente no debe tratar de esquivar la situación suponiendo que las palabras predicadas tratan sobre algo que ocurrió hace mucho tiempo o incluso ayer, o que tratan sobre lo que habrá de ocurrir en el futuro, cercano o lejano. El predicar revela a Dios en acción aquí y ahora: para mí. No importa que cosas insípidas hayamos escuchado de boca de predicadores y sus imitadores, podemos tener la certeza de que no se originaron en Jesús.

El día que Jesús lanzó su ministerio público en Galilea mediante un sermón, él era el último en una larga tradición: más de mil años de gran predicación que había sido actualizada por el primo de Jesús, Juan el Bautista. Después de Jesús, la tradición continuó con Pedro y Pablo, Crisóstomo y Cipriano, Ambrosio y Agustín, Francisco y Domingo, Lutero y Calvino, Wesley y Whitefield, Edwards y Finney, Newman y Spurgeon. El predicar continúa siendo el lenguaje básico para comunicar la revelación de Dios en Cristo Jesús, proclamada desde las esquinas y los púlpitos de todo el mundo: Dios está vivo, obrando y hablando, aquí y ahora, para ustedes y para mí.

Jesús también usó el lenguaje para enseñar. A diferencia de la enseñanza a la que estamos acostumbrados en nuestras escuelas, lecciones diseñadas a pensar por nosotros, las enseñanzas de Jesús brillan con fulgurantes aforismos. Más que ofrecer información, Jesús reforma nuestras imaginaciones con metáforas para que podamos integrar la verdad viva y multidimensional que es Jesús. Todos los escritores de los Evangelios nos presentan a Jesús enseñando, instruyéndonos con detalle lo que significa vivir en este reino de Dios. Pero Mateo es el escritor de los Evangelios que nos proporciona el testimonio más extenso de la enseñanza de Jesús. Él reúne las enseñanzas de Jesús en cinco grandes discursos (¿reminiscentes quizás de los cinco libros de Moisés?): el sermón de la montaña (Mateo 5-7), las instrucciones a los doce discípulos (Mateo 10), las instrucciones para la comunidad (Mateo 18), las advertencias contra la hipocresía (Mateo 23), la enseñanza sobre las últimas cosas (Mateo 24-25).

El vivir cotidiano en este mundo donde Dios está presente y activo para nosotros y nuestra salvación implica cultivar un sentido detallado de lo que está involucrado en cada aspecto de nuestra vida. A menudo existe en nuestra vida una dicotomía entre lo público y lo privado, lo espiritual y lo secular. Dividimos nuestra vida en varias partes que colocamos en chiribitiles rotulados para tener fácil acceso en el momento en que decidimos ocuparnos de ellas. La enseñanza une las partes, establece conexiones, evidencia relaciones: como decimos "conecta un punto con el otro". Es así que Jesús nos enseña, repasa los detalles de aquello a lo que nos enfrentamos, las decisiones y discernimientos que tenemos que tomar, los métodos que son apropiados para vivir esta vida en el reino en el que Jesús es rey. Las enseñanzas de Jesús, tanto entonces en Galilea y Jerusalén como ahora según la reproducen nuestros maestros y profesores, tienen lugar generalmente en compañía con los demás, algunos que son hermanos y hermanas en la obediencia y otros que resultan ser indiferentes e incluso hostiles.

En sus enseñanzas, como en sus predicaciones, Jesús proviene de una vasta tradición: los libros de Moisés que alcanzan su punto culminante en Deuteronomio, luego Proverbios y Eclesiastés, y luego el consejo y sabiduría entretejidos en la magnífica trama del cuidado pastoral que encontramos en los profetas y sacerdotes de Israel. Estas enseñanzas también continúan en la vida de iglesia a medida que nuestros pastores y teólogos nos capacitan para que cultivemos una obediencia fiel e inteligente mientras nos ocupamos de las políticas, asuntos de negocios, temas familiares, fracasos y sufrimientos personales, y de vivir una vida íntegra y acabada. Las enseñanzas resucitan las palabras muertas para que recobren vida. Ocupan un amplio campo de la manera en que usamos el lenguaje en esta vida de seguir a Jesús.

Las predicaciones y enseñanzas son usos importantes del lenguaje en medio de un pueblo que habla y presta testimonio, que ora y proporciona dirección en la comunidad cristiana. Por lo común, separamos a hombres y mujeres y les damos capacitación en las iglesias y escuelas para que sean predicadores y maestros. Hay mucho que aprender. Hay mucho por lo que preocuparse. Necesitamos predicadores y maestros que nos mantengan concentrados en Dios en Cristo y nos alerten sobre las seductoras idolatrías que nos rodean. En gran parte, tenemos muchos predicadores y maestros que entienden qué es lo que está ocurriendo en el reino, que no pierden de vista "la única cosa necesaria" y que aprenden fidelidad y la renovación de la mente. Las predicaciones y enseñanzas están bastante bien definidas en forma y contenido y por lo general se llevan a cabo en lugares públicos.

Pero existe una tercera clase de lenguaje en la que todos participamos sin que importe nuestro rol en la comunidad y sean cuales sean nuestros talentos y aptitudes. Anteriormente he descrito este lenguaje como hablar "de manera informal en una simple charla mientras se cena en casa o con amigos, yendo de un pueblo a otro, o respondiendo a las diversas interrupciones y preguntas mientras se dirige a este o aquel lugar". Si contamos las palabras que usamos por semana, esta clase de charla excede en gran medida todo lo que hablamos o escuchamos que pueda ser predicación o enseñanza designada. Cuando Jesús no estaba predicando y no estaba enseñando, él hablaba con los hombres y mujeres con los que vivía sobre lo que estaba ocurriendo en ese momento: personas, acontecimientos, preguntas, etc., usando las circunstancias de sus vidas como su texto. Nosotros hacemos algo parecido. Las predicaciones comienzan con Dios: la palabra de Dios, la acción de Dios, la presencia de Dios. Las enseñanzas se expanden sobre lo que se proclama, instruyéndonos sobre las implicaciones del texto, las resonancias de la verdad en el mundo, las maneras específicas en que la palabra de Dios le da forma en detalle a la manera en que vivimos nuestras vidas cotidianas entre el nacimiento y la muerte. Pero las conversaciones informales, sin estructura, surgen de los incidentes y encuentros con los demás que tienen lugar en el curso normal de nuestra vida en familia y en los lugares de trabajo, en lugares de juego y mientras hacemos las compras, en terminales de aeropuertos mientras esperamos un vuelo y mientras caminamos con amigos por el campo mirando las aves a través de nuestros binoculares. Muchas de las palabras que habló Jesús son de esta naturaleza. La mayoría de nosotros nos somos predicadores ni maestros, o por lo menos no se nos designa como tales. La mayoría de las palabras las pronunciamos en los contextos cotidianos de comer y beber, hacer compras y viajar, sosteniendo lo que a veces descartamos como "charlas sin importancia".

Todos los escritores de los Evangelios nos presentan a Jesús usando esta clase de lenguaje, pero la revelación más extensa de Jesús usando este lenguaje informal y sin estructura la encontramos en el Evangelio de Lucas. Lo que Marcos hace por la predicación y Mateo hace por la enseñanza, Lucas lo hace por el lenguaje del intercambio informal que se lleva a cabo en las idas y venidas de nuestras vidas comunes y corrientes.

La narrativa de Lucas del viaje

En el centro del Evangelio de Lucas (Lucas 9.51-19.44), hay una inserción de diez capítulos que presenta justamente esta clase de lenguaje informal entre Jesús, sus seguidores y otros hombres y mujeres que encuentra por el camino. La sección está enmarcada por alusiones a dejar Galilea (9.51) y luego llegar a Jerusalén (19.11, 28, 41). Debido a estas alusiones que le sirven de marco, a este pasaje se lo designa a menudo como la Narrativa del Viaje. La mayor parte del material en estos diez capítulos es exclusiva de Lucas.

Nuestros primeros tres Evangelios siguen un bosquejo similar, y su composición y contenido son en gran parte parecidos. No se copian exactamente uno al otro, ya que cada escritor de los Evangelios tiene su propia manera de contar la historia, destacando ciertas características que de otra manera no percibiríamos. En amplios términos, Marcos destaca lo kerigmático, las cualidades de predicación del lenguaje de Jesús, y Mateo presenta las cualidades didácticas y pedagógicas. Pero Lucas tiene un particular interés en sumergirnos en los aspectos coloquiales del lenguaje de Jesús. De modo que interrumpe la trama de la historia establecida por sus predecesores, Mateo y Marcos, e intercala esta prolongada sección de material mayormente original en el centro de su Evangelio. Los primeros nueve capítulos del Evangelio de Lucas relatan la historia del ministerio galileo de Jesús, siguiendo el modelo establecido por Mateo y Marcos. La historia galilea fija los cimientos para nuestra vida en Cristo. Los últimos cinco capítulos cuentan la historia de la semana final del ministerio de Jesús en Jerusalén —Jesús rechazado, crucificado y resucitado a una nueva vida— siguiendo también a Mateo y Marcos. La historia de Jerusalén consuma nuestra vida en Cristo: crucifixión, resurrección.

Lo que Jesús hizo y dijo en los primeros años en Galilea tiene continuidad con lo ocurrido en la última semana en Jerusalén. La transición entre los dos lugares se narra como un viaje por Samaria, la región que separaba a Galilea de Jerusalén. Samaria no era territorio exactamente enemigo, pero era sin duda un territorio poco amigable. Los samaritanos y los judíos tenían varios cientos de años de enemistad entre ellos. No se tenían confianza, ni se agradaban mutuamente. De vez en cuando irrumpía la violencia, incluso encuentros sangrientos. Josefo cuenta la historia de un incidente en que los samaritanos mataron a unos peregrinos galileos que estaban atravesando Samaria camino a Jerusalén rumbo a una de las festividades. Más tarde, guerrilleros judíos atacaron poblados samaritanos en señal de venganza.[3] Ir desde Galilea a Jerusalén era un viaje peligroso de unas sesenta o setenta millas: un viaje de tres a cinco días a lomo de burro o a pie.

Durante ese viaje por Samaria, yendo desde Galilea a Jerusalén, Jesús se toma el tiempo para contar historias que preparan a sus seguidores para incluir lo común y corriente de su vida a la conciencia y participación de la vida del reino. Jesús anuncia a sus discípulos que él se dirige a Jerusalén para ser crucificado y los llama a ir con él. Mientras caminan juntos durante varios días, él los prepara para su vida posterior a la crucifixión y resurrección. Se avecinan dramáticos acontecimientos en perspectiva. Sus vidas van a cambiar desde el interior. Pero al mismo tiempo, lidiarán con las mismas personas, las mismas rutinas, las mismas tentaciones, la misma cultura romana y griega y hebrea, los mismos hijos y los mismos padres, la espera a veces interminable, enfrentando la indiferencia de muchos que los rodean, tratando con las tremendas hipocresías de los que se creen moralmente superiores, las estupideces de la guerra, lo absurdo del evidente consumo y las mentiras de los altaneros gobernantes. Todo va a cambiar y, sin embargo, todo seguirá siendo lo mismo. Jesús los está preparando para vivir en un mundo que no conoce ni desea conocer a Jesús. Jesús los está preparando (¡a nosotros!) para vivir una vida de crucifixión y resurrección

---

3   Joachim Jeremias: *Jerusalem in the Time of Jesus* (Philadelphia: Fortress Press, 1969), p. 353.

con paciencia y sin fanfarria, con obediencia y sin reconocimientos. En esas conversaciones samaritanas, los prepara calma y valientemente para hacer todo esto en continuidad con la manera en que él lo hizo y la manera en que él habló de ello. Les aclara que pronto, cuando él ya no esté físicamente con ellos, no tendrán que arreglárselas solos para llevar adelante la tarea y decidir qué es lo mejor. La manera en que él lo hace, el camino de la cruz, tiene que ser continuada. Pero es interesante y significativo que Jesús no usa un lenguaje de crisis. El habla coloquialmente, apenas levantando la voz. Casi siempre cuenta historias. Algunos de sus seguidores (aunque no todos) jamás olvidarán esos relatos.

Cuando los hombres y mujeres caminan y charlan juntos, sin planes inmediatos ni tareas asignadas excepto llegar por fin a su destino y tomarse el tiempo para hacerlo, se desarrolla naturalmente una cierta intimidad. Mateo y Marcos no pierden el tiempo en transportarnos de Galilea a Jerusalén. Lucas reduce la velocidad, se toma su tiempo. Lucas aprovecha la oportunidad para usar el entorno de este trayecto de tranquila caminata para extender y desarrollar la espontaneidad de las conversaciones sin estructura mientras Jesús y sus discípulos caminan desde Galilea a Jerusalén: Jesús respondiendo preguntas, Jesús hablando durante la cena, Jesús discutiendo con sus amigos, Jesús contando historias. De lo que Mateo y Marcos se ocupan en dos capítulos, Lucas lo extiende a diez. Nos sumerge en la manera en que Jesús usa el lenguaje mientras se ocupa de lo común y fortuito. Jesús sin ningún apuro: continuamente sin interrupciones. Ésta es la manera en que Jesús usa el lenguaje cuando no está enseñando y predicando. Y ésta es la manera en que nosotros usamos el lenguaje en los momentos que no apartamos formalmente para aquello que podríamos denominar una charla "religiosa".

*   *   *

Hay dos cosas que me interesan en la Narrativa del Viaje. Primero, es lo que ocurre "entre" las dos zonas de interés de la vida y ministerio de Jesús: Galilea y Jerusalén. Jesús y sus discípulos están viajando por la región poco conocida y amigable de Samaria. Al contrario de Galilea y

Jerusalén, Samaria no es el hogar de Jesús y sus compañeros. Están lejos de las familiares sinagogas galileas y del amado templo de Jerusalén. No conocen a esa gente y es poco lo que tienen en común con ellos: ni la sinagoga, ni el templo, ni un acuerdo sobre lo que dicen las Escrituras. Son forasteros en esta región y este pueblo.

Aquí hay una analogía de lo que se experimenta en la vida de los cristianos "de un domingo a otro". La vida de Jesús se predica y enseña comúnmente los domingos. El santuario dominical es el momento y lugar señalados para prestar atención a lo que significa adorar y seguir a Jesús en compañía de los bautizados: los hombres y mujeres y niños que sólo se dan cuenta de quiénes son cuando están junto al Padre, el Hijo y el Espíritu Santo y participan de su obra. Son momentos y lugares apartados para orar y escuchar piadosamente junto con hombres y mujeres que están "de nuestro lado". Todos sabemos muy bien, aunque no en detalle, qué esperar. Al menos la estructura y la mayoría de la gente son predecibles. Pero de domingo a domingo pasamos la mayor parte de nuestro tiempo con personas que no están siguiendo a Jesús como nosotros y que no comparten nuestras suposiciones y creencias y convicciones con respecto a Dios y su reino. Las circunstancias —las necesidades de la familia, las responsabilidades del trabajo, las inclemencias del tiempo, los accidentes y acontecimientos imprevistos— son, al menos para una ojeada rápida, completamente seculares. Todo puede ser dicho; cualquier cosa puede ocurrir. Casi siempre "eso" se dice y ocurre. No parece que demasiado provenga o esté conectado con el texto del sermón que escuchamos el domingo. Samaria es la región entre Galilea y Jerusalén donde pasamos la mayor parte de nuestro tiempo durante la semana. Mientras estamos allí, ninguno de nosotros puede anticipar lo que se nos dirá o qué es lo que habrá de ocurrir.

Algunos de nosotros tratamos de limitar nuestra identidad cristiana a lo que ocurre los domingos. Para preservarlo de toda contaminación del "mundo", evitamos en lo posible toda conversación más allá de la charla cortés con los samaritanos. Algunos de nosotros memorizamos frases de los sermones y enseñanzas del domingo y luego tratamos de insertarlas en pausas en las conversaciones o circunstancias de los próximos seis días.

Pero no tardamos en darnos cuenta de que esas tácticas son insatisfactorias. O, si no nos damos cuenta, los samaritanos sin duda sí lo hacen.

El título "Narrativa del Viaje" no es enteramente satisfactorio porque mientras que los diez capítulos claramente comienzan y finalizan con alusiones al viaje desde Galilea a Jerusalén, no hay un claro itinerario ni cronología del viaje. El trayecto en sí parece servir como una especie de bolsa de sorpresas llena de historias e incidentes en los que vemos cómo Jesús adapta e improvisa su lenguaje para que se acomode a cada persona y cada circunstancia en los términos que le son presentados. La Narrativa del Viaje muestra a Jesús hablando en un lenguaje informal sin estructura sin una "religiosidad" explícita, en el curso de los incidentes tranquilos y espontáneos que ocurren "en el trayecto" por Samaria.

Lo que comenzamos a percibir es que lo que comenzó como una "Narrativa del Viaje" se ha convertido en el relato de una metáfora, una metáfora que describe cómo usa Jesús el lenguaje de domingo a domingo, entre las santas sinagogas de Galilea al sagrado templo de Jerusalén, los lugares y momentos en que se espera el lenguaje sobre Dios y su reino. Pero Samaria no era "santa" en ese sentido y no congeniaba con el Jesús que estaba siendo revelado en Galilea y Jerusalén. Lucas nos da Samaria como una metáfora de la manera en que Jesús usa el lenguaje con las personas que están poco o nada preparadas para escuchar la revelación de Dios y que con frecuencia le son hostiles. Ésta es la manera en que Jesús usa el lenguaje cuando él no está, como diríamos, en la iglesia.

*   *   *

El segundo punto de interés en la Narrativa del Viaje es la frecuencia con la que Jesús cuenta historias, las pequeñas historias que llamamos parábolas. En estos diez capítulos, Jesús cuenta mayormente historias. Diez de las historias en la parte central del Evangelio de Lucas son exclusivas de Lucas. Todos los escritores de los Evangelios lo presentan a Jesús relatando historias —"no les decía nada sin emplear parábolas" (Marcos 4.34) — pero Lucas supera a sus hermanos evangelistas. Y es precisamente en esta Narrativa del Viaje donde están agrupadas las diez parábolas que no son mencionadas en los otros Evangelios.

¿Existe una razón para ello? Pienso que sí. La parábola es una forma de dicción que tiene un estilo propio. Es una manera de decir algo que requiere la participación imaginativa del oyente. De manera poco visible, casi subrepticiamente, la parábola *involucra* al oyente. Esta historia breve, común, sin pretensiones es lanzada en medio de la conversación y aterriza a nuestros pies, obligándonos a prestar atención. Literalmente, una parábola es "algo lanzado al lado" (*para*: al lado, más *bole:* lanzado) a lo cual nuestra primera reacción es: "¿Qué está haciendo esto aquí?" Hacemos preguntas, pensamos, imaginamos. "Las parábolas aparecen en trazos rápidos y precisos. Una parábola es algo endeble; casi todo el poder reside en el que la escucha."[4] Y luego comenzamos a ver conexiones, relaciones. La parábola no se usa por lo general para decirnos algo nuevo sino para hacernos notar algo que habíamos pasado por alto a pesar de que había estado allí delante de nosotros durante años. O se usa para que tomemos en serio algo que considerábamos sin importancia por no encontrarle sentido. Sin que nos demos cuenta, estamos involucrados.

La mayoría de las parábolas tienen otra característica importante. El tema carece generalmente de un significado religioso aparente. Son historias sobre granjeros y jueces y víctimas, sobre monedas y ovejas e hijos pródigos, sobre banquetes de bodas, la construcción de graneros y torres e ir a la guerra, sobre un amigo que nos despierta en la mitad de la noche para pedirnos un trozo de pan, sobre las cortesías de la hospitalidad, bandidos y mendigos, higueras y estiércol. Las conversaciones que mantenía Jesús mientras caminaba por los senderos samaritanos eran con personas cuyo concepto de Dios era diferente al revelado por Jesús, o con personas que quizás no poseían idea alguna. Ésta era una región hostil o neutral. Las parábolas eran el principal lenguaje que eligió Jesús para conversar con esta gente: historias que no usaban el nombre de Dios, historias que no parecían ser "religiosas". Cuando estamos en la iglesia, o en un momento y lugar definido religiosamente, esperamos escuchar sobre Dios. Pero fuera de es-

---

4   Jean Sulivan: *Morning Light* (New York: Paulist Press, 1988), p. 64.

tos momentos y lugares, no esperamos lo mismo. De hecho, no deseamos que así sea. Si deseáramos tratar con Dios, iríamos a la casa de Dios. La gente con la que nos topamos "en el camino" y "de un domingo a otro" espera ocuparse de las cosas según su propio criterio, mientras que mantienen a Dios en el lugar al que pertenece. De modo que, mantengamos a Jesús en su lugar: en Galilea y Jerusalén. "¡Esto es Samaria! Tengo las manos llenas ocupándome de mi familia y mi trabajo, de la sociedad y la política. Aquí yo decido las cosas. Las cosas las hago a mi manera".

Los samaritanos, entonces y ahora, llevan siglos de indiferencia bien desarrollada, por no decir total aversión, al lenguaje de Dios, al menos a la clase de lenguaje que usa la gente de las iglesias y sinagogas. Tienen sus propias ideas sobre Dios y cómo gobernar sus vidas y no sienten más que desprecio por las opiniones mesiánicas de los extraños. Los samaritanos se defienden muy bien de las invasiones del lenguaje de Dios en sus asuntos, sobre todo cuando provienen de labios judíos (o cristianos). De modo que cuando Jesús pasa por Samaria está limitado en cuanto al uso del lenguaje explícito de Dios. No se eliminan las predicaciones y enseñanzas, pero éstas quedan relegadas a los márgenes. Jesús circunvala las defensas de sus oyentes. Cuenta parábolas. Las parábolas mantienen el mensaje a una cierta distancia, retrasan la comprensión, bloquean las reacciones prejuiciosas automáticas, desmantelan los estereotipos. Las parábolas acometen al oyente de manera oblicua, de manera "sesgada". Los samaritanos escuchan sin sospechas. Y luego, sin ninguna advertencia, sin usar la palabra: ¡Dios! John Dominic Crossan dice que la parábola es un sismo que abre la tierra a nuestros pies.[5]

Me interesa sobremanera que a lo largo de los muchos años que Jesús caminó con sus discípulos, las parábolas eran el lenguaje principal que él elegía. Sabemos que el final se acerca: la crucifixión y la resurrección. Sabemos que no queda mucho tiempo y que Jesús dejará a sus discípulos y que ellos tendrán que continuar la tarea en su lugar. Cada paso que toman entre Samaria y Jerusalén aumenta la urgencia. Ésta es la última vez que estos samaritanos van a verlo, van a escucharlo. ¿Por qué está Jesús relatando historias sin pre-

---

5   John Dominic Crossan: *The Dark Interval: Towards a Theology of Story* (Niles, Ill.: Argus Communications, 1975), p. 57.

tensiones sobre delincuentes y estiércol? ¿Por qué no está predicando la clara palabra de Dios, convocando a los samaritanos al arrepentimiento, ofreciéndoles el don de la salvación en un lenguaje llano? A medida que se acerca el final, su lenguaje es cada vez menos directo. A medida que aumenta lo que está en juego, su lenguaje es cada vez más pausado y coloquial. En vez de una retórica en altos decibeles, solicitando decisiones antes de que sea demasiado tarde, Jesús apenas menciona el nombre de Dios y elige en cambio hablar de vecinos y amigos, de ovejas perdidas, de las cortesías de la hospitalidad.

Pienso que esto es muy interesante porque contrasta en tan alto grado con lo que ocurre a menudo entre nosotros. Entre muchos de nosotros, en el momento en que nos damos cuenta de lo que implica seguir a Jesús y la urgencia que ello involucra, en especial cuando nos encontramos en territorio samaritano, nuestro lenguaje se torna cada vez más intenso. Dado el hecho de que es más claro y preciso, usamos el lenguaje que hemos aprendido de sermones y enseñanzas para enseñar a los demás lo que es de importancia eterna. Pero la misma intensidad del lenguaje puede muy bien reducir nuestra atención a la gente a la que le estamos hablando: ellos dejan de ser una persona para convertirse en una causa. Impacientes por transmitir nuestro mensaje, despersonalizamos lo que tenemos que decir y lo convertimos en frases hechas o en fórmulas programáticas sin contemplar a la persona que tenemos delante. A medida que aumenta la urgencia de pronunciar la palabra de Dios, dejamos de prestar atención al oyente. Terminamos con una pila de huesos de palabras sin sustancia: palabrería divina.

*   *   *

A los maestros espirituales les gusta mucho la parábola, ya que no hay nada más común y corriente que ver que la gente que desea hablar de Dios pierda el interés en las personas a las que les están hablando. La charla religiosa se despersonaliza hasta convertirse en palabrería divina. La palabrería divina se usa para organizar a la gente en causas que ya no nos involucran, para llevar adelante mandatos que ya no nos ordenan. Cuando las palabras de Jesús se convierten en el tema de discusiones, en herramientas verbales para la manipulación, en intentos de control, la vida fluye de ellas y allí están, un montón de hojas muertas desparramadas por el suelo. Entonces, el maestro lanza una parábola en medio de la conversación. Nos tropezamos con ella, no pudiendo ya desplazarnos por las palabras conocidas de siempre. La parábola nos fuerza a prestar atención, a participar, a involucrarnos.

La Narrativa del Viaje de Lucas es una inmersión en lo imaginario, en el lenguaje de las historias de Jesús durante su paso por Samaria cuando se traslada desde Galilea, donde asumimos nuestra vida como seguidores de Jesús, a Jerusalén, donde encontrarnos nuestra madurez y culminación, abrazando a Jesús en la cruz y abrazados por Jesús en la resurrección. Samaria se convierte para nosotros en la orientación en lo ordinario, lo cotidiano, el lugar donde se forman las costumbres y el carácter del seguidor de Jesús entre la gente que no tiene ningún interés en seguir a Jesús ni tampoco lo alienta. La Narrativa del Viaje de Lucas satura nuestra imaginación con la manera en que usa Jesús el lenguaje en el tramo inhospitalario del camino entre la proclamación galilea de la presencia del reino, donde comenzamos a seguir a Jesús, y la crucifixión y resurrección de Jerusalén que tan decisiva y dramáticamente completa la historia.

El Espíritu Santo en nuestras conversaciones

La Narrativa del Viaje de Lucas desarrolla la conciencia de que el Espíritu Santo está tan presente en nuestras conversaciones espontáneas y casuales como en la predicación formal y la enseñanza deliberada. Dado que nuestras conversaciones casuales y espontáneas no se concentran inmediatamente en lo que aludimos a veces como "las cosas de Dios", es fácil perder de vista las implicancias de la "palabra de Dios" cuando no estamos conscientes de estar hablando a Dios o acerca de él. Cuando nos encontramos en un santuario escuchando un sermón sobre Juan 3.16 o sentados en un aula tomando notas en una clase sobre Isaías, es bastante obvio que estamos escuchando y hablando el lenguaje que Dios usa para revelarse y que usamos nosotros para participar de esa revelación. Pero, ¿qué ocurre cuando le estamos contando a alguien sobre un informe que acabamos de escuchar en la radio o cuando estamos leyendo una carta que hemos recibido de un familiar esa mañana, o cuando expresamos nuestra preocupación por un vecino de la otra cuadra? ¿Pueden ser estas palabras también reveladoras, pueden ser también maneras de participar en la presencia y acciones de Dios en los momentos y lugares que no están señalados claramente como "sagrados"? ¿Damos testimonio de Jesús cuando no usamos su nombre? ¿Comunicamos nuestra confianza en Dios aun cuando no sabemos que lo estamos haciendo? ¿Confesamos el pecado aun cuando no estemos en un confesional o de rodillas? ¿Alabamos con una exclamación o gesto, sin darnos cuenta de que estamos junto a los ángeles cantando "Santo, santo, santo"? La noche en que Nicodemo se mostró desconcertado por la manera nada convencional ni religiosa en la que Jesús hablaba del reino de Dios, Jesús le dijo: "El viento sopla por donde quiere, y lo oyes silbar, aunque ignoras de dónde viene y a dónde va. Lo mismo pasa con todo el que nace del Espíritu" (Juan 3.8). Nicodemo no tenía idea alguna de lo que estaba hablando. Gran parte del lenguaje inspirado por el Espíritu y acompañado por él se lleva a cabo cuando no lo sabemos, ya sea que provenga de nuestros labios o de los labios de los demás.

De modo que necesitamos que nos lo recuerden. Necesitamos dirección. Necesitamos amigos que sean capaces de escuchar los susurros del Espíritu Santo en lo que estamos diciendo y, a veces, en lo que no estamos diciendo. Y necesitamos ser esa clase de amigos para nuestros amigos. Por lo general, esos amigos no tienen un rol asignado en la vida de los demás. A menudo no se dan cuenta de que están haciendo algo que podría llamarse "espiritual". Nathaniel Hawthorne fue franco en su afirmación sobre estos asuntos: "Sus instrumentos no tienen conciencia de sus propósitos; si se imaginan que la tienen, es evidencia bastante segura de que ellos *no* son sus instrumentos".[6]

Estoy interesado en cultivar la naturaleza fundamentalmente santa de todo el lenguaje, incluyendo definitivamente el lenguaje casual, espontáneo, sin conciencia propia, coloquial que se lleva a cabo mientras

---

6   Citado por David Dark: *The Gospel According to America* (Louisville: Westminster/John Knox Press, 2005), p. 52.

estamos sentados en una silla mecedora frente al hogar en un día de invierno, o caminando por la playa, o tomando un café en un restaurante: conversaciones que tienen lugar mientras caminamos por Samaria. Estoy interesado en discernir la voz de Dios en las conversaciones que tenemos cuando no estamos pensando voluntariamente en "Dios". Todos nosotros tenemos una amplia experiencia en este lenguaje. Pero no todos tenemos la habilidad de traer a la conciencia nuestra experiencia, nombrando lo que hemos dicho o escuchado. A veces nos damos cuenta en retrospectiva. Nos topamos con un amigo mientras hacemos las compras y nos paramos a charlar durante un minuto o dos a lo sumo. Unas horas después, nos damos cuenta de que hemos dicho algo revelador, percibimos la gracia, descubrimos la belleza, sentimos la presencia en la que se desarrolla la conciencia de que "Dios estaba en ese lugar y yo no lo sabía". En ocasiones, la palabra o frase desencadenante acontece bruscamente. A veces la percepción se suscita por un tono de voz o un gesto; casi nunca por la intención. El hecho es que casi todas las palabras son santas y Dios nos habla a nosotros y a través de nosotros por medio de la naturaleza misma del lenguaje.

Lo que quiero decir es que el Espíritu Santo comunica en nuestro lenguaje y a través de él las palabras de la paz y el amor y la gracia y la misericordia de Jesús cuando no estamos conscientes de ello o, al menos, cuando no estamos conscientes de ello en el momento en que se está llevando a cabo. Y todos nosotros participamos de ello en virtud del hecho de que hablamos y escuchamos a mucha gente diferente, en gran cantidad de situaciones, la mayoría de los días de nuestra vida. El prestar atención a cómo relata historias Jesús en la Narrativa del Viaje de Lucas es la mejor orientación en esta dimensión del lenguaje que yo conozco.

*   *   *

Existe una antigua disciplina que la cuidadosa atención que le prestamos a esta clase de lenguaje: el lenguaje que usamos en discursos personales coloquiales, el lenguaje que se lleva a cabo junto de la predicación y enseñanza como esencial para la formación comunitaria de la vida cristiana. Cae bajo el rótulo de "dirección espiritual". Les resultará obvio a los que conozcan esta tradición y su práctica que lo que yo escribo aquí está sumamente influenciado por ello. Desde los principios de la vida de la iglesia, junto a la práctica de la predicación pública y la enseñanza ha existido la práctica correspondiente de la dirección espiritual. En la dirección espiritual, el lenguaje usado en la proclamación y enseñanza del evangelio se resuelve en conversaciones individuales que toman con seriedad la singularidad de cada persona y las circunstancias reales en las que ella vive. No resulta agrupar las almas en categorías y luego arrearlas en compañías de tres o cuatro que podamos tratar con eficiencia mediante una fórmula.

A medida que maduramos en Cristo, nuestras particularidades se acentúan en vez de apagarse. Las direcciones generales, por útiles que sean, no toman en cuenta los detalles que nos enfrentan cuando la santidad echa raíces en el lugar social y personal en particular en el que estamos plantados. Necesitamos la sabia atención personal de alguien que sepa cómo funciona todo, que conozca las sutilezas del pecado y los tapujos de la gracia. En especial, necesitamos que se preste atención personal a nuestras oraciones, ya que la oración es la práctica por medio de la cual todo lo que somos, todo lo que creemos y hacemos, se transforma en la acción del Espíritu obrando su voluntad en los detalles de nuestra vida cotidiana. La oración consiste en la transformación de lo que hacemos en el nombre de Jesús en lo que el Espíritu Santo hace en nosotros cuando seguimos a Jesús.

La dirección espiritual consiste en la persona que se sumerge con oración e intención en la vida informal y común de cualquier cristiano normal. Pero la práctica no es ordinaria ni casual. Históricamente, la comunidad cristiana ha reconocido a las personas sabias y experimentadas que pueden dirigir al resto. "Padre" (*abba*) y "madre" (*amma*) son los apodos que más se usan. Las calificaciones para realizar este trabajo no son formales, pero existe el consenso en la iglesia de que las calificaciones son bastante rigurosas. Es necesario tener conocimientos de teología y un prerrequisito es una prolongada experiencia de la oración.

Así es que encontramos una persona que tiene práctica en el discernimiento del lenguaje del Espíritu y le pedimos que se reúna con nosotros de manera esporádica o regular: un director espiritual. A menudo, estas personas, estos "padres" y "madres" son miembros de las órdenes contemplativas de los monasterios y conventos. A veces, ellos están asociados con casas de retiro. De vez en cuando, están diseminados en las congregaciones. Estos directores espirituales mantienen viva la larga tradición de la iglesia de Cristo. A veces, son pastores y sacerdotes. A veces, son personas laicas. Ellos mantienen visibilidad y le prestan definición a lo que a menudo ocurre en la oscuridad y en las sombras del discurso más público de la predicación y la enseñanza. Por medio de su presencia y, a veces, en sus escritos, ellos llaman nuestra atención y le dan dignidad a la manera en que el lenguaje continúa siendo un elemento revelador en nuestras conversaciones más informales.

Necesitamos algunos de estos hombres y mujeres en la comunidad, quienes deliberadamente nos instan a prestar atención a las palabras que estamos usando cuando no creemos estar diciendo algo importante. Necesitamos oyentes alertas que les den dignidad a esos períodos de nuestra vida en los que no estamos conscientes de participar en nada que pensemos pueda ser abrazado por el reino de Dios.[7]

* * *

Sin disminuir ni marginar el rol estratégico de tales directores espirituales, deseo al mismo tiempo extender la conciencia de lo que ellos modelan a los rangos de las personas laicas que no se dan cuenta de las maneras en que el Espíritu Santo respira a través de nuestras conversaciones más informales y el clero que sólo está consciente de que están pronunciando la

---

7   La exposición fundamental de esta práctica, y sin duda la mejor, se encuentra en el libro de Martin Thornton: *Spiritual Direction* (Cambridge: Cowley Publications, 1984). Thornton es un anglicano que escribe a partir de esa tradición. Pero lo que escribe se puede traducir fácilmente a cualquier otra tradición que ocupemos. En *Spiritual Direction in the Early Christian East*, traducción de Anthony P. Gythiel (Kalamazoo, Mich.: Cistercian Publications, 1990) de Irenee Hausherr encontramos una base sólida del desarrollo temprano de la práctica.

palabra de Dios cuando están predicando o enseñando. Las conversaciones laterales que tienen lugar fuera de la vista y el oído del público, ocupan de hecho un lugar prominente en la manera en que aprendemos a usar y prestar atención al lenguaje que comunica el Espíritu. Mi preocupación deriva de las tradiciones bien definidas y necesariamente rigurosas del director espiritual, pero estoy intentando algo mucho más modesto, quizás algo en relación a la dirección espiritual como lo que le ocurrió al hombre que se asombró cuando se dio cuenta a la edad de cuarenta años de que había estado hablando en prosa toda su vida.

Cualquier cristiano puede *escuchar* y ayudarnos a *escuchar* las corrientes subyacentes de nuestro lenguaje, lo tácito y lo que no escuchamos, los silencios que ciñen gran parte del lenguaje que usamos sin pensar. De hecho, muchos cristianos lo hacen. Estas conversaciones pueden cultivar una sensibilidad a los métodos del Espíritu Santo, alientan la aceptación de lo ambiguo, extienden el deseo de vivir durante épocas en las que no hay ninguna "dirección" discernible. Con esta manera de escuchar, nos acostumbramos a vivir un misterio y ya no exigimos recibir información al pie de página de todo lo que está ocurriendo. Tenemos que cultivar ciertos talentos, en especial en esta sociedad americana en la que virtualmente todos hablan demasiado y casi nadie escucha. Yo sólo estoy insistiendo en que cualquiera de nosotros puede hacerlo por la simple virtud de nuestro bautismo e incorporación en la compañía de hombres y mujeres en los que respira el Espíritu, mientras él trae a la memoria las palabras de Jesús (Juan 14.26) en las conversaciones de hombres y mujeres que escuchan y dan respuesta al Verbo hecho hombre.

Para evitar toda vanidad y confusión de los límites que separan a las mujeres y los hombres educados y disciplinados que incorporan esta antigua práctica de la iglesia, no usaré el término "dirección espiritual" para esta clase de conversación que estoy alentando al caminar por nuestros distintos senderos samaritanos. De todas maneras, adaptando las palabras de Moisés en relación con Eldad y Meldad en el desierto: "¡Cómo quisiera que todo el pueblo del SEÑOR profetizara, y que el SEÑOR pusiera su Espíritu en todos ellos!" (Números 11.29).

*   *   *

La conversación espontánea en el santuario de Siló entre el anciano y sacerdote casi ciego Elí y el joven Samuel es un clásico ejemplo de esta clase de conversación no premeditada. Era de noche y Samuel estaba en la cama. Escuchó una voz que llamaba su nombre: "¡Samuel! ¡Samuel!" Elí era la única otra persona en el santuario y, por lo tanto, Samuel supuso que Elí lo estaba llamando. Saltó de la cama y corrió junto a Elí: "Aquí estoy, ¿para qué me llamó usted?" Elí le dijo que él no lo había llamado y que regresara a la cama. Ese mismo intercambio se llevó a cabo tres veces. Después de la tercera vez, el sacerdote se dio cuenta de que era el Señor que lo estaba llamando a Samuel, así que le dijo que si volvía a suceder, que orara: "Habla, SEÑOR, que tu siervo escucha". Volvió a ocurrir una cuarta vez y Samuel, tal como se le había instruido, dijo: "Habla, que tu siervo escucha". Había nacido un profeta.

Elí, un pastor incompetente a lo sumo, pudo sin embargo identificar la voz de Dios en lo que Samuel suponía que era la voz de su sacerdote. De esa manera, dirigió a Samuel a una vida de oración en la que se formó como profeta de Dios (1 Samuel 3.1-18).

En la carta de Pablo a los gálatas encontramos otra conversación informal y bíblica —no es predicación ni enseñanza— que nos alerta sobre la manera en que el lenguaje de los relatos inician indirectamente su tarea de revelación. Pablo presta testimonio de su conversión y su integración prolongada y penosa (¡diecisiete años!) a la comunidad cristiana. En su informe, alude a sus conversaciones con Pedro (Cephas) en Jerusalén durante una visita de quince días. La palabra griega que usa para describir las conversaciones es *historeo*. Es una palabra que alude a la "historia" de una nación o de un pueblo., pero tiene un sentido más informal y personal cuando la usa Pablo, algo más casual, como en el caso de "historias intercambiadas". El erudito alemán Friedrich Büchsel sugiere "una visita con el fin de conocerse".[8] Ellos no estaban predicando ni enseñando, sino simplemente llegando a conocerse, contándose historias y discerniendo en

---

8   *Theological Dictionary of the New Testament,* ed. Gerhard Kittel, traducción de Geoffrey W. Bromiley, vol. 3 (Grand Rapids: Eerdmans, 1965), p. 396.

la conversación la manera en que Dios estaba preparando y desarrollando a Pablo para su vocación como apóstol de los gentiles en la comunidad cristiana. Podemos fácilmente imaginarnos a Pedro y Pablo sentados en un patio, llegando a conocerse bajo un olivo tomando una bebida fresca, intercambiando historias. Pablo relata su encuentro con Jesús en el camino a Damasco, seguido por tres días de ceguera. Pedro responde con su confesión en Cesarea de Filipo que Jesús interrumpe con el devastador reproche de "¡Aléjate de mí, Satanás!" Pablo cuenta cómo se había sentido mientras sostenía los mantos de sus compañeros que lo estaban apedreando a Esteban a muerte. Pedro ofrece su noche de ignominia en el patio de Caifás cuando lo negó a Jesús. Y así pasan quince días relatándose historias a medida que llegan a conocerse como hermanos en Jesús, descubriendo intimidades del Espíritu mientras abren su corazón con vulnerabilidad.

Pero el uso de exhibición de este lenguaje es Jesús en sus historias. Las parábolas de Jesús no eran mayormente religiosas en su contenido explícito. Sus parábolas usaban un lenguaje hogareño de la vida cotidiana y estaban típicamente ocasionadas por una circunstancia específica. Tenían un aire de espontaneidad y falta de premeditación.

Jesús usaba mucho las parábolas. Cuando no estaba predicando y no estaba enseñando, él hablaba en parábolas. Jesús usaba característicamente el lenguaje para contar historias: "Y les dijo en parábolas muchas cosas como éstas" (Mateo 13.3). Jesús cuenta historias y nosotros escuchamos cómo Dios cuenta historias. Y, casi de manera inevitable, nos encontramos dentro de esas historias. Jesús en sus historias usa el lenguaje de una manera que hemos llegado a reconocer ampliamente como dirección espiritual.

Los Zebedeo

En la Narrativa del Viaje, un fascinante incidente sirve como introducción de su larga digresión en el relato coloquial. Presenta a los hermanos Zebedeo: Jacobo y Juan.

Cuando Jesús decidió que era hora de ir a Jerusalén se enfrentó a una dificultad. El camino a Jerusalén pasaba por Samaria, y los samaritanos tenían una opinión bastante negativa de los judíos. A su vez, los judíos sentían lo mismo por los samaritanos. El prejuicio racial y religioso existía desde hacía mucho tiempo. Entonces, cuando Jesús envía algunos de sus compañeros a Samaria para prepararle alojamiento, ellos son rechazados. Regresaron pues a Jesús y le informaron que no habían conseguido asegurarle alojamiento. Se habían topado con una considerable antipatía en el pueblo. No habían sido bien recibidos (Lucas 9.51-53).

Los hermanos Zebedeo, Jacobo y Juan, estaban furiosos. Tenían el sobrenombre de "hijos del Trueno" (*Boanerges*) y no aceptaban ningún insulto con facilidad. Los hermanos eran irascibles. Enojados por la falta de hospitalidad, deseaban pedir que cayera fuego del cielo que incinerara a los samaritanos. Esa impetuosidad violenta tenía precedentes bíblicos. ¿Acaso Elías el tisbita no había hecho lo mismo: llamado fuego del cielo ocho siglos atrás y en esa misma región samaritana (2 Reyes 1.10-12)? Apenas unos pocos días antes, durante la transfiguración en el monte Tabor, los hermanos del trueno habían visto a Jesús conversando con Elías. Ahora se encontraban en una misión autorizada por Elías en suelo samaritano. ¿Por qué no habrían de usar el mismo fuego de Elías para ocuparse del antiguo problema con Samaria?

Jesús les dijo que no. Su reproche era perentorio y no negociable. A ellos no les correspondía en su tarea como discípulos destruir a la oposición. Los seguidores de Cristo no atacan a la gente que no está de su lado, ni física ni verbalmente.

Hace unos años, transitaba con mi automóvil por un tramo de una ruta que conozco muy bien. Pasé justo a tiempo para ver cómo una topadora derribaba una casa a la vera del camino. En veinte segundos, la máquina amarilla convirtió a la casa en astillas. Durante los veintiséis años que había sido pastor de esa comunidad, yo había observado esa casa con aprecio. La pequeña y bonita casa tenía un jardín muy bien cuidado y sembrado con devoción. En él había filas de maíz y remolachas y zanahorias. Jamás se veían malezas. Y en la mitad del verano (que era ese día en particular), el jardín rebosaba de alimentos, listos para ser recogidos y cocinados y comidos. Pero hacía poco tiempo, una compañía de urbanización había comprado la tierra para construir un centro de compras. Y la casa y el jardín eran una ofensa. Existía una fácil solución: la topadora. La belleza de la casa y el jardín no poseía un valor en efectivo en comparación con la fealdad y el asfalto del centro de compras, y así es que enviaron a la topadora para eliminarla. Cuando lo vi, recuerdo que pensé: "Los Zebedeo están dedicados a ello otra vez".

Cuando la compañía de Jesús, rumbo a Jerusalén para establecer definitivamente el reino de Dios, se topó con la falta de hospitalidad de los samaritanos, los hermanos Zebedeo tenían (o pensaban que tenían) los medios tecnológicos necesarios para eliminarlos del camino. En el caso de ellos, no se trataba de una topadora, pero era la tecnología igualmente efectiva y espiritualmente superior del fuego de Elías.

Una sorprendente cantidad de cristianos, sin prestar oídos a la reprensión de Jesús, continúa uniéndose con los Zebedeo. Llenos de celo en su devoción a Jesús, no toleran ninguna interferencia. El resultado es la violencia. Ésta se lleva a cabo en sus familias, en sus iglesias, entre sus amigos. A lo largo de varios siglos, ellos han matado a judíos y musulmanes, comunistas y brujas y herejes y, más cerca de casa, a los americanos nativos. La mayor parte de la violencia, quizás toda, comienza con el lenguaje. Jesús nos advirtió que así sería: "Ustedes han oído que se dijo a sus antepasados: 'No mates, y todo el que mate quedará sujeto al juicio del tribunal'. Pero yo les digo que todo el que se enoje con su hermano quedará sujeto al juicio del tribunal. Es más, cualquiera que insulte a su hermano quedará sujeto al juicio del Consejo. Pero cualquiera que lo maldiga quedará sujeto al juicio del infierno" (Mateo 5.21-22).

De manera que todos nosotros sin excepción necesitamos una enseñanza profunda del lenguaje de Jesús: la manera en que él hablaba con sus seguidores, *y* la manera en que hablaba con aquellos con los que se encontró mientras viajaba por Samaria. El viaje que comenzó con los hermanos Zebedeo decididos a llamar fuego del cielo para matar a los insolentes samaritanos terminó unos pocos días después cuando los romanos mataron a Jesús por entorpecer la paz. Una violencia amenazada en el comienzo; una acabada violencia al final. Pero entre una cosa y la otra, un suave y atento lenguaje de sugerencias, un lenguaje que invita la participación, un lenguaje que no dice mucho pero que deja lugar al misterio. Relatos.

*   *   *

Mi intención en las páginas que siguen a continuación en la primera parte de este libro es observar, una tras otra, las diez parábolas exclusivas de Lucas que él coloca en la Narrativa del Viaje. Deseo recuperar la facilidad de usar este estilo verbal de relato, este lenguaje característico de Jesús, la parábola, para usarlo en nuestros propios viajes por nuestra propia Samaria americana, en este país tan indiferente a Jesús y su lenguaje.

CAPÍTULO 2

El prójimo: Lucas 10.25-37

La primera historia que Jesús cuenta en el camino por Samaria presenta, de manera apropiada, a un samaritano. Pero antes de que Lucas cuente la historia, nos suministra dos incidentes que ocurren en ese camino samaritano que vincula a Galilea con Jerusalén.

*   *   *

Un hombre le dice a Jesús: "Te seguiré a donde tú vayas". Jesús le dice que no se van a hospedar en los mejores hoteles. Aparentemente esa idea no se le había cruzado jamás por la mente. Nunca más volvemos a escuchar de él. Luego, Jesús le dice a un segundo hombre: "Sígueme". Este hombre accede, pero insiste en ciertas condiciones. Primero, tiene que hacer algo muy importante. Jesús lo despide. El seguir a Jesús no es algo que dejamos de lado hasta terminar lo que estamos haciendo. Luego aparece un tercer hombre que le dice que está listo para seguirlo, pero todavía no. Jesús le dice, de hecho: "No te preocupes. Es ahora o nunca". Resulta que el hombre no estaba en realidad listo para seguirlo.

Apenas ha comenzado Jesús su viaje por Samaria rumbo a Jerusalén y ya ha recogido tres seguidores. Pero antes de dar doce pasos, ya lo abandonaron.

Entendemos el significado: el seguir a Jesús no se lleva a cabo de acuerdo con nuestras condiciones. A Jesús lo seguimos acorde a sus condiciones. Éste no es un lanzamiento auspicioso para la Narrativa del Viaje. Tres posibles seguidores y tres abandonos (Lucas 9.57-62). Los tres que abandonaron son reemplazados por un grupo opuesto: un grupo caracterizado por su respuesta inmediata y obediente (Lucas 10.1-24). Jesús nombra a setenta y dos hombres y los envía en treinta y seis pares como una vanguardia que le preparara el camino para atravesar Samaria. Hay una buena obra por delante —Jesús habla de una cosecha abundante— y ellos están listos para comenzar a trabajar. Pero por buena que sea, no deben ser ingenuos en cuanto a las condiciones. No deben esperar una cálida bienvenida. Jesús les advierte sobre los "lobos". Les aconseja austeridad en vez de lujosas estrategias: que todo sea simple, directo, cortés y personal. Deben esperar oposición. No todos sentirán entusiasmo por estos forasteros entrometidos con su charla sobre el "reino de Dios".

Jesús concluye sus instrucciones a los setenta y dos con una reprimenda severa de los hombres y mujeres que rechazan las buenas nuevas del reino de Dios que "ya está cerca". Se larga con un mensaje de denuncia feroz de juicio sobre los hombres y mujeres que rechazan las buenas nuevas del reino de Dios que "ya está cerca". El negarse al arrepentimiento tiene serias consecuencias. Pero es significativo que cuando Jesús dice los nombres, son pueblos galileos y no samaritanos los que cita: Corazín, Betsaida y Capernaúm. Estos son los tres pueblos pequeños, el "triángulo evangélico", en los que Jesús pasa casi tres años llamando y enseñando discípulos.

Al usar los nombres de los pueblos natales galileos de sus seguidores como las concentraciones principales de los que no se arrepienten, Jesús refuta de manera indirecta la costumbre de agrupar indiscriminadamente a los samaritanos con los estereotípicos "malos". Jesús les dice que esperen hostilidades, pero que no piensen que la falta de hospitalidad al Dios que está cerca es propia de los samaritanos. Es algo parecido a lo que ocurre con sus familias y vecinos en casa. No traten a esta gente con prejuicios. Ellos tienen la misma capacidad de aceptar o rechazar vuestro testimonio que cualquiera de los buenos judíos con los que ustedes se criaron. Jesús no asume la hostilidad anticipada con ligereza. Pero tampoco la toma como una afrenta personal.

Y así se marchan. Cuando comienzan a fluir los resultados de su misión, la palabra "gozo" caracteriza los informes. Todo está funcionando. Las obras y las palabras de Jesús que fueron llevadas a cabo y predicadas y enseñadas por los setenta y dos dieron resultado. Ellos están absolutamente perplejos ante lo que ocurre entre los samaritanos: "sorprendidos por el gozo". Es algo embriagador. Jesús confirma su entusiasmo: Él vio "a Satanás caer del cielo como un rayo", está lleno de alegría "por el Espíritu Santo", y le agradece al "Padre, Señor del cielo y de la tierra" por la cosecha. "Alégrense" (*agalliao*), el verbo que potencia las palabras de confirmación de Jesús, comunica una exuberancia que vemos expresada en piruetas y danzas. ¡Y todo esto increíblemente en Samaria!

Pero también introduce una palabra de advertencia: "Sin embargo, no se alegren de que puedan someter a los espíritus, sino alégrense de que sus nombres están escritos en el cielo" (Lucas 10.20). Existe el riesgo de que nos entusiasmemos demasiado por lo que vemos que ocurre a nuestro alrededor y descuidemos lo importante, nuestra identidad inscrita en el cielo, a partir de lo cual se desarrolla la obra. No es lo que hacemos, sino lo que somos "en el cielo", lo que sostiene firme la alegría.

Sentimos una enorme exuberancia cuando participamos en la obra y las palabras de Jesús. Pero hay también una simple frase de advertencia incluida en la alegría.

Este contraste lado a lado de las respuestas personales a Jesús, los tres abandonos y los exuberantes y vanguardistas setenta y dos, suministra una orientación realista de lo que podemos esperar cuando viajamos por la región de Samaria: frustrantes abandonos, instrucciones claramente articuladas, "lobos", participación en la obra de Jesús, una enorme alegría y disciplinado optimismo.

* * *

Fue entonces cuando un experto religioso hizo una pregunta para poner a prueba a Jesús: "Maestro, ¿qué tengo que hacer para heredar la vida eterna?"

Él le respondió: "¿Qué está escrito en la ley? ¿Cómo la interpretas tú?"

El hombre le dijo: "Ama al Señor tu Dios con todo tu corazón, con todo tu ser, con todas tus fuerzas y con toda tu mente y ama a tu prójimo como a ti mismo".

—Bien contestado —le dijo Jesús—. Haz eso y vivirás.

Buscando una salida, el hombre le preguntó: "¿Y cómo definirías 'prójimo'?"

La respuesta de Jesús es la primera parábola de la Narrativa del Viaje.

Jesús le responde contándole una historia: "Bajaba un hombre de Jerusalén a Jericó, y cayó en manos de unos ladrones. Le quitaron la ropa, lo golpearon y se fueron, dejándolo medio muerto. Resulta que viajaba por el mismo camino un sacerdote quien, al verlo, se desvió y siguió de largo. Así también llegó a aquel lugar un levita, y al verlo, se desvió y siguió de largo. Pero un samaritano que iba de viaje llegó a donde estaba el hombre y, viéndolo, se compadeció de él. Se acercó, le curó las heridas con vino y aceite, y se las vendó. Luego lo montó sobre su propia cabalgadura, lo llevó a un alojamiento y lo cuidó. Al día siguiente, sacó dos monedas de plata y se las dio al dueño del alojamiento. 'Cuídemelo —le dijo—, y lo que gaste usted de más, se lo pagaré cuando yo vuelva'. ¿Cuál de estos tres piensas que demostró ser el prójimo del que cayó en manos de los ladrones?

—El que se compadeció de él —contestó el experto en la ley.

—Anda entonces y haz tú lo mismo —concluyó Jesús. (Lucas 10.25-37).

* * *

Esta historia está provocada por una conversación con una persona anónima que se identifica únicamente por su trabajo. Es un abogado: un *nomikos*. La ley con la que se identificaba profesionalmente no era la ley secular sino la ley de Dios, la ley de Moisés, la Torá. Un apelativo más correcto entre nosotros sería el de "profesor de religión" o "experto en la Biblia". El trabajo de un abogado, la defensa e interpretación de la ley de Dios, era un trabajo honrado y responsable en el primer siglo. Entonces, como ahora, cualquiera que deseara autoridad divina para su programa podía citar bien y mal las Escrituras. Los abogados, esos expertos bíblicos, tenían la responsabilidad entre otras cosas de mantener a sus comunidades atentas a las posibilidades de locuras o engaños religiosos. Muchos son los líderes religiosos que engañan y seducen en el nombre de Dios. Ningún cuidado de estas cosas es excesivo.

Este experto en la Biblia se toma su trabajo en serio, y prueba a Jesús comparándolo con la autoridad de las Escrituras. No existe razón alguna para suponer que sus intenciones eran hostiles: *ekpeiradzo* puede simplemente significar una prueba en el sentido de "prueba de autenticidad" sin sentido de trampa.

El contexto en el que se relata la historia es una multitud de gente que sigue a Jesús, muchos probablemente incitados por la curiosidad. Los setenta y dos acaban de regresar de una extraordinariamente exitosa campaña en territorio samaritano, una región que tenía la reputación entre los judíos de hereje. Los hombres y mujeres son crédulos. Es fácil engañar a la gente (¿especialmente a los samaritanos?) en el nombre de Dios. Es importante tener alrededor personas con conocimientos y discernimiento, en especial en los asuntos de religión y la Biblia. Un experto en la Biblia judío con la responsabilidad de garantizar que la verdad sea *verdadera* estaba de casualidad allí ese día cuando regresaron alegres los setenta y dos. Por hábito y costumbre, se preguntó: "¿Es esto verdadero?"

El hombre está llevando a cabo una tarea importante. Nadie quiere a un Mesías que no haya sido probado. Es mucho lo que está en juego. No deseamos arriesgar nuestra vida por algo que resulte ser un fraude. Sabemos por experiencia que en el mundo existe una cantidad increíble de fraudes religiosos. Deseamos que nuestro Mesías sea probado por dentro y por fuera, examinado y vuelto a examinar. De modo que el abogado se propone examinar a Jesús.

Ésta no fue ni la primera ni la última vez que Jesús fue probado. Lucas nos dice que Jesús, antes de comenzar su ministerio público, fue tentado por el diablo en el desierto. La tentación fue exhaustiva y rigurosa, además de hostil. La prueba del diablo fue seductora, tentándolo a complacer a las multitudes para convertirse en un Mesías glamoroso. Jesús venció la tentación. Le dijo que no al diablo. Mateo y Marcos preceden a Lucas en el relato de esta prueba. Jesús fue también tentado cerca del fin de su ministerio público en el huerto de Getsemaní. Esta tentación fue aun más exhaustiva y rigurosa que la primera. Fue la prueba final: ¿Iría Jesús a la cruz para sacrificar su vida para la salvación del mundo o no? La prueba fue terrible. Jesús venció la tentación. Mateo y Marcos también nos informan sobre esta prueba.

Durante la última cena, Jesús dijo algo a sus discípulos que sólo relata Lucas: "Ahora bien, ustedes son los que han estado siempre a mi lado en mis pruebas" (Lucas 22.28).[1] "En mis pruebas" capta nuestra atención: parece que Jesús fue puesto a prueba en otras ocasiones más aparte de la tentación en el desierto al principio y la terrible prueba en Getsemaní al final. Entre estas otras pruebas, estaba la que sólo reporta Lucas: la prueba dada por el experto en la Biblia en los primeros días del viaje a través de Samaria. A medida que se lleva adelante la prueba, observamos algo significativo en cuanto a la manera en que Jesús usa el lenguaje: no proclama, no interpreta, sino que conversa. Una charla respetuosa. Ni polémica ni condescendiente. Una conversación que invita (y logra) la participación.

* * *

Esta conversación contiene cinco segmentos.

Primer segmento. El experto en la Biblia plantea su pregunta de prueba: "¿Qué tengo que hacer para heredar la vida eterna?" Quizás ésta sea su pregunta normal, la que les plantea a todos los maestros de religión que no conoce. No es una mala pregunta. Todos nosotros deseamos vivir algo más que una existencia puramente animal, y es en ese "más" donde se muestran nuestros valores y carácter. La manera en

---

1   "Prueba" y "tentación" provienen de la misma palabra en el griego de Lucas: *peirasmos*. Cómo se la traduce depende del contexto.

que vivimos este "más" dice mucho sobre nuestra sabiduría y nuestros motivos y nuestra bondad.

Y es inteligente poner la pregunta en primera persona. El experto en la Biblia disfraza su pregunta y la hace aparecer como un pedido de consejo. No es un amateur en este negocio. Él sabe que si uno simula pedir consejo, la persona que uno examina se desarma, baja las defensas, no siente ansiedad. Si interrogamos a una persona de manera acusatoria, obtenemos mucho menos que si pedimos un consejo personal. A todos nos cuesta negarnos a dar consejo. Por lo general, las preguntas, aparte de su contenido, nos honran con respeto. Cualquiera que pide dirección de cualquier clase obtiene mucho más de lo que ha pedido.

Sí, pienso que este experto en la Biblia ya ha hecho esto antes. Él sabe lo que está haciendo y ha perfeccionado su técnica. Y es probable que tenga un cuaderno en casa lleno de las respuestas que le han dado a su pregunta.

Pero no puede competir con Jesús. Jesús le responde la pregunta haciéndole otra pregunta: "¿Qué está escrito en la ley? ¿Cómo la interpretas tú?" (Una vez vi una entrevista de Elie Wiesel, el novelista y escritor judío sobre espiritualidad. El que lo entrevistaba le dijo: "He notado que ustedes los judíos a menudo contestan una pregunta haciendo otra pregunta. ¿Por qué lo hacen? A lo que Wiesel le respondió: "¿Y por qué no?")

Se mueve el piso. Esto ha dejado de ser un examen objetivo, una pregunta de múltiples opciones en la que la respuesta la podemos marcar en el casillero correspondiente. Ha comenzado una relación; se ha iniciado un diálogo. Ya no es un inquisidor superior y un respondedor inferior. El diálogo desarrolla colegialidad. ¿Comenzó el experto en la Biblia esta conversación con una mínima cantidad de soberbia o con una rectitud impersonal y guardiana? Si fue así, se ha ido de repente. Se han dado vuelta las cartas. La pregunta de Jesús nivela el campo de juego.

* * *

Segundo segmento. El experto en la Biblia responde la pregunta de Jesús resumiendo la ley de Moisés en el estilo clásico: ama a Dios y ama a tu prójimo, una combinación de Deuteronomio y Levítico. No es original, pero es correcta. Jesús le pone una buena nota: "Bien contestado. Haz eso y vivirás".

La característica más notable de este segmento es que se revierten las posiciones del experto y Jesús. En el transcurso de la prueba, el experto en la Biblia se da cuenta de que ya no es él quien conduce la prueba sino que está personalmente involucrado en ella. Al probar a Jesús, se encuentra probado por él. El examinador se ha convertido en el examinado. El experto en la Biblia que se propuso dar a Jesús una prueba sobre la ortodoxia termina teniendo que probar su propia ortodoxia. Éste es un examen oral que se lleva a cabo al aire libre, quizás en un camino o en la plaza del pueblo. El resultado es tranquilizador. Él pasa la prueba. De hecho, ambos la pasan, Jesús y el experto. Ahora están al mismo nivel, ambos certificados como ortodoxos, ambos competentes para enseñar los caminos de Dios.

*   *   *

Tercer segmento. El experto, en vez de sentirse tranquilo y a gusto con Jesús como sería de esperarse, ya que ambos están seguros de la ortodoxia del otro, hace otra pregunta: "¿Y quién es mi prójimo?"

Lucas le asigna un motivo a la pregunta del experto: "él quería justificarse". El experto se está sintiendo incómodo. Está buscando una escapatoria. Sólo sentimos la necesidad de justificarnos cuando sentimos que no tenemos toda la razón. Quizás la ortodoxia no lo sea todo en la vida. La justificación propia es un recurso verbal para restaurar la apariencia de rectitud sin hacer nada sobre la sustancia. Si sentimos que nos critican, reaccionamos con un pretexto o una excusa. Muchos de nosotros lo hacemos con frecuencia. No nos gusta que los demás piensen que somos malos o inadecuados o estúpidos. Una de las maneras más comunes de defendernos es tomar la ofensiva para poner a la otra persona en la defensiva, quitando la atención de mi debilidad o falla para derivarla a la otra persona.

¿Cuál es la debilidad o falta del experto que él desea evitar confrontar o que desea quitar del centro de atención? Su conocimiento o procesos mentales no tienen nada de malo. Él conoce bien la Torá y la puede citar correctamente. Hemos observado que lleva a cabo hábilmente su examen de Jesús. Si él piensa de manera correcta y trabaja bien, ¿qué queda? Bueno, quizás la manera en que él *es*, la manera en que vive, la manera en que ama. Quizás tenga que ver con su deseo de no ser vulnerable en una relación que pueda hacerlo sufrir (que es lo que normalmente ocurre en todas las relaciones), con su deseo de no aceptar las exigencias de amar en donde todo lo que es característicamente humano se pone a prueba. Quizás él se niegue a arriesgarse en lo incierto y vulnerable de una *relación* con hombre y mujeres y Dios y, en especial, en la relación personal primordial: el amor. Quizás desee mantener un control rígido de todo. Quizás su corazón esté atrofiado.

El experto comienza su conversación con confianza. Él está a cargo de todo. Él es el guardián de la verdad bíblica. Él intenta juzgar si Jesús tiene la capacidad necesaria para enseñar y liderar discípulos. Una de las maneras en que podría haber terminado el examen era con la simple afirmación de aprobado o reprobado. O, podría haberse convertido en una discusión, en un debate teológico con los circunstantes como jurado.

Creo que lo que ocurrió no era lo que el experto había previsto. Lo tomó por sorpresa, ya que él no estaba acostumbrado a que lo examinaran. Es así que, con el fin de recuperar su posición original como persona a cargo, él hace otra pregunta. Está incómodo a la par de Jesús, a quien desea controlar. No está acostumbrado a estar en una relación de mutualidad. Desea permanecer en control de manera impersonal.

De modo que intenta recuperar el control de la conversación haciendo otra pregunta que supuestamente pondría a Jesús a la defensiva: "¿Y quién es mi prójimo?" Aun en el momento de hacer la pregunta, debe haberse felicitado: "¡Qué brillante recuperación!" El "prójimo" es una categoría muy difícil de definir en términos prácticos. Si el experto hubiera preguntado: "¿Y quién es Dios?", Jesús y él hubieran intercambiado algunas citas bíblicas y ése hubiera sido el final de la conversación. Hubiera sido una discusión entre pares. Pero él deseaba recuperar su prestigio, de modo que, en vez de pedir una definición del Dios revelado, introduce al "prójimo". El definir quién es el prójimo habría sido un buen tema para una larga discusión de todo un día, donde los transeúntes lentamente se alejan cuando el hambre los empuja a irse a cenar.

El experto en la Biblia es un veterano de los negocios de la religión. Sabe que una persona se puede ocultar durante mucho tiempo, toda una vida quizás, detrás de las cuestiones religiosas. ¿Ha hecho él esto toda su vida —liderando estudios bíblicos, haciendo preguntas perspicaces, preservando la verdad de las Escrituras, cumpliendo funciones religiosas— y nunca lo han descubierto?

Pero Jesús lo descubre. Y lo hace con una parábola, esa famosa historia que comúnmente se denomina: "El buen samaritano".

Se relata la historia en un camino samaritano, pero Jesús se la relata a un profesional religioso judío. Lo más probable es que los otros judíos que acompañaban a Jesús desde Galilea a Jerusalén la escucharon también. Deben haber sido muchos. ¿Cuántos además de los setenta y dos que habían sido enviados en la misión? Me imagino que era una sustancial multitud de judíos galileos la que transitaba por la región de Samaria con Jesús.

Tres observaciones aclaran la importancia de este entorno. Primero, Jesús le cuenta la historia a un hombre que los oyentes judíos consideraban un buen judío. Segundo, la historia presenta un hombre que en la imaginación judía de esa época sería estereotipado como un samaritano ignominioso. Tercero, la historia misma no está emplazada en el camino samaritano que habían transitado por muchas millas, sino que muchas millas al sur en el camino de Jericó fuera de Jerusalén: un camino en territorio judío. Un buen experto judío, un buen camino judío y un samaritano "malo".

Jesús crea la historia. Un hombre está caminando desde Jerusalén rumbo a Jericó. Es un largo camino de diecisiete millas que desciende 3.300 pies por una zona desértica a la llanura fértil del Jordán. La carretera ondula por cañones y arroyos salpicados de cuevas. Éste es un camino famoso por albergar bandidos. El robo es común y los asesinatos, frecuentes.

Jesús no hace que la identidad étnica del hombre sea explícita, pero dado el contexto, suponemos que es judío. Lo abordan unos forajidos que le quitan todo lo que tiene, literalmente la ropa que tenía encima, lo golpean hasta que queda medio muerto y lo dejan allí tirado para que los buitres terminen la tarea. Hoy día, esto sucede con frecuencia en las calles de las ciudades y en las carreteras rurales de todo el mundo. Afortunadamente, justo pasa un sacerdote. Pero la suerte no perdura. El sacerdote no puede molestarse con él. Luego pasa un levita: ¡otra oportunidad más! Pero con el levita no le va mejor que con el sacerdote. Al hombre lo abandonan tres veces: los ladrones, el sacerdote y ahora el levita.

Dada la conversación reciente entre el experto en la Biblia y Jesús, no podemos dejar de suponer que el sacerdote y el levita conocían los dos mandamientos que el experto en la Biblia acababa de recitar, y que los conocían tan bien como él. Los tres hombres, el sacerdote y el levita y el experto en la Biblia, son profesionales en los asuntos de la Torá. Son responsables por hacer que la ley de Moisés en lo concerniente a Dios y el prójimo sea recordada y funcione bien en la comunidad judía.

Justo entonces aparece un samaritano que se hace cargo del judío que habían golpeado y robado, y no lo hace de manera superficial. Le desinfecta las heridas y las unge con aceite y las venda. Luego lo monta sobre su asno y lo lleva a una posada, donde paga por su alojamiento. Un samaritano, la mala persona por excelencia en la imaginación de los judíos, ama a su "prójimo" judío.

Una historia simple, relatada de manera sencilla mientras pasan por el territorio de Samaria.

*   *   *

Cuarto segmento. Toda la conversación entre Jesús y el experto en la ley gira alrededor de preguntas. Primero, la pregunta del experto en la Biblia: "Maestro, ¿qué tengo que hacer para heredar la vida eterna?" Luego, la pregunta de Jesús: "¿Qué está escrito en la ley? ¿Cómo la interpretas tú?" Y ahora, una tercera pregunta final de Jesús: "¿Qué piensas? ¿Cuál de estos tres piensas que demostró ser el prójimo del que cayó en manos de los ladrones?"

El experto en la Biblia, no Jesús, proporciona el desenlace de la historia: "El que se compadeció de él". La historia de Jesús no define al prójimo. Lo crea.

El relato de Jesús le pone punto final para siempre a todas las variedades de la pregunta: "¿Quién es mi prójimo?" Desde ese momento hasta el presente, la pregunta es: "¿Seré yo un prójimo?" Como lo expresa Heinrich Greeven: "No podemos definir al prójimo; sólo podemos serlo".[2]

* * *

Quinto segmento. La palabra líder que ronda en silencio pero con insistencia en esta conversación entre Jesús y el experto en la ley es un verbo en el imperativo: "ama". Ese mandamiento de amar, aunque no se lo repita, resuena continuamente a través de los detalles de la conversación.

El "amor" como sustantivo es un tema vasto y complejo. Los filósofos y teólogos han escrito miles y miles de páginas explorando su expresión cultural, sus complejidades emocionales, sus matices psicológicos. Pero, en las Escrituras, no es mucho lo que encontramos sobre esta clase de cosas. El amor no es un tema que discutan los profetas y sacerdotes, los apóstoles y pastores, los poetas de oración y los sabios. La palabra como sustantivo se usa con bastante frecuencia, pero es sobre todo cuando se usa como verbo, que surge a la vida. No dice que "Dios es amor", sino que dice "Porque tanto amó Dios al mundo..."

En el momento en que el sustantivo "amor" se convierte en verbo deja de ser un tema para discutir o comprender o explorar. Ingresa en nuestra vida. Y cuando se expresa el verbo en imperativo, cobra vida en un acto de obediencia. Entra en acción, penetra en la historia y es en la historia donde revela su verdadera naturaleza. Cuando se la usa como verbo en una historia, pronto notamos si la noble y gloriosa palabra se usa para ennoblecer y glorificar el alma o si se usa para encubrir una codicia manipuladora, un poder cínico o una lascivia que despersonaliza en un mundo despojado del prójimo.

---

2 *Theological Dictionary of the New Testament*, ed. Gerhard Friedrich, traducido por Geoffrey W. Bromiley, vol. 6 (Grand Rapids: Eerdmans, 1968), p. 317.

Jesús pronuncia las palabras finales y definitivas en esta historia, ambas verbos en el imperativo: *"anda... haz"*. Ya no hay más preguntas. Ya no hay más respuestas. Ya no hay más charla sobre Dios. Anda y ama. Ya no hay más discusiones sobre la interpretación de las Escrituras, ya no se usa más la religión (o a Jesús) como una manera de evitar o apartar a los hombres y mujeres que forman parte de nuestra vida. Algo está sucediendo, y se me dice que puedo participar en ello. No, en realidad se me dice: *"¡Participa* en ello!"

Los relatos hacen eso: crean las condiciones imaginativas en las que intuimos un mandamiento imperativo de dejar atrás el despreocupado mundo de las discusiones impersonales e indiferentes para convertirnos en participantes obedientes de la vida, obedientes seguidores de Jesús, prójimos de todo aquél que encontremos en nuestro camino hacia Jerusalén.

Nos preguntamos: ¿Se convirtió el experto en la ley en un prójimo y fue y cumplió el mandamiento de amar que tan bien conocía? No tenemos respuesta a esa pregunta. Sólo conocemos nuestras propias respuestas y nuestras propias historias.

CAPÍTULO 3

El amigo: Lucas 11.1-13

La vida es personal. Por definición. Todas sus partes: el lenguaje, el trabajo, los amigos, la familia, las flores y verduras, las rocas y colinas, el Padre,
el Hijo y el Espíritu Santo: todo. Cuando se sustrae alguna parte de la
vida de lo particular, se la expresa en una generalización, se la convierte
en un proyecto burocrático, se la reduce a una causa, la vida misma se
pierde o, al menos, disminuye considerablemente. Cuando dejamos de
estar personalmente presentes a nuestros hijos, nuestro cónyuge, nuestros amigos, la vida se escurre. Cuando no albergamos al forastero, la
vida se bloquea. La falta de atención a una conversación interrumpe el
flujo de la vida. La indiferencia habitual a la gloria de un arbusto en flor
perturba las congruencias intricadas y subyacentes que profundizan la
participación en la gloria y el vivir en y para la gloria de Dios.

Jesús es el principal testigo sobre la importancia de lo personal:
"Yo he venido para que tengan vida, y la tengan en abundancia" (Juan
10.10). Extravagancia en vez de escasas raciones de sobrevivencia. Jesús es la revelación principal de que Dios es personal, extravagante-
mente personal. Cuando tratamos con Dios, no estamos tratando con
un principio espiritual, una idea religiosa, una causa ética o un sentimiento místico. Estamos tratando personalmente con Jesús, quien está
tratando personalmente con nosotros. Todo lo que sabemos acerca de
Dios, lo sabemos por medio de Jesús. Y Jesús es plenamente personal:

un cuerpo y un alma que están vivos. Jesús come pan y pescado y toma agua y vino. Jesús habla y escucha. Jesús nace en una familia con nombres que conocemos, y él tiene un nombre personal, un nombre que era tan común en su cultura como lo son Pedro y Juana para nosotros. Jesús llora. Jesús se enoja. Jesús toca y lo tocan. Jesús sangra cuando se corta. Jesús muere. Jesús está a gusto en su cuerpo y con su familia, a gusto con nosotros en nuestro cuerpo y nuestras familias. No se aparta de todo ello; no se aísla de ningún detalle. Está absolutamente presente, en relación, con intimidad.

Lo que nos dice la revelación bíblica, una revelación que está resumida y completada en Jesús, es que no podemos ser más como Jesús (más placenteros o aceptables para Dios) siendo menos humanos, menos físicos, menos emocionales, menos involucrados con nuestra familia, menos asociados con personas social y moralmente indeseables. No seremos más espirituales siendo menos humanos.

* * *

La primera historia de Jesús en la Narrativa del Viaje nos convierte a todos en el prójimo de hombres y mujeres que no sabían que eran nuestro prójimo. No teníamos idea de que fueran nuestro prójimo, ya que usábamos un lenguaje que los estereotipaba como simples caricaturas de cartón: "samaritanos", por ejemplo, o algún otro término étnico o racial, moral o religioso de desprecio. Una vez que los hemos deshumanizado mediante un simple truco del lenguaje, ni se nos ocurre amarlos. ¿Cómo podemos querer un pedazo de cartón? Cuando la mayoría de las personas que no conocemos o amamos están excluidas del mandamiento es mucho más fácil obedecer el mandato de Dios de amar a nuestro prójimo. La historia de Jesús nos vuelve a humanizar, personalizar, nos vuelve a convertir en el prójimo a nosotros y a todos aquellos que se nos cruzan por el camino. Si la historia de Jesús nos convierte en el prójimo, encontraremos un prójimo a quien amar a cada vuelta de la esquina.

La segunda historia en la Narrativa del Viaje le da a Dios un enfoque personal. Cuando estereotipamos a la gente, la despersonalizamos.

Cuando generalizamos a Dios, lo despersonalizamos también: Dios como idea, como una fuerza, como un dogma. Pero, ya que no podemos amar una idea o una fuerza o un dogma, quitamos eficazmente el amor del mandamiento bíblico de "amar a Dios" y lo reemplazamos con verbos tales como "reconocer", "respetar", "considerar", "defender", "estudiar": todos ellos verbos que requieren una escasa relación personal.

De modo que Lucas, al componer su Narrativa del Viaje, relata una historia de Jesús que logra para un Dios despersonalizado lo que la historia samaritana logró para todo el prójimo despersonalizado también. Jesús nos sumerge en un estilo de lenguaje que hace que nuestro enfoque de Dios sea plena y absolutamente personal, como así también nuestras oraciones.

Es posible que la oración sea el aspecto de nuestro lenguaje que corre más peligro de perder el contacto con la sustancia pura de nuestra humanidad. Cuando privamos a Dios de su humanidad, perdemos el contacto con nuestra humanidad. Los niños oran con una honestidad espontánea. Las catástrofes y las crisis suelen llevarnos a menudo a la esencia misma de nuestra humanidad, donde nuestro lenguaje está despojado de todo fraude y piedad y donde oramos desde nuestras entrañas. Pero aparte de la niñez y las crisis, mientras estamos atravesando Samaria, nuestras oraciones tienden a abstraerse de los detalles familiares y distintivos que forman parte de nuestra vida diaria común. Casi siempre, la oración se practica en entornos religiosamente definidos y protegidos: Galilea y Jerusalén. Y casi siempre, se la formula en piadosos clichés que recogemos de las iglesias o tomamos prestados de los libros de oración.

Sin embargo, en la historia de Jesús no hay nada cliché ni prestado. Él relata esta historia para llevarnos inmediata y personalmente a nuestro Dios de la misma manera en que el relato anterior lo hizo con nuestro prójimo.

Un día estaba Jesús orando en cierto lugar. Cuando terminó, le dijo uno de sus discípulos:

—Señor, enséñanos a orar, así como Juan enseñó a sus discípulos.

Él les dijo:

—Cuando oren, digan:

"Padre,
santificado sea tu nombre.
Venga tu reino.
Danos cada día nuestro pan cotidiano.
Perdónanos nuestros pecados,
porque también nosotros perdonamos a todos los que nos ofenden.
Y no nos metas en tentación".

Supongamos —continuó— que uno de ustedes tiene un amigo, y a medianoche va y le dice: "Amigo, préstame tres panes, pues se me ha presentado un amigo recién llegado de viaje, y no tengo nada que ofrecerle". Y el que está adentro le contesta: "No me molestes. Ya está cerrada la puerta, y mis hijos y yo estamos acostados. No puedo levantarme a darte nada" Les digo que, aunque no se levante a darle pan por ser amigo suyo, sí se levantará por su impertinencia y le dará cuanto necesite. Así que yo les digo: Pidan, y se les dará; busquen, y encontrarán; llamen, y se les abrirá la puerta. Porque todo el que pide, recibe; el que busca, encuentra; y al que llama, se le abre.

¿Quién de ustedes que sea padre, si su hijo le pide un pescado, le dará en cambio una serpiente? ¿O si le pide un huevo, le dará un escorpión? Pues si ustedes, aun siendo malos, saben dar cosas buenas a sus hijos, ¡cuánto más el Padre celestial dará el Espíritu Santo a quienes se lo pidan! (Lucas 11.1-13)

* * *

Las circunstancias que rodean a la historia son que Jesús había estado orando, y sus discípulos le habían pedido: "Señor, enséñanos a orar" (Lucas 11.1). Jesús responde dándoles una breve oración y luego les relata una historia.

Ésta es la única vez en los Evangelios en que los discípulos le piden a Jesús que les enseñe algo, la única vez que lo abordan con el imperativo verbal: "enséñanos". Jesús enseñaba todos los días. Enseñaba en los campos y en la sinagoga y en el templo. Durante bastante tiempo en la época en Galilea, los discípulos lo han observado orando. Ahora le piden: "enséñanos". Ya han tenido los cursos de introducción al estilo de vida de Jesús, así que ahora reúnen los requisitos necesarios para tomar una clase optativa de mayor nivel. ¿Y qué es lo que eligen? La oración. "Enséñanos a orar".

¿No les parece significativo? Ellos no piden que les enseñe a comportarse mejor: no es un pedido de un curso de ética. No piden que les enseñe a pensar de una manera correcta sobre Dios: no es un pedido de un seminario de teología. No piden un curso de planeamiento estratégico para traer el reino. Ellos han estado viviendo con Jesús durante unos tres años, mirando lo que hace y escuchando lo que dice. De una manera u otra, se han dado cuenta de que seguir a Jesús no significa imitar lo que hace ni repetir lo que dice. Implica cultivar la misma relación con Dios que guarda Jesús. Al igual que él, desean actuar a partir de un eje personal, relacional y fomentado por el amor de Dios. Desean instrucción y capacitación en esta clase de acción, en este acto profundamente humano, que a la vez humaniza. Desean hacer correctamente lo que Jesús sabe hacer mejor que cualquier otra cosa: "Enséñanos a orar".

Jesús les responde dándoles un breve modelo de oración, relatándoles una simple parábola y luego conectando la oración y la parábola con algunos comentarios sobre padres e hijos de modo que la oración y la parábola se fertilicen mutuamente. Los comentarios hacen que nuestro flujo imaginativo comience a fluir. Y luego, Jesús se aparta y permite que la oración y la parábola cumplan su tarea en nosotros.

*   *   *

El modelo de oración que les da Jesús es sorprendente, quizás hasta algo ofensivo en su brevedad. Le piden que les enseñe a orar. Han filtrado las diferentes posibilidades de lo que desean de Jesús. Han reducido las opciones a este solo pedido: que les enseñe a orar. Han llegado al meollo del asunto y están deseosos de emprender esta acción central que sostiene y le da forma y motiva la vida de Jesús. Ellos se inscriben y se reúnen. Jesús comienza a enseñarles. Apenas ha comenzado cuando ya terminó. La oración que les enseña está compuesta por treinta y tres palabras. Si la decimos lentamente y con meditación, apenas lleva unos veintidós segundos finalizarla. Y luego ya está. La clase puede retirarse.

¿Qué es lo que ocurre aquí? Ellos pensaban que se habían inscrito en un seminario de posgrado sobre la oración y, de repente, están nuevamente en la calle sin haber abierto un solo libro ni haber recibido una definición por escrito. Si algunos de ellos hubieran estado preparados con un lápiz para comenzar a tomar notas, habrían llenado, a lo sumo, una sola página.

Sin embargo, en el texto no hay ninguna sensación de sorpresa, ni tampoco ninguna evidencia de que los discípulos se hayan sentido decepcionados. Quizás sean nuestras ideas sobre la enseñanza las que son deficientes. Y, en especial, la enseñanza sobre la oración.

Al no ser instruidos por Jesús, nuestra idea sobre la enseñanza está dominada por explicaciones. Cuando vamos a la escuela, esperamos definiciones, explicaciones, una gran cantidad de información que podamos poner en uso. Se nos enseña a leer, a contar, y luego nos toman pruebas sobre lo que nos enseñan pidiéndonos que lo repitamos de nuevo. Cuanto más complejo el tema, tanto más tiempo tardamos en aprenderlo.

Sin embargo, esto es, dicho apropiadamente, escolaridad y no educación. Las cosas que más nos importan, como por ejemplo caminar, o hablar, no las aprendemos de esa manera. Y amar y esperar y creer. Para estas maravillosas y complejas tareas necesitamos maestros, pero no escuelas, ni explicaciones, ni definiciones. Tenemos que estar con gente que las haga, que estén involucrados en la acción y que estén unos pocos pasos más adelante que nosotros en el proceso, pero nunca pensaríamos en la necesidad de ir a una escuela para aprenderlas. Eso sería como ir a la escuela para aprender a andar en bicicleta, a una escuela en donde nunca vimos ni tocamos una bicicleta.

El frecuentar un lugar de adoración es una buena manera de aprender a orar; el concurrir a un taller sobre la oración no lo es. El asociarnos con una persona que sabemos que ora es una buena manera de aprender a orar (hablemos o no de la oración); el leer otro libro más sobre la oración no lo es. El orar requiere esta clase de educación en la que Jesús es el maestro. Y por el momento, mirar con curiosidad y asombro esta secuencia de oración y parábola y comentario en las palabras y en la presencia de Jesús en la Narrativa del Viaje de San Lucas es una buena manera de aprender a orar.

* * *

Esta combinación de oración y parábola y comentario pone en evidencia que la oración es un discurso personal. El modelo de oración comienza con un sustantivo vocativo: "Padre" que es un tratamiento personal localizado. Y la parábola comienza con un sustantivo vocativo: "Amigo", que es un tratamiento personal localizado también. Estos vocativos insisten en el tratamiento personal directo, no dirigido "a quien corresponda", no como un llamado a la oración por medio de volantes producidos en masa. Los comentarios que siguen a continuación usan una conversación entre un niño y su padre para enfatizar la dimensión personal de la oración. El comentario final regresa al Padre que lanzó el modelo de oración, pero esta vez es el "Padre celestial". La primera palabra en la oración es "Padre" y en el último renglón de la parábola aparece "Padre" también.

La combinación de oración y parábola y comentario, iniciándose cada uno de ellos con los sustantivos vocativos "Padre" y "Amigo", nos capacitan sobre cómo dirigirnos de manera directa y personal a otra persona. Un vocativo no es un tratamiento general. Apunta a una persona en particular para comunicarle un mensaje personal. El énfasis vocativo en lo personal se extiende mediante el uso de los verbos en imperativo. Cada verbo en la oración se encuentra en imperativo. Son cinco: *santificado, venga, danos, perdónanos, no nos metas.* Otros cinco verbos en el imperativo dominan la parábola: *préstame,* no me *molestes,* seguidos por *pidan, busquen, llamen.* Los imperativos son órdenes o mandatos de una persona a otra. Se dirigen de una persona a otra persona y presuponen una respuesta personal. Estos imperativos están complementados por las alusiones al niño que le pide al padre un pescado o un huevo, un pedido que implica un verbo originalmente en el imperativo.

Los imperativos son verbos que conectan a las personas de manera tal que las cosas dejan de ser lo que eran. Nace algo que no existía hasta ese momento. Como forma de hablar, en vez de describir lo que es, o suponer que algo pueda ser o no como es, se extiende hacia el futuro de modo que algo nuevo pueda suceder. El imperativo no tiene tiempo para el lenguaje impersonal: conjuros mágicos, por ejemplo, o propaganda tecnológica, o manipulación programática.

Jesús nos enseña a orar. Al usar sustantivos en el vocativo y verbos en el imperativo, nos involucra personalmente en la acción del Dios que actúa personalmente en nuestra vida. La oración es acción. La oración no es un aceptar con pasividad la manera en que son las cosas. Por cierto, existen muchas otras dimensiones de la oración y pronto las aprenderemos.[1] Pero aquí es donde comenzamos. Y es aquí donde comienza Jesús.

Al usar los términos "Padre" y "amigo", Jesús agudiza nuestro sentido de lo personal en la oración. "Padre" y "amigo" son términos que excluyen lo impersonal. La dinámica de la oración como algo personal se desarrolla en detalle parabólico en la historia del amigo que va a lo de su amigo a la medianoche para pedir que le preste tres panes para así poder brindar hospitalidad a un amigo que acaba de llegar. Se usa el término "amigo" para aludir a cada una de las personas en la historia: el amigo que está acostado y a quién se le pide el pan (versículo 5), el amigo que llega hambriento en la mitad de la noche (versículo 6) y el amigo que pide prestado el pan (versículo 8). Cada personaje de la historia está designado como "amigo". Tres amigos.

No porque todos ellos sean amigos las cosas se desarrollan sin inconvenientes. El amigo que ya está en la cama descarta la amistad antes de someterse a su pedido. Pero todo lo que ocurre, sucede entre amigos y tiene un meollo relacional y sensible. Nuestra relación con nuestros padres y amigos es esencialmente personal. Ninguno de nosotros es indiferente a su padre y amigos. En cuanto a este asunto, no importa si nos tratan bien o mal. Nos traten como nos traten, lo tomamos a nivel personal. La mayoría de nosotros se pasa la vida lidiando con su padre (o madre) y amigos, y es po-

---

1 La segunda parte de este libro: "Jesús en sus oraciones", explora algunas de estas muchas otras dimensiones de la oración.

sible que estos tratos sean los más profundos de todos. Nuestra identidad y carácter se forman en las relaciones personales. Somos seres biológicos: sin duda; somos seres psicológicos: es verdad; somos seres politizados: sí; somos seres económicos: por cierto. Pero la base de todo esto es lo personal. Lo que esto significa es que sólo se puede aprender la oración en el vocabulario y la gramática de las relaciones personales: ¡Padre! ¡Amigo! No se trata aquí de lograr que las palabras correctas estén en el orden indicado. Jamás tiene que ver con una buena conducta o una disposición apropiada o una talentosa manipulación. Tampoco es el asunto de adquirir alguna información sobre Dios o de ponernos en contacto con nosotros mismos. Es una *relación*, eterna y exclusivamente personal. Por lo tanto, es imperativo que observemos nuestro lenguaje, ya que lo personal corre cada vez más peligro de ser suprimido por los reclamos arrogantes y blasfemos de la tecnología: la verdadera apoteosis de lo impersonal.

*   *   *

Y éste es el detalle que más me intriga: el pan tiene un lugar prominente tanto en la oración como en la parábola.

La versión de San Lucas de la oración modelo de Jesús es la versión recortada de lo que nos da San Mateo. La oración de Jesús en Mateo aparece en la forma de seis pedidos:

Padre nuestro que estás en el cielo,
santificado sea tu nombre (primer pedido),venga tu reino (segundo pedido),
hágase tu voluntad
en la tierra como en el cielo (tercer pedido).
Danos hoy nuestro pan cotidiano (cuarto pedido).
Perdónanos nuestras deudas,
como también nosotros hemos perdonado a nuestros deudores (quinto pedido).
Y no nos dejes caer en tentación,
sino líbranos del maligno (sexto pedido).
Porque tuyo es el reino, y el poder, y la gloria, por todos los siglos.
Amén.

(Mateo 6.9-13)

La versión editada de Lucas dice:

Padre,
santificado sea tu nombre (primer pedido).
Venga tu reino (segundo pedido).
Danos cada día nuestro pan cotidiano (tercer pedido).
Perdónanos nuestros pecados,
porque también nosotros perdonamos a todos los que nos ofenden
(cuarto pedido).
Y no nos metas en tentación (quinto pedido).

(Lucas 11.2-4)

Lucas acorta la versión de Mateo borrando cinco ítems: un pronombre ("nuestro"), dos frases ("en la tierra como en el cielo" y "sino líbranos del maligno"), y la doxología ("porque tuyo es el reino, y el poder, y la gloria, por todos los siglos. Amén").

Lo que Lucas ha borrado tiene un doble efecto: afianza el objetivo y pone el pan en el centro. Ahora tenemos una oración compuesta por cinco pedidos. En una serie de cinco, el tercer ítem: "Danos cada día nuestro pan cotidiano" está en el centro y por lo tanto se destaca un poco de los demás. El centrar el pan en la oración como el tercer pedido de cinco corresponde a la importancia del pan en la parábola, también identificado con el número tres ("tres panes"). En el comentario de Jesús se enfatiza luego aún más el pan cuando habla acerca de un hijo que le pide a su padre un pescado y un huevo que, como el pan, son elementos comunes y alimentos básicos.

No deseo extraer mucho de estas observaciones, pero ¿no será que Lucas está enseñando de manera sutil aunque poderosa algo absolutamente fundamental para poder comprender y practicar la oración, esto es, que la oración se ocupa de lo que es básico para nuestra humanidad? No es un agregado. No es un accesorio "espiritual" del que disfrutamos después de habernos asegurado de nuestra sobrevivencia física.

Lucas es un artista. Su arte yace en sus palabras. Su enseñanza es artística. No está explicando. No está alentando. Está haciendo lo que probablemente aprendió de Jesús, quien era un maestro de lo indirecto.

Por medio del arte de Lucas y la enseñanza de Jesús, nos encontramos inmersos en las condiciones diarias en las que Cristo forma nuestra vida y la alimenta: dame pan, préstame tres panes, pásame el pescado. Somos pobres. No tenemos lo necesario para vivir. Dependemos del Padre, del Amigo, para lo más básico.

Librados a nuestros designios, lo más probable es que supongamos que después de obtener un empleo decente, un lugar para vivir y un seguro médico —después de habernos ocupado de éstas y otras necesidades terrenales— tendremos tiempo de ocuparnos de Dios y prepararnos para el cielo. Aprendiendo cómo orar, nos hacemos cargo de la agenda celestial.

Abrimos nuestra Biblia para ver qué es lo que dice Jesús al respecto. Nos topamos con Lucas 11. ¿Qué encontramos allí? Jesús que nos enfrenta a nuestra pobreza, nuestra necesidad de aquello sin lo cual no podemos vivir: el pan. Jesús nos dice que le pidamos pan a nuestro Padre. Jesús nos relata una historia sobre un Amigo que nos dará ciertamente pan. ¿Para qué están los amigos si no es para darnos a nosotros y a nuestros amigos lo que necesitamos?

*   *   *

Una precondición necesaria para el empleo de los imperativos en la oración y la parábola es el darnos cuenta y aceptar nuestra necesidad básica, nuestra pobreza. Si el imperativo se emite desde la riqueza, no es más que querer más cosas: un crudo consumismo religioso o espiritual. Le ordenamos a Dios que nos de lo que deseamos, no lo que necesitamos, utilizando la oración para elevar nuestro estándar de vida.

San Pablo nos dice que Jesucristo, la revelación de Dios hecha hombre, "quien, siendo por naturaleza Dios, no consideró el ser igual a Dios como algo a qué aferrarse. Por el contrario, se rebajó voluntariamente, tomando la naturaleza de siervo y haciéndose semejante a los seres humanos. Y al manifestarse como hombre, se humilló a sí mismo y se hizo obediente hasta la muerte, ¡y muerte de cruz!" (Filipenses 2.5-8).

En otras palabras, cuando Dios se hizo hombre, revelándonos nuestra auténtica humanidad, no lo hizo como un superhombre, sino que "experimentó la pobreza de la existencia humana de la manera más profunda y penosa posible".[2] Era absolutamente pobre y carecía de toda importancia: "como raíz de tierra seca... no había en él belleza ni majestad alguna...despreciado y rechazado... no lo estimamos" (Isaías 53.2-3).

Cuando Dios se hizo carne en Jesús, nos demostró cómo convertirnos en seres humanos completos delante de él. Lo hacemos de la misma manera que lo hizo Jesús, necesitando y dependiendo de forma absoluta del Padre. Sólo cuando nos vaciamos, cuando nos empobrecemos delante de Dios, podemos recibir lo que sólo las manos vacías pueden recibir. Ésa es la pobreza de espíritu en la que nos bendice Jesús (Mateo 5.3). Cuando escuchamos y seguimos a Jesús, que vivía en continua dependencia del Padre, nos convencemos de nuestra pobreza como hombres y mujeres. Nos damos cuenta de nuestra absoluta necesidad. Somos todos mendigos. Padre, danos pan. Amigo, préstanos tres panes. Ser seres humanos significa que somos las criaturas más pobres e incompletas del mundo. Nuestras necesidades superan nuestras capacidades. Johannes Baptist Metz escribe sobre la "indigencia radical de nuestra humanidad" y la "necesidad trascendental" en el centro de nuestra humanidad.[3]

Cuando oramos, no es menor nuestra necesidad y dependencia; somos aún más necesitados, más dependientes, lo que significa, más humanos. Cuando oramos, nos sumergimos aún más profundamente en la condición humana de la cual nos separa el pecado y nos salva Cristo.

* * *

Jesús finaliza su enseñanza sobre la oración con lo siguiente: "Pues si ustedes, aun siendo malos, saben dar cosas buenas a sus hijos, ¡cuánto más el Padre celestial dará el Espíritu Santo a quienes se lo pidan!" (Lucas 11.13).

---

2   Johannes Baptist Metz: *Poverty of Spirit*, trans. John Drury (New York: Paulist Press, 1968), p. 18.

3   Metz: *Poverty of Spirit*, pp. 28 and 30.

¿El Espíritu Santo? Pensábamos que estábamos pidiendo pan para nosotros y para nuestro amigo. Pensábamos que pedíamos un pescado y huevos. Y así es. Eso es lo que pedíamos. Pero al presentar el término "Espíritu Santo" en la conversación, Jesús afianza nuestra comprensión de las palabras y métodos de Dios en los detalles de cada hora de cada día. El Espíritu Santo es la manera en que Dios está personalmente con nosotros cuando escuchamos y hablamos y actuamos. Dios en todas las particularidades de nuestra vida y la vida de nuestros amigos y vecinos. Dios completa y personalmente presente.

CAPÍTULO 4

El constructor del granero: Lucas 12.13-21

La pregunta teológica de un experto en la Biblia sobre la "vida eterna" le da pie a Jesús para relatar una historia sobre un hombre que ayudó a un extraño que encontró en el camino a quien unos bandidos habían asaltado y golpeado hasta casi matarlo. Después, un pedido de sus discípulos de que les enseñara a orar produce una historia de Jesús en la que presenta a un hombre que le pide pan a su amigo para darle de comer a un visitante inesperado.

¿Por qué responde Jesús preguntas sobre el cielo y pedidos de una enseñanza sobre la oración —preocupaciones espirituales clásicas— con historias sobre un forastero herido y un visitante hambriento? ¿Es acaso posible que Jesús haya percibido que gran parte de nuestra conversación sobre "las cosas de Dios" es una manera de evitar la presencia personal de Dios en la gente hambrienta y herida que encontramos en el camino hacia Jerusalén? ¿Es acaso posible que Jesús sepa que nuestro gusto por discutir asuntos celestiales y la oración es una distracción para no tener que ocuparnos personalmente de nuestros familiares y amigos en los que Dios está presente? ¿Es acaso posible que Jesús esté tratando de librarnos de tanta charla "espiritual"? Aquí encontramos otra historia que sigue un patrón similar. En ella, Jesús traslada la conversación de lo supuestamente "espiritual" a lo aparentemente mundano. De entre la multitud sale una persona anónima que se dirige a Jesús de la siguiente manera: "Maestro, dile a mi hermano que comparta la herencia conmigo" (Lucas 12.13).

Parece que el hermano de este hombre estaba tratando de quitarle sus derechos a la herencia, así que el hombre le pide a Jesús que corrija el error. Jesús se niega a ayudarlo, aludiendo su falta de autoridad para llevarlo a cabo: "Hombre, ¿quién me nombró a mí juez o árbitro entre ustedes?" La pregunta es sin duda retórica y exige una respuesta negativa. Nadie ha nombrado a Jesús como juez o árbitro en los asuntos familiares de este hombre. Pero no podemos dejar de pensar: "¿Es realmente así?" La negación nos parece rara porque sabemos que los rabinos eran, y aún lo son, jueces en la comunidad judía. El pedido del hombre no está fuera de lugar. Y viniendo tan pronto después de la oración y la parábola sobre la oración, esto es aún más extraño. Aquí encontramos un hombre que está haciendo exactamente lo que Jesús nos dijo que hagamos: "Pidan... busquen... llamen". El hombre está orando, y orando tal como Jesús le enseñó a orar: usando el vocativo personal ("¡Maestro!") y usando un verbo en el imperativo dirigido personalmente a Jesús, o sea, a Dios (lo reconociera a Jesús como Dios o no). Pero las consecuencias de su oración son un rechazo abrupto. Y después hablan de la oración como una fórmula. El hombre estaba siguiendo al pie de la letra la enseñanza de Jesús sobre la oración. Si la oración fuera un asunto de dirigir la gramática acertada a la persona correcta, este hombre se habría salido con la suya.

Jesús acaba de ejercitar un discernimiento espiritual básico. Él entendió que el pedido de justicia sólo encubría el pecado de la codicia. No encontramos nada en este texto que nos indique que el hombre no estaba siendo defraudado. Sus derechos estaban siendo transgredidos. Y no es por cierto la voluntad de Dios que nuestros derechos sean pisoteados por los demás. La justicia es un elemento esencial del reino de Dios y todos los profetas hebreos desde Isaías a Malaquías, Juan el Bautista mientras preparaba el camino para Jesús y Jesús mismo insistieron apasionadamente en ello. El ir tras la justicia y el clamor por justicia tienen impresionantes precedentes bíblicos. De modo que no hay nada técnicamente equivocado en lo que pide el hombre. Está pidiendo la misma justicia que Amós e Isaías y Jeremías sostenían que era fundamental en el reino de Dios.

Pero Jesús discierne en el pedido un pecado virulento, el pecado de la concupiscencia, de la codicia. No hay nada más común entre los que pasan tiempo con los hombres y mujeres que siguen a Jesús que usar lo que todos consideran algo bueno y esencial para el reino de Dios como disfraz de nuestro pecado. Aquellos de nosotros que nos hemos comprometido a seguir a Jesús y que recibimos su enseñanza no tendemos a cometer abiertamente pecados. No deseamos pecar. No deseamos emprender el camino del mal. Pero nuestras buenas intenciones no son una protección segura contra los engaños del diablo, la seducción del tentador. Casi todos los pecados que nos atraen están empaquetados como virtudes. Pensamos que estamos pidiendo o haciendo algo que es bíblico y verdadero y correcto. Y, de hecho, así es. Como el hombre que está entre la multitud y que acababa de escuchar un día o dos atrás cómo orar y ahora está haciendo lo que le habían enseñado: ¡Concédeme justicia!

Prácticamente, todas las tentaciones que sufren aquellos comprometidos con Cristo que han adoptado con sacrificio una vida de obediencia a él tienen la apariencia de cosas justas y necesarias y obviamente buenas. El diablo no pierde el tiempo tentándonos con cosas que sabemos que son malas. Él oculta lo malo en algo bueno y luego nos tienta con lo bueno. Se nos ha advertido bien que el diablo aparece como un ángel de luz. ¿Por qué seguimos viviendo con ingenuidad? La antigua canción que se entona en los campamentos tiene razón: "El diablo es un mentiroso y un hechicero también, y si no prestas atención te va a hechizar".

Una de las maravillas del mundo es el pecado desenfrenado que florece ante los aplausos de las comunidades y organizaciones cristianas. La ambición y el orgullo y la avaricia reciben un lugar de honor y luego son "respaldados" con un texto de prueba y sellados con oración.

Jesús no responde a las oraciones a ciegas. Él ya ha pasado por esto. Esos cuarenta días y noches de tentación en el desierto no dejan lugar a ningún candor. Todo lo que el diablo pone delante de Jesús está empaquetado en las Escrituras. A Jesús no lo tentó el mal obvio sino el bien aparente. Él comprendió la realidad y se mantuvo firme. Y ahora ve las verdaderas intenciones de la oración tan correcta de este hombre: y se mantuvo firme. Las mentiras las decimos con las mismas palabras con las que decimos la verdad. Las palabras no sólo revelan, sino que ocultan. El lenguaje es el método para revelar, para descubrir la realidad; es también el método para encubrir, para ocultar la realidad. En estos asuntos, no hay cuidados que sean suficientes. "Amigo... ¡ten cuidado!" ¿Es acaso el clamor de justicia un quejido para recibir un trozo más grande del pastel? ¿Es acaso la ira la que alimenta las campañas contra la corrupción política? ¿Acaso enmascara la propuesta de evangelización una obediencia idólatra el rey Número? ¿Y la "declaración de la visión de futuro" redactada a las carreras en la reunión del comité tarde en la noche resulta ser, examinada a la luz del día, un programa para una ambición henchida?

¿Fue el pedido de este hombre a Jesús en un asunto de justicia una cortina de humo para oscurecer algo muy diferente? Así lo pensó Jesús. Su historia despejó el humo.

Uno de entre la multitud le pidió:

—Maestro, dile a mi hermano que comparta la herencia conmigo.

—Hombre —replicó Jesús—, ¿quién me nombró a mí juez o árbitro entre ustedes?

» ¡Tengan cuidado! —advirtió a la gente—. Absténganse de toda avaricia; la vida de una persona no depende de la abundancia de sus bienes. Entonces les contó esta parábola:

—El terreno de un hombre rico le produjo una buena cosecha. Así que se puso a pensar: "¿Qué voy a hacer? No tengo dónde almacenar mi cosecha." Por fin dijo: "Ya sé lo que voy a hacer: derribaré mis graneros y construiré otros más grandes, donde pueda almacenar todo mi grano y mis bienes. Y diré: Alma mía, ya tienes bastantes cosas buenas guardadas para muchos años. Descansa, come, bebe y goza de la vida." Pero Dios le dijo: "¡Necio! Esta misma noche te van a reclamar la vida. ¿Y quién se quedará con lo que has acumulado?"

»Así le sucede al que acumula riquezas para sí mismo, en vez de ser rico delante de Dios. (Lucas 12.13-21)

*   *   *

La historia que cuenta Jesús ignora los "derechos" del hombre y pone en evidencia su codicia. Pero la historia lo hace de manera indirecta. ¿Se reconocerá el hombre de entre la multitud a sí mismo en la historia como el constructor del granero? Si lo hace, va a requerir el ejercicio de su imaginación. Porque una parábola no es una explicación. Una parábola no es una ilustración. No podemos mirar la parábola como espectadores y esperar comprenderla. Una parábola no facilita las cosas; las dificulta al requerir nuestra participación, nuestro ingresar en la historia, en este caso el asumir el rol del constructor del granero.

Sin embargo, al no forzar el reconocimiento, la parábola preserva la dignidad. Si el hombre que le pide ayuda a Jesús no es un granjero, pero al mismo tiempo toma la historia en sentido literal, no se va a reconocer en ella. La única manera de entrar en la historia es por voluntad propia. Dios no impone la verdad desde afuera. La verdad de Dios no es una invasión extraña sino un compromiso de amor. Al contar una historia tomada de las cosas comunes y corrientes de la vida —en este caso, el construir un granero más grande— Jesús hace causa común con nosotros. El construir un granero es el trabajo normal de un granjero. Nadie piensa que es un fracaso moral. Jamás reprendió un pastor a un granjero, ni lo puso en la cárcel un comisario, por construir un granero. La historia sobre el constructor del granero no explica de manera condescendiente ni diagrama paternalmente ni condena moralmente. Simplemente yace allí, discretamente en nuestra imaginación, y luego se filtra la comprensión. ¿Se quedó el hombre que estaba entre la multitud allí lo suficiente como para entenderla? ¿O quizás, ya que nunca se le había ocurrido construir un granero, se alejó impaciente para continuar buscando un rabino en el vecindario que lo pudiera ayudar?

*   *   *

Hace varios años, yo estaba llevando a cabo un seminario sobre la interpretación de las Escrituras en un seminario teológico. Era un seminario para graduados. Nuestro tema del día eran las parábolas de

Jesús. Todos los participantes eran pastores y sacerdotes experimentados. Uno de los sacerdotes, Tony Byrnne, era un misionero jesuita que se estaba tomando un período sabático después de servir veinte años en su puesto en África. Cuando discutimos las parábolas bíblicas, el Padre Tony nos contó su experiencia con los africanos, quienes aman los cuentos, quienes aman las parábolas. Su orden jesuita no tenía suficientes sacerdotes como para manejar todas las conversaciones que se estaban llevando a cabo, así que lo pusieron a cargo de reclutar personas laicas que llevaran adelante las enseñanzas básicas y las labores de un diácono.

Cuando apenas comenzó su trabajo, cada vez que encontraba hombres que fueran especialmente inteligentes, los sacaba de su poblado y los enviaba a Roma o Dublín o Boston o Nueva York para su capacitación. Después de un par de años, ellos regresaban a emprender su tarea. Pero los habitantes del poblado los odiaban y no querían saber nada con ellos. A los que regresaban, los llamaban *been*-to (que se pronuncia bin-to y que se traduce como "los que han estado en"): "El bin-to Londres, el bin-to Dublín, el bin-to Boston". Odiaban a los bin-to porque ya no relataban historias. Daban, en cambio, explicaciones. Les enseñaban doctrinas. Les daban direcciones. Dibujaban diagramas en el pizarrón. El bin-to había dejado todas sus historias en los papeleros de las bibliotecas y salones de conferencias de Europa y América. El proceso íntimo y digno de relatar una parábola había sido entregado a cambio de una mezcolanza de guisado académico. De manera que, nos contó el Padre Byrnne, él dejó atrás esa práctica de enviar los hombres a escuelas sin historias.

*   *   *

No tardamos en darnos cuenta de que estamos situados en un mundo pródigo en riquezas. El Creador es increíblemente generoso. Se nos da lo que necesitamos, pero también más, mucho más. No sólo nos dan unos pocos árboles que nos protegen del sol, sino todo un bosque de pinos y hayas y robles. No sólo nos dan unas pocas estrellas para que podamos ubicar el norte y navegar nuestros barcos, sino cielos llenos de imágenes e historias. No sólo nos dan unas pocas aves para mantener a los insectos bajo control, sino todo una compañía de ballet de formal y colores y sonidos que hacen piruetas y forman arcos en el aire para nuestro deleite infinito. Annie Dillard exclama ante "la exuberancia del creador... el paisaje extravagante del mundo, dado, dado con energía, una medida llena, apretada, sacudida y desbordante".[1]

Esta riqueza es también interior. Dios no sólo nos salva, otorgándonos la gracia suficiente como para cruzar el umbral del cielo. Él es espléndido. Nos encontramos en medio de una clase de vida en donde una de las palabras características es *bendición*: "¡has llenado mi copa a rebosar!"

Con toda esta riqueza en nosotros y a nuestro alrededor, ¿quién necesita a Dios aparte de una manera convencional, una figura caritativa a quien se nos ha enseñado a dar las gracias, como niños que reciben obsequios de sus abuelos, para asegurarnos de que esos regalos sigan viniendo?

* * *

La codicia es un pecado casi invisible, un pequeñísimo parásito que se establece en los intestinos de la riqueza. En previas culturas y épocas la codicia, aunque no confinada a los ricos, parecía encontrar su anfitrión ideal en la afluencia y opulencia. El mito del rey Midas es la advertencia clásica. Pero en América, con nuestro estándar de vida asombrosamente elevado y casi ilimitado acceso a los bienes de consumo, todos somos vulnerables. El cristiano que aprende a disfrutar de todos los bienes de esta tierra como obsequios de Dios no es menos vulnerable que la persona que supone que se merece todo lo que tiene gracias a su esfuerzo. Somos ricos. Tenemos más de lo que necesitamos. El momento en que somos ricos, ya sea en bienes o en Dios, tendemos a ser codiciosos.

No existe manera de evitar esta condición de las riquezas, ya sea que las concibamos como una bendición espiritual de Dios o como el resultado material de una economía capitalista. Y todo el tiempo, el virus de la

1 Annie Dillard: *Pilgrim at Tinker Creek* (New York: Harper's Magazine Press, 1974), p. 146.

codicia corre por nuestra sangre. A veces existen suficientes anticuerpos bíblicos (mandamientos, proverbios, parábolas) como para protegernos de las infecciones. Pero otras veces nos bajan las defensas y todo nuestro sistema se fatiga. Tenemos la fiebre y la congestión de la codicia. Al poco tiempo estamos pensando en construir un granero más grande. Dejamos de pensar en las riquezas como amor para compartir y comenzamos a calcularlas como un poder que podemos usar. Reinterpretamos nuestra riqueza y posición como algo de lo que nos hacemos cargo y a los demás como los indigentes que tenemos que organizar y dirigir y guiar. Al hacerlo, nos sentimos bien. Estamos a cargo. No necesitamos a los demás, tenemos más experiencia. ¡Estamos haciendo tanto bien! Necesitamos un granero más grande. Para poder ser más eficaces en el uso de lo que tenemos, acumulamos más, extendemos nuestra influencia. Estamos ocupados haciendo el bien, porque cuando estamos atareados no tenemos tiempo para construir la relación personal mucho más exigente y difícil del amor. El construir graneros, que es obviamente algo bueno, no deja demasiada energía para la tarea de amar a nuestro prójimo, y mucho menos a Dios.

Jesús nos ha dado una seria advertencia. Y sin embargo, el construir graneros continúa siendo una industria de crecimiento entre nosotros, algunos siervos del Señor, otros esclavos de una economía capitalista y otros sirviendo a dos amos. Nuestros semejantes y pastores nos admiran (pero, por lo general, no nuestra familia). Nos otorgan un ascenso. Y nadie se da cuenta de que estamos enfermos, enfermos con el parásito de la codicia. La gente misma que tendría que llevarnos al médico, nos enferma aún más.

Muchos de los expositores que han estudiado y enseñado los Diez Mandamientos han percibido un paralelo entre el primer mandamiento y el último. El primero es: "No tengas otros dioses además de mí". El último es: "No codicies". El primer mandamiento establece nuestra vida delante de Dios en una adoración pura de modo que podamos amarlo sin compromiso. El último mandamiento protege a nuestros amigos y semejantes para que no terminen despersonalizados y convertidos en objetos de nuestra codicia: *cosas* que podemos amar sin tener que amarlas. Así como la idolatría termina corrompiendo nuestro amor por Dios, la codicia pervierte nuestro amor por los demás. Si mantenemos el primer mandamiento como corresponde, como así también el último, todos los demás mandamientos quedarán protegidos: ama a Dios, ama a tu prójimo.

La parábola del constructor del granero es una exposición de la codicia: usar lo que tenemos para conseguir más en vez de dar más; usar nuestra posición o bienes como medios para obtener poder impersonal en vez de dar amor. La historia es un pequeño guijarro en nuestro zapato que nos llama la atención en el momento en que nuestra vida de amor por Dios y los demás comienza a convertirse en una manipulación de poder sobre ellos.

Todas nuestras riquezas provienen de la gracia. Jamás somos ricos en poder, ricos en dinero, ricos en influencia. Somos ricos en amor.

En una dinámica secuencia de pintorescos comentarios, Jesús hace entender las ramificaciones de la parábola.

—Por eso les digo: No se preocupen por su vida, qué comerán; ni por su cuerpo, con qué se vestirán. La vida tiene más valor que la comida, y el cuerpo más que la ropa. Fíjense en los cuervos: no siembran ni cosechan, ni tienen almacén ni granero; sin embargo, Dios los alimenta. ¡Cuánto más valen ustedes que las aves! ¿Quién de ustedes, por mucho que se preocupe, puede añadir una sola hora al curso de su vida? Ya que no pueden hacer algo tan insignificante, ¿por qué se preocupan por lo demás?

»Fíjense cómo crecen los lirios. No trabajan ni hilan; sin embargo, les digo que ni siquiera Salomón, con todo su esplendor, se vestía como uno de ellos. Si así viste Dios a la hierba que hoy está en el campo y mañana es arrojada al horno, ¡cuánto más hará por ustedes, gente de poca fe! Así que no se afanen por lo que han de comer o beber; dejen de atormentarse. El mundo pagano anda tras todas estas cosas, pero el Padre sabe que ustedes las necesitan. Ustedes, por el contrario, busquen el reino de Dios, y estas cosas les serán añadidas.

»No tengan miedo, mi rebaño pequeño, porque es la buena voluntad del Padre darles el reino. Vendan sus bienes y den a los pobres. Proveánse de bolsas que no se desgasten; acumulen un tesoro inagotable en el cielo, donde no hay ladrón que aceche ni polilla que destruya. Pues donde tengan ustedes su tesoro, allí estará también su corazón.

(Lucas 12.22-34)

*   *   *

La pobreza es una condición en la que no tenemos lo que necesitamos para vivir de manera adecuada, para descubrir nuestra urgente necesidad de Dios y así adquirir energía para aprender el lenguaje de la oración. La riqueza es la condición opuesta: tenemos más que suficiente y, en el proceso de construir un granero que pueda contener "más de lo necesario", nuestro lenguaje queda despojado de lo personal y relacional. Perdemos nuestro sentido básico de necesidad, necesidad de *Dios*, y perdemos el interés y la fluidez en el lenguaje de la oración. Preocupados por graneros más grandes, nos olvidamos de pedir pan para nuestro amigo. Al penetrar esta historia en nuestra imaginación, el hacer planes para construir un enorme granero parece de repente algo sin importancia comparado con el pedir tres panes para un amigo.

CAPÍTULO 5

El abono: Lucas 13.6-9

Aquí tenemos una historia de Jesús que es sumamente extraña. Lucas la deposita en la Narrativa del Viaje de Samaria sin decir agua va. A diferencia de las historias del prójimo, el amigo y el constructor del granero, esta parábola no tiene ningún incidente que la suscite, no tiene contexto alguno. Llega a la página "según el orden de Melquisedec... no tiene padre ni madre ni genealogía" (Hebreos 5.10 y 7.3). Si el gusto de Jesús por las parábolas obedece a la energía verbal que ellas crean para implicarnos en su vida, para involucrarnos en el juego como participantes, ¿qué "juego" está jugando Jesús aquí en el que desea que participemos? No hay ningún contexto que nos guíe en la interpretación.

La primera parábola, el prójimo, nos convierte a todos en prójimo. El prójimo no es una definición, sino una "criatura nueva". La vida en la compañía de Jesús no es un grupo de discusión sino un acto de conversión. La segunda parábola, el amigo, nos ayuda a no desarrollar un vocabulario y gramática especiales para hablar con Dios que sean diferentes del lenguaje que usamos para hablar el uno con el otro. La oración, hablar y escuchar a Dios, no es más "espiritual" que las palabras y el silencio que empleamos para manejarnos en el mundo y con los demás. La manera en que hablamos cuando estamos en la compañía de Jesús no es diferente de la manera en que hablamos cuando estamos con nuestros amigos. O, para decirlo de otra manera, si hablamos con nuestros amigos de manera diferente que cuando estamos con Jesús, profanamos el lenguaje. La tercera parábola, el constructor del granero, es una historia de denuncia: una historia que nos detiene en el mismo instante en que articulamos nuestras preocupaciones altruistas con el fin de encubrir el vil pecado. Es una historia que penetra el camuflaje verbal y nos dice que le pongamos fin. En compañía de Jesús cunde la decepción: presten mucha atención a esta advertencia. Pero, ¿qué ocurre con la cuarta parábola? La historia es breve.

Un hombre tenía una higuera plantada en su viñedo, pero cuando fue a buscar fruto en ella, no encontró nada. Así que le dijo al viñador: "Mira, ya hace tres años que vengo a buscar fruto en esta higuera, y no he encontrado nada. ¡Córtala! ¿Para qué ha de ocupar terreno?"

Señor —le contestó el viñador—, déjela todavía por un año más, para que yo pueda cavar a su alrededor y echarle abono. Así tal vez en adelante dé fruto; si no, córtela. (Lucas 13.6-9)

*   *   *

La violencia del mandamiento: "¡Córtala!" nos da una clave para el contexto. El seguir a Jesús no es algo fácil. El viajar con Jesús por Samaria camino a Jerusalén no es un desfile liderado por una banda de música y animadoras haciendo piruetas. A lo largo del viaje abundan las sospechas y la hostilidad, de modo que es posible que no importe dónde inserta Lucas la historia, ya que prácticamente cualquier lugar del viaje sería un contexto adecuado. Habrá higueras sin higos —una ofensa para cualquier granjero serio— en cada vuelta de la esquina. Pero Lucas la coloca al principio para que obre en nuestra imaginación durante todo el viaje.

*   *   *

La primera experiencia que tienen Jesús y sus seguidores al emprender el viaje es una muestra de la cruda hostilidad samaritana. Cuando tratan de conseguir un lugar para pasar la noche, los samaritanos les comunican sin tapujos que no son bienvenidos. Los hermanos Zebedeo, los "hermanos del trueno" están furiosos y desean aniquilarlos en ese mismo instante con fuego sobrenatural. Jesús los reprende. Pero les deja un mal sabor en la boca.

Un día o dos después, Jesús les comunica que las cosas no van a mejorar. Les dice que no se hagan ilusiones de que la gente los vaya a recibir con los brazos abiertos: "¿Creen ustedes que vine a traer paz a la tierra? ¡Les digo que no, sino división!" (Lucas 12.51).

Dos veces antes de emprender el viaje, Jesús les dice a sus seguidores qué es lo que deben anticipar: en los días venideros serían rechazados y matados (Lucas 9.22, 44). De modo que han sido bien advertidos. Les dice lo mismo justo antes de llegar a Jerusalén (18.31-33). Y, por supuesto, como bien sabemos, la oposición y la hostilidad hacen su obra: lo matan a Jesús.

Jesús se encuentra con hostilidad en muchos puntos del camino. Al principio del viaje, lo acusan de estar ligado al diablo: "Pero algunos dijeron: 'Éste expulsa a los demonios por medio de Beelzebú, príncipe de los demonios'" (Lucas 11.15). La región de Samaria no es amistosa. A menudo, las diferencias sobre el significado de Dios y la naturaleza de la vida espiritual irrumpen en violencia. Las guerras religiosas son comunes y muy sangrientas. El potencial para la violencia provocada alrededor de Jesús se evidencia desde un principio. De modo que Lucas se asegura de que prestemos atención a la respuesta de Jesús a la violencia: ¡Córtala!, colocando en la historia samaritana una historia concreta, sin adornos ni interpretaciones, sobre el abono.

*   *   *

Jesús no es una palabra en un libro para leer o estudiar. No es una palabra para discutir. Jesús es el "Verbo hecho carne". Es la Palabra viva, una voz viviente, la Palabra de Dios que adoptó forma humana y vivió en un verdadero país: Palestina, en una época real: el primer siglo e ingirió comidas de pan y pescado y vino con personas con nombre (María y Marta, Pedro y Andrés, Jacobo y Juan, para comenzar). Para poder responder correctamente a esta voz, a esta Palabra hecha carne, tenemos que escuchar y responder en nuestros verdaderos vecindarios, mientras comemos guisados de atún y ensaladas de espinaca junto con la gente que nos conoce y que nosotros conocemos (nuestros cónyuges e hijos, amigos y compañeros de trabajo, para comenzar). Nada en general. Nadie es anónimo. Ninguna palabra sin decir ni concretar. La comunidad cristiana y sus líderes lo saben muy bien. Sabemos que sin cautela podemos fácilmente caer en la falta de fe, deslizarnos a la impensada traición, perder nuestra relación expresada, receptiva, obediente, de persona a persona con Jesús y con los demás. Por lo tanto, se nos alienta a desarrollar un lenguaje de participación, de seguimiento, de escuchar con la intención de obedecer, de estar en guardia contra la charlatanería divina que nos despersonaliza.

En el proceso, reconocemos cuán importantes son las parábolas de Jesús para lograr que nuestro lenguaje permanezca involucrado y partícipe —no un lenguaje *sobre algo* sino un lenguaje *con alguien*— que nos lleva a prestar atención y practicar la justicia, amar la misericordia y humillarnos ante nuestro Dios (Miqueas 6.8). Las parábolas son las defensas verbales básicas contra la autocomplacencia desentendida.

Las parábolas liberan la adrenalina de la urgencia en nuestra corriente sanguínea. Dios está activo en el mundo y en nuestro vecindario. Hay mucho que hacer. Se nos invita a la acción. Es apasionante formar parte de la acción: la acción de Dios. Pero hay otras veces en que es necesario contenerse. Hay ocasiones en que se nos ordena que no hagamos nada, y muy a menudo esto obedece a nuestra respuesta intuitivamente violenta a la hostilidad. La hostilidad provoca una rápida serie de pensamientos: "El enemigo de Dios es mi enemigo. Estoy de parte de Dios. Voy a defender su causa y su honor con cualquier arma que tenga a mano". Y, por supuesto, las palabras están siempre a mano. Y luego Jesús interviene y dice: "No".

Los mandamientos de Jesús nos dan energía: "Arrepiéntanse y crean... síganme... vayan y hagan lo mismo... cuando oren, digan... niña, levántate... vayan a lo profundo y dejen caer las redes..." Pero a veces sus mandamientos nos paran en seco. Es importante que no hagamos lo que Jesús prohíbe, así como es importante que obedezcamos lo que nos dice que debemos hacer: Jesús reprende a Pedro: "¡Aléjate de mí, Satanás!" y "¡Vuelve esa espada a su funda!" (Marcos 8.33 y Juan 18.11). Y en esta historia del abono: "Señor, déjela todavía".

A lo largo de nuestros veinte y tantos siglos, la comunidad cristiana ha alcanzado un amplio consenso en lo relacionado con los mandamientos de Jesús a sus seguidores: no unánime, por cierto, pero considerando las circunstancias, una sorprendente buena disposición para al menos prestar atención cuando nos ordena que amemos a Dios y a nuestro prójimo. Aun cuando no los obedezcamos, los mandamientos no son rechazados por su falta de importancia. Pero con demasiada frecuencia se ignoran las prohibiciones de Jesús. Como en esta parábola, "déjela todavía...". Es algo extraño, quizás, pero dado un cierto nivel de motivación y madurez es más fácil hacer cosas que no hacerlas. Deseamos participar en la acción. No nos gusta que nos marginen. Un sí congenia mejor con nuestro espíritu que un no.

La mayoría de las veces, no es la complacencia lo que amenaza sino su opuesto, la impetuosidad. Vemos que algo está mal, ya sea en el mundo o en la iglesia, y nos lanzamos a la acción para corregir lo equivocado, confrontar el pecado y la maldad, luchar contra el enemigo, y luego salimos vigorosamente a reclutar "soldados cristianos".

En ese momento, la historia de Jesús sobre el abono, que había estado adormecida durante mucho tiempo en nuestra mente, cobra la vida y hace su tarea entre nosotros. En vez de empujarnos a la acción, nos saca de ella. Acabamos de cruzarnos con algo que nos ofende, alguna persona que carece de todo valor para nosotros o el reino de Dios, que "ocupa lugar" y perdemos la paciencia y física o verbalmente nos libramos de ella. "¡Córtalo! ¡Córtala!" Resolvemos los problemas del reino mediante amputaciones.

Tanto internacional como históricamente, la matanza es el método predominante para hacer que el mundo sea un lugar mejor. Es la manera más fácil, rápida y eficiente de despejar el suelo para abrir camino a algo o alguien más prometedor. La historia del abono interrumpe nuestra misión agresiva para resolver el problema. En una voz suave, la parábola dice: "Un momento, no tan rápido. Espera un minuto. Dame un poco más de tiempo. Deja que le eche abono al árbol". ¿Abono?

* * *

El abono no es una solución fácil. No tiene resultados inmediatos y lleva mucho tiempo ver si hay alguna diferencia. Si lo que perseguimos son los resultados, el cortar un árbol es lo que hace falta: despejamos el suelo y lo preparamos para un nuevo comienzo. Nos encantan los comienzos: el nacimiento de un bebé, el bautismo de un barco, el primer día en el nuevo empleo, el comenzar una guerra. Pero el echar abono no tiene nada de apasionante. No es una tarea dramática, ni un trabajo glamoroso, ni una labor que atraiga la admiración de los demás. El abono es una solución lenta. Aun así, cuando se trata de corregir algo que anda mal en el mundo, Jesús es famoso por su deleite en lo diminuto, lo invisible, lo callado, lo lento: levadura, sal, semillas, luz. Y abono.

El abono no tiene un elevado rango en las economías del mundo. Son residuos. Basura. Nosotros organizamos sistemas eficientes y a veces elaborados para recogerlo, descartarlo, sacarlo de nuestra vista y olfato. Pero los sabios y observadores saben que esta basura aparentemente muerta y despreciada está repleta de vida: enzimas y numerosos microorganismos. Es la esencia de la resurrección.

Hay muchas cosas que no debemos hacer, que no *podemos* hacer, si le somos fieles a Jesús. La violencia está entre las primeras cosas de la lista: el asumir el control de las cosas, deshaciéndonos del ofensor junto con la ofensa.

* * *

La parábola de Jesús contiene una pepita de evocación de lo que había sucedido más de setecientos años atrás en esa misma región de Samaria por la que transitaba Jesús cuando relata esta historia. El pueblo de Dios se enfrentaba a una invasión del despiadado conquistador asirio Tiglatpileser III que tenía la intención de crear un enorme imperio. Él no tuvo ningún problema en Palestina y conquistó la mayor parte de sus ciudades. En unos pocos años, dos reyes más tarde (el año era 721 a. de C.), Sargón III terminó la tarea destruyendo la capital septentrional de Samaria y llevándose lo más selecto de la población, unas 27.000 personas, deportándolas a diversos lugares de la parte superior de Mesopotamia, donde a la larga perdieron su identidad. Nunca volvemos a escuchar de ellas.

En esa época, la política de los reyes asirios era reemplazar la población deportada con pueblos conquistados de otros lugares que luego se mezclaban con los que habían quedado atrás. Era una estrategia brutal y desalmada que tenía el fin de erradicar todo rastro de sentimiento nacional capaz de alimentar alguna resistencia. En el curso de los años siguientes, trajeron a la gente deportada de Babilonia, Jamat y otros lugares (2 Reyes 17.24) y la reubicaron en Samaria. Estos extranjeros trajeron sus costumbres nativas y sus religiones y, junto con otros que fueron traídos más tarde, se mezclaron con la población israelita sobreviviente. Ésta es la gente que conocemos en la época de Jesús como los samaritanos: un pueblo mestizo con cientos de años de brutalidad e ignominia.

En la época en que los asirios invadieron Samaria, Isaías estaba predicando vigorosamente en Jerusalén que el pueblo de Dios no debía responder espada con espada. No debían luchar con fuego contra el fuego. Pero ellos no escucharon, sino que rechazaron "las mansas corrientes de Siloé" (Isaías 8.5). George Adam Smith, el gran pastor y erudito escocés, resumió el mensaje de Isaías en este momento de la historia del pueblo hebreo de la siguiente manera: "No somos guerreros, sino artistas... a la manera de Jesucristo que no vino a condenar... sino a construir vida a la imagen de Dios".[1]

Cuando vio que los guerreros hacían preparaciones trayendo caballos de guerra desde Egipto, Isaías les advirtió:

> ¡Ay de los que descienden a Egipto en busca de ayuda,
>   de los que se apoyan en la caballería,
>   de los que confían en la multitud de sus carros de guerra
>   y en la gran fuerza de sus jinetes,
>   pero no toman en cuenta al Santo de Israel,
>   ni buscan al SEÑOR!

---

1   Citado por Brevard Childs: *The Struggle to Understand Isaiah as Christian Scripture* (Grand Rapids: Eerdmans, 2004), p. 287.

El abono

(Isaías 31.1)

Estaban obsesionados por obtener caballos. Isaías los contrarresta diciendo:

Porque así dice el S<small>EÑOR</small> omnipotente, el Santo de Israel:
En el arrepentimiento y la calma está su salvación,
en la serenidad y la confianza está su fuerza.

(Isaías 30.15)

"Olvídense de derrotar a los asirios. Yo me haré cargo de ellos". Y luego agrega lo siguiente:

Por eso el S<small>EÑOR</small> los espera, para tenerles piedad;
por eso se levanta para mostrarles compasión.
Porque el S<small>EÑOR</small> es un Dios de justicia.
¡Dichosos todos los que en él esperan!

(Isaías 30.18)

Pero Israel no quería escuchar. No tenían paciencia con el abono. Su respuesta a la amenaza asiria fue: "¡Córtala!" En su impaciencia, tanto ellos como su testimonio de la salvación de Dios fueron destruidos.

*   *   *

Abono. Los salmos son oraciones que obran en el suelo de nuestra vida para darles forma a nuestra imaginación y obediencia con el fin de que vivamos una vida congruente con la manera en que Dios obra en el mundo y en nosotros, en un mundo de violencia y antipatía sin ponerse violento. Una de las oraciones más repetidas, repetidas porque estamos tan impacientes por "cortarla y ya" es "Den gracias al S<small>EÑOR</small>, porque él es bueno; / su gran amor perdura para siempre" (Salmos 106.1; 107.1; 118.1 y otros). Su amor nunca se rinde.

Abono. Dios no tiene ningún apuro. Se nos dice una y otra vez que "esperemos en el Señor". Pero ése no es un consejo que fácilmente acepten los seguidores de Jesús que han sido condicionados por las promesas de una gratificación al instante, ya sean americanos o asirios. Eugen Rosenstock-Huessy, uno de nuestros mayores profetas modernos similar a Isaías que ha tenido gran experiencia con la violencia en las dos guerras mundiales, escribió: "La mayor tentación de nuestra época es la impaciencia, en su más pleno significado original: negarse a esperar, a sufrir, a padecer. No estamos dispuestos a pagar el precio de vivir con nuestros semejantes en relaciones creativas y profundas".[2] Como Isaías, él también fue ignorado. Abono. Silencio. El abono significa reingresar a las condiciones de "haz en mí tu voluntad", sometiéndonos a las energías silenciosas que cambian la muerte en vida, las energías de la resurrección. El lenguaje consiste en partes iguales de hablar y guardar silencio. El arte del lenguaje requiere el talento de hablar así como el talento de mantenerse callado. Mucho daño y malentendidos provienen de hablar sin escuchar. Cuando escuchamos, estamos en silencio. Me gusta el comentario de Saul Bellow: "Cuanto más mantenemos la boca cerrada, tanto más fértiles seremos".[3] El silencio es el abono de la resurrección.

Dios es un Dios que actúa. Constantemente se nos llama a prestar atención a "sus maravillas en favor de los hombres" (Salmo 107.31). Pero él es también el Dios que espera: "El Señor no tarda en cumplir su promesa, según entienden algunos la tardanza. Más bien, él tiene paciencia con ustedes, porque no quiere que nadie perezca sino que todos se arrepientan" (2 Pedro 3.9). ¿Incluso los samaritanos? Aun los samaritanos. Todo el que pase algún tiempo caminando por Samaria con Jesús tiene que simplemente aprender a soportar esta lentitud, "que algunos consideran lentitud".

*   *   *

La historia del abono flota libremente en el trayecto por Samaria, así como en el trayecto por América. Está lista para que la usemos cada vez que nos enfrentamos a la animadversión, al antagonismo y la indignación impetuosa y nos preparamos para contrarrestar a la oposición con violencia, ya sea verbal como física. Pero la historia llega a su expresión más poderosa e incisiva en las palabras que Jesús pronunció desde la cruz.

2   Eugen Rosenstock-Huessy: *The Christian Future* (New York: Harper & Row, Torchbook Edition, 1966), p. 19 (publicado por primera vez en 1946).

3   Saul Bellow: *It All Adds Up* (New York: Penguin Books, 1995), p. 310.

Unos días después de que esta historia ingresa en la imaginación del grupo de hombres y mujeres que siguen a Jesús, él entra en Jerusalén. Antes de finalizar la semana, Jesús estaba colgado de la cruz de Gólgota. En una alianza impía, Pilatos y Caifás concuerdan en que Jesús tiene que irse: era una amenaza a la paz precaria que el ejército romano trataba de preservar. Era una amenaza al negocio altamente rentable que Caifás y sus secuaces saduceos manejaban desde el templo de Jerusalén. Estaba "ocupando el terreno" que ellos necesitaban para sus propios fines. Así que lo mataron. Eliminaron a Jesús y su reino de esta tierra. O por lo menos, así lo creyeron. Jesús respondió a su hostil violencia con una palabra tomada de la historia del abono, esa parábola que acababa de relatar apenas unos días antes en el camino de Samaria. Colgado de la cruz, las primeras palabras de Jesús fueron una oración: "Padre, perdónalos"[4] (Lucas 23.34).

Nuestra traducción oscurece la identidad de esta palabra que Jesús ora desde la cruz con la palabra previa de Jesús en la historia del abono y de la higuera. La orden del granjero: "¡Córtala!" encuentra su eco en el "¡Crucifícalo!" de la Semana Santa. La oración de Jesús a su Padre: "¡Perdónalos!" es la repetición exacta de la intervención del jardinero: "Déjala todavía". La palabra en griego es *aphes*. En algunos contextos, ella significa: "No la toques... Relájate... Déjala sola". En otros contextos en los que tiene más que ver con el pecado y la culpa, ella significa: "Perdona... Condona..." Es la palabra usada en la oración que nos enseñó Jesús: "Perdónanos nuestros pecados..." (Lucas 11.4). Aquí convergen los contextos de la parábola y la oración.

La violencia dirigida a la higuera es desviada con las palabras del jardinero: "Déjala todavía". La violencia visitada en Jesús es contrarrestada con "Padre, perdónalos".

Para aquellos de nosotros que estamos sumergidos en abono, lo cual no quiere decir que estemos sumergidos en perdón, es quizás importante que notemos que el perdón que oró Jesús por nosotros no estaba precedido por ninguna confesión ni reconocimiento de error por

---

4   Le debo esta idea a una observación de William Willimon en *Thank God It's Friday* (Nashville: Abingdon Press, 2006), p. 7.

la multitud de la crucifixión ni ninguno de nosotros desde entonces. Perdón preventivo. Jesús ora que seamos perdonados antes de siquiera darnos cuenta de que lo necesitamos: "porque no saben lo que hacen." Sin condiciones previas. Gracia asombrosa.

CAPÍTULO 6

Charla de sobremesa: Lucas 14.1-14

Era el año 1982, el cuarto día de nuestro primer viaje a Israel. Después de que nuestro vuelo de El Al aterrizó en Lod, tomamos un autobús a Haifa y pasamos un par de días en el monte Carmelo explorando la región de Elías. Luego tomamos un autobús al kibutz Nof Ginnosar sobre las márgenes del lago de Galilea, donde planeábamos pasar una semana caminando por los poblados, colinas y campos de Galilea. Nos tomamos un día de descanso y trazamos nuestros planes para visitar Nazaret. Temprano a la mañana siguiente, llegamos por autobús.

Nos pasamos el día en Nazaret buscando a Jesús. Caminamos ida y vuelta por las calles estrechas, absorbimos las fragancias del mercado y entramos en la pequeñísima sinagoga. Lo vimos por todas partes: Jesús de ocho años de edad, pateando una pelota de fútbol en la calle; Jesús de apenas tres meses de vida en un banco cerca de un pozo de agua siendo amamantado por su madre; los niños en un patio celebrando el sexto cumpleaños de Jesús, quien estaba sentado en un trono de juguete con una corona sobre la cabeza, los amigos bailando a su alrededor, cantando y tirando papel picado de colores.

Era un buen día, lleno de paisajes y aromas que llenaban nuestra imaginación con los detalles que Mateo, Marcos, Lucas y Juan se habían olvidado de darnos. Sentados en un banco, esperamos el autobús que nos llevaría de regreso al kibutz. Después de una media hora, un taxista que había estado yendo y viniendo todo el tiempo que estuvimos allí, se detuvo y nos preguntó a dónde nos dirigíamos. Le dijimos. Nos dijo que él nos llevaría. Nosotros nos rehusamos y le dijimos que esperaríamos el autobús. Nuestro dinero era escaso. Un taxi parecía ser un lujo descomunal. Pero cuando pasó más de una hora y no parecía probable que viniera el autobús, se volvió a acercar el taxista y esta vez aceptamos su oferta.

Teníamos la esperanza de ir al día siguiente al valle de Jezrel y a algunos de los sitios arqueológicos de la zona. Le pregunté a nuestro chofer cómo podíamos llegar allí, a dónde se dirigían las rutas de los autobuses. Me dijo que nos llevaría, ya que ningún autobús iba a donde deseábamos ir. Nos presentó una situación en la que él era nuestra única esperanza. El precio por el día nos pareció exorbitante, pero finalmente accedimos. La conversación era afable. Su nombre era Sahil, nacido en Palestina y criado en Nazaret. ¿Otro Jesús? Nos dijo que nos iba a recoger a las siete de la mañana y que traería el almuerzo para nosotros tres.

El día siguiente, después de caminar por las ruinas de Betsán, yo deseaba encontrar Siló, que se encontraba algo más de veinticinco millas al sur. Sahil nunca había oído hablar de ese lugar, pero estaba seguro de que estaría bien señalizado y yo pensé que podríamos encontrarlo. No estaba bien señalizado, así que nunca lo encontramos. Y luego llegó la hora de comer el almuerzo que había traído Sahil. Nos detuvimos en un campo abierto y desplegamos el almuerzo de pepinos, tomates y pan árabe sobre el suelo. Se acercó un beduino que llevaba un camello con una soga. Nos pidió algo de comer. Sahil, sin dudar un instante, le dio más de la mitad de lo que había allí sobre el suelo. El hombre prosiguió su camino con su almuerzo gratis y muy generoso. Le pregunté a Sahil por qué se lo había dado, sin hacer ni una sola pregunta y tanta cantidad.

—Mahoma lo ordena. Un hombre tiene hambre, uno lo alimenta.

— ¿Y eso es todo?

—Eso es todo.

Esa fue nuestra introducción a la hospitalidad del Medio Oriente.

*   *   *

Ese día en el que nos había invitado Sahil a comer en ese campo en los alrededores de Siló y en el que habíamos sido testigos de su hospitalidad a un forastero, no se me ocurrió, en realidad no se me ocurrió hasta que comencé a escribir este libro, que ésta era la misma región samaritana que había bloqueado con tanta descortesía a Jesús y sus discípulos cuando entraron en ella camino a Jerusalén. Por el contrario, nuestra primera experiencia en Samaria había sido de hospitalidad.

La inhospitalidad samaritana suministra el incidente de apertura de la Narrativa del Viaje de Samaria compuesta por Lucas. Quizás no debería sorprendernos descubrir que la hospitalidad es un tema destacado en la metáfora de la Narrativa del Viaje que usa Lucas para sumergirnos en una cultura y un pueblo que no comparten las suposiciones y las prácticas de Jesús.

Jesús enseñaba en las sinagogas y predicaba en el templo, pero los marcos de hospitalidad parecen haber sido los lugares que Jesús elegía para los asuntos relacionados con el reino. Todos los escritores de los Evangelios nos dan sus charlas de sobremesa, pero en Lucas hay más de las historias de Jesús en sus conversaciones durante la cena. La mesa es el centro de la hospitalidad en todas las culturas. El comer y hablar van de la mano. Lucas les saca el mayor provecho posible.

A veces Jesús es el anfitrión: da de comer a cinco mil personas (Lucas 9.10-17), ofrece la última cena (22.14-23). A veces, él es el invitado: la cena en la casa de Leví (5.27-32), dos veces en la cena con los fariseos (7.36-50 y 14.1-14), en la casa de María y Marta (10.38-41), en la casa de Zaqueo (19.1-10), en la tercera aparición después de la resurrección (24.36-43). Y, a veces, como en la cena de Emaús, no podemos percibir la diferencia entre el anfitrión y el invitado (24.28-35).

Y luego están las cuatro historias de hospitalidad que Jesús entreteje en su charla de sobremesa. Todas ocurren durante la Narrativa del Viaje por Samaria: preparando una comida rápida para el amigo inesperado en la medianoche (Lucas 11.5-8), la fiesta para darle la bienvenida al hijo pródigo (15.11-32), la comida de sábado en la que enseña sobre la humildad (14.1-14), las excusas descorteses a la invitación a la gran cena (14.15-24). Las primeras tres historias son exclusivas de Lucas; la cuarta es una variante que cuenta una historia de la manera en que Mateo nos la proporciona en su Evangelio (22.1-10).

* * *

En el acto simple y cotidiano de sentarse a comer con los demás, Jesús despertó una enorme hostilidad. En el mundo en el que vivía Jesús, había reglas rígidas de rituales que eran inviolables. Jesús las transigía a todas. Estaba firmemente prohibido comer con personas desagradables: forasteros como los recaudadores de impuestos, prostitutas, y personas que no guardaban las apariencias de lo religiosamente apropiado ("pecadores"). Jesús comía con todos ellos. Al avanzar las cosas, el comer con "pecadores" se convirtió en una de las facetas más características y sobresalientes de la actividad normal de Jesús. Los fariseos en particular observaban celosamente estas reglas y criticaban ferozmente a Jesús.

En una cena con algunos de estos fariseos, Jesús cuenta una historia de hospitalidad que les da vuelta la tortilla a sus críticos. Su historia es un reproche agudo de la inhospitalidad de aquellos encargados de hacer cumplir los códigos de la hospitalidad de su cultura.

* * *

Un día Jesús fue a comer a casa de un notable de los fariseos. Era sábado, así que éstos estaban acechando a Jesús. Allí, delante de él, estaba un hombre enfermo de hidropesía. Jesús les preguntó a los expertos en la ley y a los fariseos:

— ¿Está permitido o no sanar en sábado?
Pero ellos se quedaron callados. Entonces tomó al hombre, lo sanó y lo despidió.
También les dijo:

—Si uno de ustedes tiene un hijo o un buey que se le cae en un pozo, ¿no lo saca en seguida aunque sea sábado?
Y no pudieron contestarle nada.

Al notar cómo los invitados escogían los lugares de honor en la mesa, les contó esta parábola:

—Cuando alguien te invite a una fiesta de bodas, no te sientes en el lugar de honor, no sea que haya algún invitado más distinguido que tú. Si es así, el que los invitó a los dos vendrá y te dirá: "Cédele tu asiento a este hombre". Entonces, avergonzado, tendrás que ocupar el último asiento. Más bien, cuando te inviten, siéntate en el último lugar, para que cuando venga el que te invitó, te diga: "Amigo, pasa más adelante a un lugar mejor". Así recibirás honor en presencia de todos los demás invitados. Todo el que a sí mismo se enaltece será humillado, y el que se humilla será enaltecido.

También dijo Jesús al que lo había invitado:

—Cuando des una comida o una cena, no invites a tus amigos, ni a tus hermanos, ni a tus parientes, ni a tus vecinos ricos; no sea que ellos, a su vez, te inviten y así seas recompensado. Más bien, cuando des un banquete, invita a los pobres, a los inválidos, a los cojos y a los ciegos. Entonces serás dichoso, pues aunque ellos no tienen con qué recompensarte, serás recompensado en la resurrección de los justos. (Lucas 14.1-14)

*   *   *

Un líder de los fariseos lo invita a Jesús a una cena de sábado. Otros, presumiblemente todos fariseos a excepción de Jesús, están también invitados. Podemos fácilmente imaginarnos que habiendo adorado juntos en la sinagoga, ahora caminan a la casa del líder para celebrar la cena del sábado. Todos fueron llamados a adorar a Dios en la sinagoga. Ahora son llamados a compartir una cena en el hogar de uno de sus líderes. La adoración del sábado y la cena del sábado se reflejan mutuamente: son ratos de recepción relajada y alegre, donde reciben lo que Dios da generosamente en la creación y la salvación. Ahora comparten ese obsequio el uno con el otro en la hospitalidad de una cena y una buena conversación.

Sábado. Un día para abrir nuestro corazón y nuestra boca y absorberlo todo. Somos criaturas necesitadas. Necesitamos comida y bebida, un techo y ropa. Y Dios. No nos bastamos a nosotros mismos. Somos lanzados a este mundo vasto e intrincado de interdependencias y recibimos, recibimos, recibimos. Recibimos de almas generosas, de los más excelsos paisajes de la naturaleza y la gracia, de la creación y del pacto.

Pero a veces ocurre que a medida que descubrimos nuestro camino por esta región de la fe y adquirimos unas pocas costumbres como discípulos, el sentido de necesidad comienza a atrofiarse. Conocemos el territorio. Nos sentimos en casa. Ya no somos niños de pecho; somos adultos que damos una mano; nos han confiado algunas responsabilidades.

Sin darnos cuenta, estamos en un lugar peligroso: dependemos de Dios más que nunca, pero no experimentamos nuestros sentimientos de dependencia con agudeza. Ahora pertenecemos al grupo íntimo y día a día adquirimos una sensación de idoneidad. ¿Es acaso posible sentir hambre por la justicia mientras estamos experimentando tantas satisfacciones? ¿Somos acaso como niños compenetrados en un juego que son llamados a comer y se niegan a ir a la mesa porque no tienen hambre?

Los fariseos que comparten la mesa con Jesús durante la cena del sábado aquél día no están pensando en la comida. Están absortos en su rol de fariseos. No tienen hambre. Su relación simbiótica de recibir vida de Dios en adoración y compartir la vida con los demás en la mesa se ha roto.

Conocen a Jesús y saben que él no es uno de ellos. Su reputación lo antecede. Cuando se alejan del lugar de adoración, se olvidan del culto. Están preocupados por lo que viene a continuación. Van a compartir la cena con este hombre que tiene la reputación de comer con pecadores: pecadores que ignoran el sábado y que jamás concurren a la sinagoga. Hasta era probable que Jesús no supiera cómo guardar correctamente el sábado. Sienten una sospecha obsesiva. La frase de Lucas: "éstos estaban acechando a Jesús" está repleta de hostilidad. La conversación ese sábado mientras caminan desde la sinagoga a la cena no es cordial. No están discutiendo amablemente las lecturas de las Escrituras o el sermón. No están disfrutando de la libertad y amplitud de este día en que están inmersos en la bondad de Dios. Están observando a Jesús para ver si comete alguna infracción de los tabús que rodean el sábado, lo cual anularía su enseñanza.

Con generosidad, Jesús les da lo que ellos están buscando. Hay un hombre junto al camino "enfermo de hidropesía". Ése es el nombre

antiguo de esta enfermedad. Los doctores la llaman actualmente ede-
ma, la retención de agua en las articulaciones, haciendo que los movimientos sean incómodos y dolorosos. Jesús les pregunta si es correcto
sanarlo. Los fariseos sienten que les está tendiendo una trampa. No le
contestan. Jesús acepta su silencio como permiso. Sana al hombre y lo despide.
Luego expone la tontería de su vigilancia obsesiva del sábado, trayén-
dolos al mundo del sentido común: ¿Acaso no rescatarían a un niño
que se ha caído en un pozo en sábado? ¿O incluso a un buey? Tampoco
responden. Jesús les ha hecho dos preguntas. ¿Es legal sanar en sábado? ¿Salva-
rían a un niño que se está ahogando un sábado? Los fariseos no responden ninguna de las dos preguntas. ¿Tendrán también alguna regla que
les prohíbe responder preguntas los sábados?

*   *   *

La escena cambia: Jesús y los fariseos están ahora sentados alrededor
de la mesa compartiendo la cena del sábado a la que los ha invitado su anfitrión. Jesús acaba de ser tratado con evidente descortesía en el camino
desde la sinagoga al hogar donde están teniendo la cena. Y ahora parece
que están continuando con su descortesía. Nadie habla con nadie.

Pero Jesús observa que las acciones de aquellos sentados a la mesa,
tanto los invitados como el anfitrión, dicen más que las palabras. Los
invitados se han estado peleando por sentarse en la mesa en el lugar de
honor. La comida del sábado, especialmente cuando es en la casa de uno
de los máximos líderes de los fariseos, es el lugar donde uno puede ser
reconocido como una persona importante. Cuanto más cerca esté uno
sentado del anfitrión, tanto más importante se lo considera. Si uno puede
tomar un asiento junto al anfitrión, estará en boca de todos esa semana.

Pero el anfitrión no es mejor que sus invitados. Jesús percibe que
todos los que están sentados alrededor de la mesa son "importantes"
de alguna manera u otra. Ésta es probablemente la razón por la que la
competencia por ser percibido como el *más* importante, al menos du-

rante ese día, era tan intensa. El anfitrión había invitado a esas personas en particular porque tenía planes para usar a esos hombres "importantes". Los invitados suponen que están siendo honrados al ser invitados a la cena del sábado de este prominente fariseo. En realidad, el anfitrión los está poniendo cínicamente bajo obligación. En su vanidad por ser invitados y su celo por ser los "más notables", no se dan cuenta de que el anfitrión tiene un plan oculto. Es un anfitrión que no es un anfitrión.

Jesús es el que ofrece toda la charla ese día con palabras que se ajustan a sus acciones y crea una parábola de la ocasión. Intercala su conducta en una acusación mordaz de inhospitalidad: es escandalosamente incorrecto usar un lugar de hospitalidad para promoverse a expensas de los demás; es terriblemente incorrecto usar una ocasión de hospitalidad para manipular a otros. La hospitalidad es un ejercicio de generosidad: cuando somos anfitriones estamos en una posición de dar.

Memorablemente, Jesús traza el argumento de las acciones colectivas de los invitados y el anfitrión que acaban de profanar esta cena del sábado y hace una parábola con lo que acaba de ocurrir. Los fariseos mismos, anfitrión e invitados, son la parábola: la parábola de la Hospitalidad Profanada del Sábado.

La práctica de la hospitalidad del sábado que es únicamente forma y ningún contenido acaba de ser usada para destruir la hospitalidad del sábado. ¿Escucharán la parábola en la que se han convertido? Ocurre muchas veces: la práctica de la iglesia que es únicamente forma y ningún contenido destruye a la iglesia; la práctica del matrimonio que es únicamente forma y ningún contenido destruye al matrimonio; la práctica de la crianza de los hijos que es únicamente forma y ningún contenido destruye a la familia.

*   *   *

Un sábado de inhospitalidad. La inhospitalidad al hombre desafortunado con las articulaciones inflamadas. La inhospitalidad entre los invitados. La inhospitalidad en el anfitrión. El preparar y sentarse a la mesa es la práctica más común y agradable para trabar relaciones abiertas, generosas y receptivas. ¿Cómo es posible que con tanta frecuencia se convierta en lo opuesto, como en el caso de esta cena en casa del fariseo?

Pienso que es importante mantener nuestra atención en el hecho de que el marco para esta historia es la cena del sábado. El sábado es el tiempo que apartamos para no hacer nada de manera que podamos recibir todo, para apartar nuestros ansiosos intentos de ser útiles, para apartar nuestra tensa intranquilidad, para apartar nuestro aburrimiento saturado de información. El sábado es el momento para recibir silencio y permitir que se profundice en gratitud, para recibir la quietud en la que los rostros y las voces olvidadas nos hacen sentir su presencia, para recibir los días de la semana que acabamos de completar y absorber la maravilla y el milagro que repercuten de cada uno, para recibir la asombrosa gracia de nuestro Señor.

Pero estas personas que tan estrictamente guardaban el sábado habían puesto sus ojos primero en Jesús para ver qué es lo que iba a hacer y luego en los demás para ver cómo sacarían ventaja uno del otro. En su intento de "proteger" el sábado, lo estaban traicionando.

El sábado es uno de los mayores obsequios que nos ha dado Dios. Cada día de la creación es "bueno": bueno para recibir todo lo que Dios ha creado, bueno para participar en la obra de Dios, bueno para trabajar en el huerto de Dios, bueno para nombrar y cuidar lo que Dios ha dado, bueno para ser una "ayuda idónea" para los demás. Pero el sábado se distingue de los primeros seis días de la semana por su santidad. Es un día que apartamos para colocarnos delante de Dios, para asimilar y celebrar todos los dones de la creación y salvación.

El sábado es un verdadero día de la semana. Pero es también un sacramento de tiempo extendido en todos los marcos de la hospitalidad —más comúnmente conocidos como desayuno, almuerzo y cena— tiempos y lugares que nos han sido dados para recibir y asimilar y digerir lo que necesitamos para permanecer vivos. Hemos recibido tanto. Tenemos tanto para dar. ¿Qué haremos con ello, con esta espléndida dádiva, esta generosidad? "Tan sólo brindando con la copa de salvación..." (Salmo 116.13). La charla de sobremesa de Jesús durante la cena de los fariseos establece una continuidad entre lo que se nos da gratuitamente y recibimos en adoración y lo que libremente damos y recibimos en las comidas. Su historia nos deja perplejos: la adoración jamás es sólo adoración; las cenas no son nunca sólo cenas. La santidad invade la hospitalidad.

*   *   *

La parábola de Jesús nos mantiene atentos a las profanaciones ocultas en la hospitalidad del sábado, pero también atentos a las posibilidades, prestando siempre atención a los ecos de la charla de sobremesa de Jesús: la historia que él podría elaborar con nuestras palabras y acciones. Nunca sabemos quién estará sentado del otro lado de la mesa: un invitado como Sahil o un invitado como el viajante con el camello.

Benito, el fundador del cuarto siglo de la comunidad monástica de Montecassino en Italia, insistía en que sus monjes siempre recibieran a sus invitados de la misma manera en que recibirían a Cristo. La hospitalidad benedictina ha infiltrado comunidades de fe desde entonces.

Kathleen Norris cuenta una historia que se dice que tiene sus orígenes en un monasterio ruso ortodoxo. Un monje de edad le dice a uno más joven: "Por fin he aprendido a aceptar a la gente como es. Sea lo que sean en el mundo: una prostituta, un primer ministro, todo me resulta igual. Pero a veces veo un forastero que viene por el camino y digo: 'Oh Jesucristo, ¿eres tú otra vez?'"[1]

---

1   Kathleen Norris: Dakota (New York: Tichnor & Fields, 1993), p. 91.

CAPÍTULO 7

Los hermanos perdidos: Lucas 15

Cuando yo tenía veinticinco años y era un estudiante graduado en Baltimore, me interné en el Hospital Johns Hopkins para que me operaran la rodilla. Una antigua lesión de atletismo, un cartílago roto en la rodilla, me molestaba y dolía cada vez más. Durante varios años había postergado ocuparme de ello, pero ahora me costaba aun cruzar la calle. De modo que presenté el veredicto: cirugía. Ella involucraba un procedimiento que hoy día se hace con toda facilidad y que no requiere casi nada de reposo. Pero en ese entonces requería una considerable incisión y un período doloroso de recuperación. El cirujano hizo su trabajo con gran habilidad y me arregló la rodilla. El dolor era bastante intenso, pero me aseguró que iba a disminuir.

Yo estaba feliz con la idea de que en un mes o dos iba a poder caminar sin dolor. Pero entonces, mientras estaba aún en el hospital, contraje una infección de estafilococos que casi me liquida. La rodilla se sanó en el mes consabido, pero la infección duró tenazmente por dieciocho meses. En esos largos meses, perdí veinte de mis ciento sesenta libras debido al azote de una serie de forúnculos que subían y bajaban por mi espalda y que me pusieron a la par de Job. Cada tres o cuatro días, volvía al hospital para que me punzaran y trataran los forúnculos. Por cierto, Job.

Durante el tratamiento de mi infección, mi cirujano me enseñó una palabra nueva: *iatrogenia*. Me gustó mucho la palabra y la usaba cuando podía. La iatrogenia alude a la enfermedad o padecimiento que se contrae en el curso de un tratamiento médico. El médico trata al paciente para curar una enfermedad, pero lo enferma con otra. *Iatros*, médico (o sanador); *genic*: origen. De modo que una enfermedad *iatrogénica* es la que se origina mientras el paciente está siendo curado. El cirujano que me punzaba los forúnculos y me vendaba las heridas me enseñó la palabra. Esta palabra "iatrogenia", pensé, tenía una cierta elegancia. Los "forúnculos" sonaban mal en comparación. El placer de decir "iatrogenia" compensaba en parte el dolor de los forúnculos.

Veinte años después de mi experiencia con una enfermedad iatrogénica, Ivan Illich escribió un libro sobre la propagación alarmante de la iatrogenia en los Estados Unidos. Me topé con el libro de casualidad. Recuerdo que cuando lo estaba leyendo, me preguntaba si yo sería una de las pocas personas en el país que no tenía que buscar en el diccionario el significado de esa palabra. Illich describe la iatrogenia como una epidemia y usa su libro para substanciar su acusación de que el establecimento médico se ha convertido en la peor amenaza a la salud de los norteamericanos.[1]

Para ese entonces, yo ya era pastor. Todo lo que me quedaba de esos forúnculos iatrogénicos era un divertido recuerdo. Pero cuando leí el libro de Illich, me di cuenta de algo igualmente alarmante en la iglesia de los Estados Unidos que bien podría calificarse como epidemia.

La iglesia cristiana es una comunidad formada por el Espíritu Santo donde se proclama la salvación y se perdonan los pecados. Los hombres y las mujeres son redefinidos por el bautismo en la compañía del Padre, del Hijo y de Espíritu Santo. Se forma una vida en Cristo. Se promulga una adoración de Dios que ha cobrado forma por medio de la eucaristía. Y se practica una vida santa en un mundo de sufrimiento, injusticia, guerra, desesperación, adicciones y pecados, tanto flagrantes como ocultos: un mundo en desacuerdo con Dios y sus semejantes. Parece algo maravilloso: todas estas personas saboreando una nueva vida, la Vida Real, "redimida, sanada, restaurada, perdonada" y dándose cuenta de que participan de las acciones santas de la Trinidad.

Pero al poco tiempo nos damos cuenta de que esta nueva vida no es una vida acabada, sino que es una vida en evolución. A muchos de

---

1   Ivan Illich: *Medical Nemesis* (New York: Random House, 1976).

nosotros nos cuesta mucho aprender. Estamos atrapados por una inmadurez egoísta y no deseamos crecer. Otros hemos caído en las viejas costumbres de desobediencia y buscamos atajos para adquirir santidad. Otros experimentamos diferentes maneras de mantenernos al mando de nuestra vida y de manipular a Dios para que haga por nosotros lo que nosotros no podemos hacer por nosotros mismos. Algunos seguimos tratando de encontrar la manera de lidiar con Dios sin tener que prestar atención a nuestros semejantes. Cuando miramos cuidadosamente a cualquier congregación, vemos que la mayoría de los pecados espirituales, morales y emocionales, y los desórdenes sociales que cunden en la población en general continúan abriéndose camino, hasta floreciendo, entre los elegidos.

Esto todos lo sabemos. Todos lo experimentamos. Ésta es la razón por la que la confesión colectiva del pecado es una práctica común cuando los cristianos se reúnen para adorar. El lenguaje es franco y no deja lugar para menearse "hemos errado, y nos hemos extraviado de tus caminos como ovejas perdidas... hemos dejado de hacer lo que debíamos haber hecho; y hemos hecho lo que no debíamos hacer... mas tú, oh Señor, compadécete de nosotros".[2]

En la versión en inglés, aparece la frase "miserables ofensores" a continuación de "compadécete de nosotros". Esta frase ha sido sujeta a muchas correcciones por parte de nuestros contemporáneos, pero aún así se queda corta. En casi todas las congregaciones cristianas encontramos variantes de esta oración básica de confesión de pecado, o al menos hasta hace poco. Nos obliga a ser honestos. Impide que idea-

2   La oración completa es: "Omnipotente y misericordioso Padre: Hemos errado, y nos hemos extraviado de tus caminos como ovejas perdidas. Hemos seguido demasiado los designios y deseos de nuestro propio corazón. Hemos faltado a tus santas leyes. Hemos dejado de hacer lo que debíamos haber hecho; y hemos hecho lo que no debíamos hacer. Mas tú, oh Señor, compadécete de nosotros; libra a los que confiesan sus culpas; restaura a los que se arrepienten, según tus promesas declaradas al género humano en Jesucristo nuestro Señor. Y concédenos, oh Padre misericordioso, por su amor, que de aquí en adelante vivamos una vida sobria, santa y justa, para gloria de tu santo Nombre. Amén". *Libro de Oración Común* de la Iglesia Episcopal.

licemos o romanticemos o santifiquemos prematuramente a nuestros compañeros cristianos como santos de plástico. Evita que nos desilusionemos al descubrir que el hombre o la mujer al que le hemos "dado el beso de la paz" durante años son adúlteros o desfalcadores. Todo pecado se origina fuera de la congregación y, tarde o temprano, surgirá en medio de ella.

Pero existe una clase de pecado que florece en las comunidades religiosas de una manera que sería casi imposible fuera de ellas: *comienza en los lugares de adoración*. Las comunidades religiosas proporcionan las condiciones para este trastorno espiritual, este *pecado*, mucho más que el mundo secularizado. El nombre común para este pecado es soberbia espiritual. Para poder echar raíces, ella necesita el suelo de una comunidad en que la rectitud sea perseguida y honrada. Sin ello, la soberbia espiritual no existiría.

En la época en que Illich estaba notando que el establecimento médico constituía una verdadera amenaza a la salud física de los norteamericanos, yo estaba asumiendo mi trabajo como pastor y me estada dando cuenta de algo que nunca había tomado antes en serio: que el establecimento religioso en el que ahora tenía responsabilidades constituía una grave amenaza a la fe cristiana bajo la forma de soberbia espiritual. Estaba notando que, a diferencia de los pecados que comúnmente notamos y de los que nos arrepentimos como congregación, la soberbia espiritual pocas veces se reconocía en el espejo. De vez en cuando en la otra persona, pero nunca en mí.

Este fenómeno es tan común, tan pernicioso, tan soslayado y, por lo tanto, tan destacado aparte de las tiras cómicas de costumbre, que pensé que necesitaba un nombre especial: "eusebeigenic", para atraer la atención. Formé la palabra tomando el término médico "iatrogénico" como modelo. La palabra griega *eusebeia* significa piadoso, reverente, devoto. Describe a la persona que vive una vida piadosa, llena de fe y obediente al Señor: una vida *recta*. En las Escrituras se la usa siempre en forma positiva.

Pero esto es lo que ocurre: estas personas caracterizadas por *eusebeia* tienen la posibilidad de pecar y hacer que otros pequen de maneras imposibles para la gente no *eusebeia*: la gente a quien no le importa la rectitud y sin necesidad de disculparse, va tras el dinero, el placer, un mejor sexo y una jubilación segura. En otras palabras, existen algunos pecados que no están a disposición de los que no son cristianos y están fuera de la fe. Sólo los hombres y mujeres que se convierten al cristianismo pueden y tienen la oportunidad de cometer ciertos pecados, y la soberbia espiritual encabeza la lista. Tanto la capacidad como la oportunidad de creerse espiritualmente superior crecen de manera asombrosa cuando profesamos abiertamente ser cristianos que vivimos en lo que se nos ha dicho que es un país cristiano.

Pero como la soberbia espiritual se ha convertido en un cliché usado hasta el cansancio que casi no provoca ningún reconocimiento propio, necesitamos toda la ayuda posible para ver cómo funciona y con qué facilidad nos podemos infectar sin darnos cuenta. Siguiendo a Illich y su diagnóstico de la iatrogenia que azota a nuestro sistema médico, yo propongo el término "eusebeigenesis" para llamar la atención y hacer sonar la alarma en lo relacionado con este pecado tan a menudo aceptado socialmente en la comunidad cristiana.

La mejor protección contra el pecado de eusebeigenesis es una profunda conciencia de nuestra condición perdida en la que tan desesperada y continuamente necesitamos un Salvador. Pero ésa es una conciencia difícil de mantener cuando ingresamos a nuestro lugar de trabajo con un bonito vestido o traje y corbata y nos saludan con un "Buen día, pastor" o "Gusto de verlo, doctor" o "Justo acabo de leer su libro más reciente, profesor. ¡Muy bueno!" ¿Cómo podemos cultivar una conciencia sagazmente imaginada de "nada traigo en mis manos, sólo me aferro a la cruz" miento que por otra parte traemos nuestro diploma universitario o plan para la lección de la escuela dominical o el último proyecto laboral de liderar un viaje misionero a Zimbabue? Después de todo, ¡somos *cristianos*, con credenciales de testigos elegidos de Cristo!

El pecado de eusebeigenesis es difícil de detectar porque el pecado está siempre engarzado en palabras y acciones que tienen toda la apariencia de rectitud: *eusebes*, piadosas, devotas (en hebreo, la palabra es *tzadik*). Así como generalmente contraemos las enfermedades iatrogénicas en hospitales o clínicas o consultorios médicos, los pecados eusebeigénicos los contraemos en los lugares asociados con la rectitud: una iglesia o estudio bíblico o reunión de oración.

* * *

Jesús relata una historia, una de sus mejores, que nos involucra en el reconocimiento de la soberbia espiritual, el pecado eusebigénico que contraemos con mayor o menor inocencia cuando concurrimos a la iglesia. La historia está construida con arte y hace su obra al sorprendernos con el hecho de que estamos, en realidad, perdidos. El conocer y meditar en la historia es una cura y una defensa contra la soberbia espiritual.

Lucas sitúa la historia en prácticamente el centro exacto de su Narrativa del Viaje por Samaria, realzando su importancia central para aquellos de nosotros que seguimos a Jesús a Jerusalén. Ésta es la historia:

Muchos recaudadores de impuestos y pecadores se acercaban a Jesús para oírlo, de modo que los fariseos y los maestros de la ley se pusieron a murmurar: «Este hombre recibe a los pecadores y come con ellos.» Él entonces les contó esta parábola: «Supongamos que uno de ustedes tiene cien ovejas y pierde una de ellas. ¿No deja las noventa y nueve en el campo, y va en busca de la oveja perdida hasta encontrarla? Y cuando la encuentra, lleno de alegría la carga en los hombros y vuelve a la casa. Al llegar, reúne a sus amigos y vecinos, y les dice: "Alégrense conmigo; ya encontré la oveja que se me había perdido." Les digo que así es también en el cielo: habrá más alegría por un solo pecador que se arrepienta, que por noventa y nueve justos que no necesitan arrepentirse.

»O supongamos que una mujer tiene diez monedas de plata y pierde una. ¿No enciende una lámpara, barre la casa y busca con cuidado hasta encontrarla? Y cuando la encuentra, reúne a sus amigas y vecinas, y les dice: "Alégrense conmigo; ya encontré la moneda que se me había perdido." Les digo que así mismo se alegra Dios con sus ángeles por un pecador que se arrepiente.

Un hombre tenía dos hijos —continuó Jesús—. El menor de ellos le dijo a su padre: "Papá, dame lo que me toca de la herencia." Así que el padre repartió sus bienes entre los dos. Poco después el hijo menor juntó todo lo que tenía y se fue a un país lejano; allí vivió desenfrenadamente y derrochó su herencia.
»Cuando ya lo había gastado todo, sobrevino una gran escasez en la re-

gión, y él comenzó a pasar necesidad. Así que fue y consiguió empleo con un ciudadano de aquel país, quien lo mandó a sus campos a cuidar cerdos. Tanta hambre tenía que hubiera querido llenarse el estómago con la comida que daban a los cerdos, pero aun así nadie le daba nada. Por fin recapacitó y se dijo: "¡Cuántos jornaleros de mi padre tienen comida de sobra, y yo aquí me muero de hambre! Tengo que volver a mi padre y decirle: Papá, he pecado contra el cielo y contra ti. Ya no merezco que se me llame tu hijo; trátame como si fuera uno de tus jornaleros." Así que emprendió el viaje y se fue a su padre.

»Todavía estaba lejos cuando su padre lo vio y se compadeció de él; salió corriendo a su encuentro, lo abrazó y lo besó. El joven le dijo: "Papá, he pecado contra el cielo y contra ti. Ya no merezco que se me llame tu hijo." Pero el padre ordenó a sus siervos: "¡Pronto! Traigan la mejor ropa para vestirlo. Pónganle también un anillo en el dedo y sandalias en los pies. Traigan el ternero más gordo y mátenlo para celebrar un banquete. Porque este hijo mío estaba muerto, pero ahora ha vuelto a la vida; se había perdido, pero ya lo hemos encontrado." Así que empezaron a hacer fiesta.

»Mientras tanto, el hijo mayor estaba en el campo. Al volver, cuando se acercó a la casa, oyó la música del baile. Entonces llamó a uno de los siervos y le preguntó qué pasaba. "Ha llegado tu hermano —le respondió—, y tu papá ha matado el ternero más gordo porque ha recobrado a su hijo sano y salvo." Indignado, el hermano mayor se negó a entrar. Así que su padre salió a suplicarle que lo hiciera. Pero él le contestó: "¡Fíjate cuántos años te he servido sin desobedecer jamás tus órdenes, y ni un cabrito me has dado para celebrar una fiesta con mis amigos! ¡Pero ahora llega ese hijo tuyo, que ha despilfarrado tu fortuna con prostitutas, y tú mandas matar en su honor el ternero más gordo!"

»"Hijo mío —le dijo su padre—, tú siempre estás conmigo, y todo lo que tengo es tuyo. Pero teníamos que hacer fiesta y alegrarnos, porque este hermano tuyo estaba muerto, pero ahora ha vuelto a la vida; se había perdido, pero ya lo hemos encontrado"». (Lucas 15)

La historia está animada por fariseos y maestros de la ley que murmuran contra Jesús. La gente a la que se dirige Jesús en la época de este viaje por Samaria son ajenos al mundo de la fe, "recaudadores de impuestos y pecadores", gente poco grata y de baja reputación. Los que pertenecían al círculo religioso, los fariseos y maestros de la ley, que vivían recta y responsablemente, están ofendidos. Ellos protestan: "Este hombre recibe a pecadores, come con ellos y los trata como si fueran viejos amigos". Los justos se quejan de que Jesús está tratando a los impíos, a los samaritanos de clase baja con cortesía y hospitalidad. Su queja es lo que suscita la historia.

Éste no es un incidente aislado, sino una costumbre bien documentada de Jesús: esta actitud de bienvenida y bienestar con los marginados, los hombres y mujeres generalmente excluidos de la sociedad, especialmente de la sociedad religiosa de los bien educados. Los verbos en la historia están en el tiempo presente y denotan que esto es lo que Jesús hacía todo el tiempo. Él se siente cómodo con esta gente que vive a los márgenes de lo apropiado, al menos en lo que se refiere a lo moral y religioso. No debería sorprendernos entonces que aquellos presentes que viven una vida responsable y respetable se sientan impulsados a murmurar con indignación.

La palabra en griego para describir lo que están haciendo es *diegongudzon*: "murmurar". Lucas es el único escritor del Nuevo Testamento que usa esta palabra. La usa nuevamente en 19.7 en un contexto similar para describir la respuesta de la gente al tratamiento hospitalario de Jesús de Zaqueo, el adinerado recaudador de impuestos de Jericó.

Cuando Lucas usa una palabra que ninguno de sus colegas escritores de los Evangelios usa, es una buena idea echarle una segunda mirada. De los cuatro escritores de los Evangelios, Lucas emplea el vocabulario más extenso. Él es también el que se siente más cómodo en la Septuaginta: la traducción al griego de la Biblia en hebreo que más usaba la iglesia primitiva. Mediante las palabras que elige, hace alusiones continuas a esas historias hebreas antiguas y fundamentales. Y lo hace aquí también: la palabra "murmurar" la encontramos por primera vez en la Biblia en Éxodo 15.24 y 16.2.

En este pasaje de Éxodo, los israelitas han sido liberados de Egipto y están camino a Canaán. Después del apasionante cruce del Mar Rojo, se topan con un difícil trayecto por el desierto. Después de seis semanas bastante dificultosas, "toda la comunidad murmuró contra Moisés y Aarón:
— ¡Cómo quisiéramos que el SEÑOR nos hubiera quitado la vida en Egipto! —les decían los israelitas—. Allá nos sentábamos en torno a las ollas de carne y comíamos pan hasta saciarnos. ¡Ustedes han traído nuestra comunidad a este desierto para matarnos de hambre a todos!" (Éxodo 16.2-3).

¿Nos está llamando Lucas la atención a la similitud del contexto? Creo que sí. La gente murmura contra Moisés porque él los ha conducido por un territorio difícil, desconocido y peligroso. No saben dónde están. No hay señales en el camino. Están ansiando volver a la seguridad y protección de la esclavitud en Egipto. La gente murmura contra Jesús porque él los conduce por la región desconocida y hostil de Samaria: un desierto de herejes y pecadores de baja reputación. Ansían la seguridad y protección del moralismo.

Aquí estoy suponiendo algo en lo que no voy a insistir pero que está respaldado por el contexto: estos fariseos y maestros de la ley son seguidores de Jesús, ellos han ingresado en el camino del discipulado y van camino a Jerusalén con Jesús. Y ahora no saben qué pensar: no están seguros de que desean que se los asocie con estas almas perdidas, esta chusma samaritana.

El pueblo de Israel no murmuraba porque fueran malos y malvados sino porque eran buenos y tenían miedo. Los fariseos y maestros de la ley no murmuran porque son malos sino porque son buenos y tienen miedo. En ambos casos, los que murmuran le rinden culto reverente y devoto a Dios, librados de supersticiones paganas y siguiendo a un líder de Dios. Ambos grupos de murmuradores pueden recibir el adjetivo de *eusebeia*: piadosos, rectos. Pero ahora ocurre algo que pone todo patas para arriba. De repente, la imagen de rectitud por la que se definen a sí mismo se borra. Están desorientados, perdidos. No les gusta la sensación así que murmuran: *diegongudzon*. Y es comprensible.

Esto es lo que quizás provoca la parábola más famosa de Jesús. Los fariseos y maestros de la ley murmuran, con Israel murmurando detrás. En medio del murmullo, estas quejas y lamentos, Jesús vuelca esta parábola.

*   *   *

Cuatro pequeñas historias (no tres como comúnmente se dice) componen esta parábola. Y las cuatro están ordenadas como una espiral de intensificación.

La primera historia trata sobre cien ovejas: una de las cien ovejas está perdida. El pastor sale a buscarla, la encuentra, la trae a casa y llama a sus amigos y parientes para alegrarse con ellos.

La segunda historia trata sobre diez monedas: una de las diez está perdida y la mujer comienza a buscarla, la encuentra y llama a sus amigas y parientes para que se alegren con ella.

La tercera historia trata sobre dos hijos: uno de los dos está perdido y el padre aguarda su regreso. El hijo por fin regresa y el padre ofrece una fiesta de celebración.

La tercera historia es más elaborada que las otras dos: incluye los detalles del que se pierde (la ida), las condiciones de andar perdido, los sentimientos de una relación quebrantada, el drama de volver a encontrarse (la vuelta a casa). Nos atraen la pasión y profundidad de estar perdido. Cuando se pierde una persona, esto atrae más atención que si se pierde un animal o una cosa. Pero otra diferencia es que el padre no sale a buscar a su hijo como el pastor busca su oveja y la mujer busca la moneda. No va en su búsqueda pero, sin embargo, está a la espera del regreso de su hijo. El padre lo ve cuando estaba todavía lejos y corre a saludarlo y darle la bienvenida.

Aparentemente, no salimos a la búsqueda del hijo perdido (o la persona perdida) de la misma manera que buscamos un animal o moneda. Esto requiere algo más que una energía agresiva. Requiere energía pasiva. Existen situaciones en las que nuestra pasividad es más importante que nuestras actividades.

El esperar proporciona el tiempo y el espacio para que los demás puedan participar de la salvación. El esperar exige una pausa y nos pone al margen por un tiempo para que no podamos interferir en las operaciones esenciales del reino de Dios que ni siquiera sabemos que se están llevando a cabo. El no hacer nada nos separa de nuestro ego, de nuestra comprensión inmadura de la manera en que obra Dios exhaustivamente sin imponer su voluntad a la fuerza, sin coerciones. El freno que impone la pasividad permite las diversidades y complejidades casi invisibles del Espíritu Santo mientras él actúa en nosotros, en la iglesia y en el mundo por el que Cristo murió. No le debe de haber resultado fácil al padre no salir a buscar a su hijo de la manera en que el pastor buscó a su oveja y la mujer buscó la moneda. No todos los hijos, hijas y amigos perdidos y "no salvos" pueden ser encontrados llamando a un equipo de búsqueda y rescate. Se requiere discernimiento.[3]

* * *

La proporción cambiante de los números intensifica las expectativas: una de cien, luego una de diez, luego uno de dos. En cada caso se recupera con éxito lo amado pero perdido. En cada caso hay razón para celebrar, hay gran alegría. Estas inocentes y simples historias hacen su obra en nosotros. Aplaudimos. Todos podemos identificarnos con el drama cotidiano: un perro o gato perdido, un billete de diez dólares puesto en el lugar equivocado, un hijo perdido que huyó de casa. Se profundizan las expectativas: una de cien, una de diez, uno de dos. Pastores, amas de casa, padres. Celebramos con la gente que forma parte de estas historias.

Pero, ¿aplaudían los fariseos y maestros de la ley? Por supuesto que sí. ¿Quién podría mantener viva la indignación a lo largo de estas historias? Éstas son personas que han perdido y encontrado cosas a lo largo de su vida. Saben lo que es buscar con afán lo que se ha perdido y luego celebrar cuando lo encuentran. Cada vez que ello ocurre, determinan no volverlo a perder jamás. De ahora en adelante van a tener cuidado. No serán descuidados con su vida. Saben dónde está todo —especialmente las cosas que tienen que ver con Dios— con un lugar para todo y todo en su lugar. Los fariseos son personas muy controladas, sobre todo en lo concerniente a su religión. Es posible que hayan perdido cosas en el pasado, pero ya no más. Lo vigilan todo. Controlan su vida, sus cosas. Son rectos, y se creen superiores. Son el estereotipo de los que no pierden cosas ni están perdidos.

Y es así que los fariseos que han estado murmurando contra Jesús y sus caminos poco cuidadosos se sumergen por un momento en estas

3   Teilhard de Chardin: *The Divine Milieu* (New York: Harper & Brothers, 1960) da una importante percepción sobre la "divinización de nuestras actividades" y la "divinización de nuestras pasividades".

historias y dejan de murmurar. Su imaginación los inscribe como participantes de experiencias que ellos, en cierta manera, conocen. Los fariseos aplauden que hayan encontrado a la oveja, la moneda y el hijo. ¿Quién no lo haría?

*   *   *

Luego, cuando los fariseos y maestros de la ley bajan sus defensas, Jesús desliza una cuarta historia. Ésta es la historia de otro hijo perdido. Pero este hijo se perdió tres veces: se le ha perdido a su padre, a su hermano y a la comunidad que celebra. Es un hijo que nunca ha hecho nada llamativamente malo, que ha mantenido las reglas, que ha trabajado arduamente en la granja. Y luego esto: el padre que se ha pasado años esperando el regreso de su hijo menor, sale inmediatamente en búsqueda de este hijo, lo encuentra y le pide, le ruega que se una a la celebración. El verbo es *parakalei*. Es una palabra que indica ir para unirse. Una palabra de aliento, invitación, bienvenida que nos atrae a la comunidad que canta y festeja y felicita a los que se han perdido y han sido encontrados. Es un verbo principalmente asociado con el Espíritu Santo, el consolador: Dios que se une a nosotros y nos atrae a la comunidad de los perdidos y encontrados.

Jesús no proporciona ninguna conclusión a esta cuarta historia. Las primeras tres historias se relatan con una estructura similar y un final parecido: a lo que se ha *perdido* le sigue la *búsqueda* seguida por el *encuentro* seguido por la *celebración*. La cuarta historia tiene la misma estructura: perdido, buscado, encontrado. Pero no hay un cierre, no hay celebración. No se nos dice si el hermano se deja encontrar y participa en la celebración. Es la misma historia de perder y encontrar pero sin un final. Las historias sin final invitan a los oyentes o lectores a proporcionar el desenlace.

Aquí les ofrezco el mío. En la continua acumulación de relatos de perder y encontrar, cada una de las historias sucesivas refuerzan el enfoque: una de cien, una de diez, uno de dos, hasta llegar a uno. Toda la atención está puesta en este uno, el hermano perdido que resta. Jesús deja de hablar. Silencio.

¿Qué le sucede a este último que se ha perdido? ¿Acaso Jesús no finalizará la historia? El silencio crea suspenso. El silencio se torna incómodo y luego insoportable. Finalmente: sísmico.

En el shock del reconocimiento, uno de los murmuradores (¿un fariseo o uno de los maestros de la ley?) lo entiende: "Yo soy el hermano. ¡Ése soy *yo*! Y yo estoy más perdido que nadie. Soy yo. ¡Y me encuentran! El padre me ha encontrado".

Y luego otro, y otro, y otro, a medida que las placas tectónicas se deslizan debajo de sus pies. Lo único que queda de su soberbia espiritual son los escombros.

Uno después de otro, los murmuradores abandonan su condición segura, bien definida, aprobada por las multitudes de personas rectas y se unen con los perdidos y encontrados. Ellos cierran la historia de Jesús con una celebración de amigos y vecinos y ángeles. Ya no murmuran.

Ahora lo entendemos. Jesús relató las tres primeras historias breves "con un sesgo" para introducir esta cuarta historia de la persona perdida que hace mucho que dejó de sentirse perdida y para superar la percepción que tienen los integrantes de una congregación que nunca se consideran perdidos. ¿No somos acaso nosotros los que estamos buscando a los perdidos, los que organizamos las cosas de manera que nadie ni nada se pierda?

*   *   *

La soberbia espiritual consiste mayormente en negar estar perdidos. Es eusebeigénica y genera una multitud de pecados. Es difícil reconocerla como pecado ya que la adquirimos en un lugar muy respetable en la compañía de cristianos sentados en los bancos de la iglesia, cantando himnos y leyendo la Biblia, obrando "en el nombre de Jesús". La realidad, expuesta por la historia sísmica de Jesús, es que él nos está buscando. Estamos tan perdidos como cualquier oveja que camina sin rumbo, como cualquier moneda que se ha caído al suelo, como cualquier hijo pródigo.

Mientras sigamos fingiendo que tenemos todo bajo control, no podremos profundizar y madurar en la fe cristiana. Mientras sigamos evitando reconocer que estamos perdidos, no podremos experimentar la elegante profundidad de ser encontrados. Mientras sigamos insistiendo en mantener patrones morales seguros en los que siempre sabemos dónde nos encontramos situados (¡y dónde están todos los demás!), esas poses de autosuficiencia, nos privamos del derecho de estar junto a la oveja encontrada, la moneda encontrada, los dos hermanos encontrados, y los ángeles que festejan.

Podemos prevenir los pecados eusebeigénicos. Es tan fácil como difícil: pongamos nuestras aptitudes y talentos sobre el altar. Asumamos cada día nuestra condición de perdidos en la que nuestro Salvador viene a buscarnos y nos encuentra "tal como somos, sin súplica alguna" y nos reintegra al rebaño, a su bolsa, a su familia, con todos los ángeles del cielo regocijándose.

En todas partes y momentos, aprendemos a someternos a las condiciones de la historia de Jesús y al consejo de los guías sabios del camino de Jesús que nos dicen que no podemos crear rectitud por medio de nuestras actividades ni nuestros moralismos, sino que tenemos que continuamente volver a ingresar en aquello que Kierkegaard solía llamar "el poder de preparación del caos", lo que Juan de la Cruz llamaba "la noche oscura del alma" y lo que un escritor inglés anónimo denominaba "la nube del desconocimiento".

CAPÍTULO 8

El granuja: Lucas 16.1-9

La historia de Jesús de los hermanos perdidos —el pródigo y su hermano— se encuentra entre las favoritas de todos los tiempos y la han re-
latado y vuelto a relatar generación tras generación. Por el contrario, la
historia que le sigue a continuación se lleva el premio a la más ignorada o,
si no ignorada, completamente desechada. Su gran falta de popularidad
le suministra una cierta distinción que nos obliga a prestar atención.
Los eruditos, aunque no todos, siempre tienen problemas con ella.
Rudolf Bultmann, quien muchos consideran el mejor comentarista del
siglo veinte, declaró que esta parábola era incomprensible. Pero aunque no sea incomprensible[1], por cierto es extraña.

Ésta es la historia:

> Jesús contó otra parábola a sus discípulos: «Un hombre rico tenía un ad-
> ministrador a quien acusaron de derrochar sus bienes. Así que lo mandó
> a llamar y le dijo: "¿Qué es esto que me dicen de ti? Rinde cuentas de tu
> administración, porque ya no puedes seguir en tu puesto." El administra-
> dor reflexionó: "¿Qué voy a hacer ahora que mi patrón está por quitarme
> el puesto? No tengo fuerzas para cavar, y me da vergüenza pedir limosna.
> Tengo que asegurarme de que, cuando me echen de la administración,
> haya gente que me reciba en su casa. ¡Ya sé lo que voy a hacer!"

---

1   Rudolf Bultmann: *The History of the Synoptic Tradition*, citada por
Kenneth E. Bailey: *Poet and Peasant y Through Peasant Eyes*, edición combinada
(Grand Rapids: Eerdmans, 1983), p. 86.

111

»Llamó entonces a cada uno de los que le debían algo a su patrón. Al primero le preguntó: "¿Cuánto le debes a mi patrón?" "Cien barriles de aceite", le contestó él. El administrador le dijo: "Toma tu factura, siéntate en seguida y escribe cincuenta." Luego preguntó al segundo: "Y tú, ¿cuánto debes?" "Cien bultos de trigo", contestó. El administrador le dijo: "Toma tu factura y escribe ochenta."

»Pues bien, el patrón elogió al administrador de riquezas mundanas por haber actuado con astucia. Es que los de este mundo, en su trato con los que son como ellos, son más astutos que los que han recibido la luz. Por eso les digo que se valgan de las riquezas mundanas para ganar amigos, a fin de que cuando éstas se acaben haya quienes los reciban a ustedes en las viviendas eternas. (Lucas 16.1-9)

* * *

Cuando la leemos (o escuchamos) por primera vez, las dos historias parecen provenir de mundos diferentes. La historia de los hermanos perdidos y su padre paciente y misericordioso nos conmueve profundamente. Un padre con dos hijos que lo tratan horriblemente mal. El hijo menor, mediante una dura y cruel traición; el hijo mayor, con una soberbia espiritual fría, áspera, rígida, distante. El padre los recibe a ambos con una bienvenida apasionada, misericordiosa, abierta y conciliatoria. Nos encanta esta historia. No nos cansamos de escucharla. El cuadro de Rembrandt sobre la historia aún hoy nos conmueve. Pero la segunda historia no evoca ese mismo patetismo trágico y familiar en nosotros.

Sin embargo, hay llamativas similitudes en ambas historias. En Lucas 15, el hijo se entrega a la misericordia de su padre. En Lucas 16, el administrador se entrega a la misericordia de su amo. Tanto el hijo como el administrador están en serios problemas y lo único que pueden mostrar es una vida imprudente y desperdiciada. Uno se ha equivocado como hijo; el otro se ha equivocado como administrador.

Tanto el hijo como el administrador han traicionado la confianza depositada en ellos. La identidad central de cada uno ha sido derrochada y no les queda nada que mostrar. Ni el pródigo ni el granuja ofrecen una excusa. Ninguna racionalización, ninguna circunstancia mitigante, nada.

El granuja

La palabra *diaskorpidzo* (Lucas 15.13 y 16.1: "derrochado", "desperdiciado", "diseminado") es utilizada en un lugar crítico en ambas historias. Sea lo que sea que nos atraiga a estas historias, no son sus logros morales. Éstas no son historias que nos impulsen a realizar buenas obras. Tanto el hijo como el administrador experimentan una "gracia asombrosa". El hijo no es expulsado de la familia. El administrador no va a la cárcel. No cosechan lo que han sembrado. No reciben lo que se merecen. Después de toda una vida de hacer el mal, por fin lo entienden. El hijo recibe una fiesta extravagante de su padre. El administrador recibe un sorprendente elogio de su jefe.

Y ninguna de las dos historias tiene un "final" adecuado. No se nos dice qué hace el hermano mayor. No se nos dice qué le ocurre al administrador. El final ausente clama un cierre, una resolución. Nosotros los lectores, los oyentes, nos vemos atraídos a participar en un mundo de gracia. ¿Qué hacemos? Bueno, no hacemos nada. No es lo que esperamos como resultado de haber sido injustos con un padre o un jefe, y no es lo que esperamos de un maestro religioso. Las historias no nos dejan con un plan para hacer algo para compensar lo que hemos hecho mal, sino con una invitación a recibirlo todo de Aquél que desea nuestra integridad y bienestar.

*   *   *

Un día, cuando me aproximaba al Hospital Johns Hopkins de Baltimore buscando un lugar para estacionar, tuve mi primera percepción sobre el significado de esta historia. Yo era un pastor que venía a visitar a un feligrés que acababa de operarse. No había ningún garaje de estacionamiento a la vista. La calle estaba repleta de automóviles estacionados a ambos lados. Di tres vueltas al hospital, pero no se desocupó ningún lugar para estacionar. Entonces recordé a amigos que en esa misma situación oraban, así que decidí hacer lo mismo. Oré por un lugar para estacionar. A veinte pies de distancia se liberó un lugar. Estacioné y cerré mi coche con llave. Estaba feliz. No sólo había experimentado un pequeño milagro en las calles del este de Baltimore, sino que además tenía una historia para contar a mis amigos que me certificaba como alguien que ora con eficacia.

Después de una hora o más con mi amigo convaleciente en su cuarto de hospital, me subí al ascensor para regresar a la calle, recordando el suministro providencial de un lugar para estacionar —era la primera vez que me pasaba— y anticipando con deleite el momento en que se lo contaría a mis amigos. De golpe me di cuenta de que había dejado las llaves dentro del automóvil. Me detuve, impotente, mirando a mis llaves que colgaban del arranque dentro del coche cerrado.

Yo estaba perplejo, con las manos en los bolsillos, preguntándome qué hacer. En ese momento se me acercó un niño afroamericano de unos diez años de edad que me preguntó: "¿Ocurre algo, señor?" Le dije: "Sí. Deje mis llaves encerradas en mi coche". Él me respondió: "Yo lo puedo ayudar". Tomó un trozo de alambre de su bolsillo y en treinta segundos o menos había abierto la puerta, tomado las llaves y me las había entregado.

Yo le dije: "Estoy feliz de haber estado aquí cuando tú apareciste". Él se sonrió y dijo: "¿Le parece que esto vale un dólar?" Yo busqué mi billetera y lo alabé diciéndole: "¿Un dólar? ¡Esto vale dos dólares!" Luego se los di.

Cuando me alejaba, esta historia de Jesús que había desconcertado e incluso escandalizado a tantas generaciones de lectores —un administrador deshonesto alabado por un acto de deshonestidad, un granuja felicitado por ser un pillo— salieron a la superficie desde la imaginación de mi subconsciente. ¿Acaso no era eso lo que yo acababa de experimentar, este niño sagaz de la zona urbana más pobre de Baltimore, sabiendo a los diez años cómo entrar en coches cerrados con llave y pidiendo dinero a cambio, usando su talento para permanecer vivo en ese ambiente adusto y ahora alabado por mí por emplear su experiencia dudosa y su destreza para sobrevivir con creatividad?

¿Y acaso no me había despertado yo de mis fantasías piadosas de oraciones que generan milagros y anticipando, con un toque de soberbia espiritual, el aplauso de mis amigos cuando estos notaran los poderes de la oración que acababa de descubrir? Esa calle de realidades duras, no planificadas — ¿Puedo ayudarlo, señor?— se yuxtaponía a mis oraciones y salmos pastorales de la habitación del hospital.

El granuja

*   *   *

Unos años después, cuando estaba leyendo un libro, se confirmó y profundizó mi percepción de la historia de Jesús en esa acera de Johns Hopkins. El libro estaba escrito por Kenneth Bailey, un profesor de la Escuela de Teología del Cercano Oriente en Beirut. Él ha pasado su vida vocacional en el Medio Oriente (Líbano, Egipto, Siria, Irak y Palestina), no sólo enseñando en el salón de clases sino también sumergiéndose en los idiomas y costumbres de sus campesinos, cuyo estilo de vida mantiene una sólida continuidad con el mundo del primer siglo del Nuevo Testamento. Su familiaridad con la cultura campesina ofrece frescos y, en algunos casos, excepcionales descubrimientos para recibir las parábolas de Jesús. Para mí, y para muchos de mis amigos, él se ha convertido en el principal maestro de las parábolas de Jesús. El erudito más absoluto del Nuevo Testamento, N. T. Wright, ha comentado que Bailey "ha sido los ojos de los ciegos" para todos los que leemos las parábolas de Jesús.[2] Así lo ha sido para mí en su nueva imaginación de Lucas 16, la historia del granuja, que "alaba a un sinvergüenza [y] ha sido un bochorno para la iglesia desde que Julián el apóstata utilizó la parábola para afirmar la inferioridad de la fe cristiana y su fundador".[3]

Usando esta comprensión precisa de la cultura que informa el texto, Bailey extrae las tradiciones campesinas y folclóricas de la cultura y observa que el administrador es una persona encargada del alquiler de fincas y que los deudores son campesinos que pagan su alquiler en especies (se mencionan aceite y trigo). Cuando se descubre que el administrador ha malversado algunos de los fondos de los que era responsable, lo despiden en el acto. Él no reclama su inocencia. Se queda callado y no pone excusas. Su silencio es una aceptación de su culpa. No trata de encontrar la vuelta para recuperar su trabajo. En cambio, pone toda su atención en lo que va a hacer después.

Pero, en ese silencio se da cuenta de algo clave para entender la historia: lo despiden pero no lo castigan. No le piden que devuelva lo de-

2   N. T. Wright: *Jesus and the Victory of God* (Minneapolis: Fortress Press, 1996), p. 129

3   Bailey: *Poet and Peasant*, p. 86.

115

rrochado. No lo ponen en la cárcel. Por cierto, ni siquiera lo reprenden. Bailey resume la escena: "Este siervo ha experimentado dos aspectos de la naturaleza de su amo. Es un amo que espera obediencia y juzga al siervo desobediente. También es un amo que exhibe una generosidad y misericordia inusuales, hasta para el administrador deshonesto. El oyente y lector de la parábola que preste atención no pasará por alto ninguno de estos factores".[4]

¿Qué hará entonces? Necesita un empleo. Considera cavar pozos, pero lo rechaza. Considera pedir limosna y lo rechaza también. Pero, ¿quién lo va a emplear? Su imagen pública está arruinada. Se le ocurre un plan. ¿Y cuál es ese plan? No lo sabemos: el silencio aumenta el dramatismo.

Esto es lo que piensa Bailey: es una conjetura que se ajusta a la cultura campesina y al contexto bíblico más amplio. El plan del administrador "es arriesgarlo todo según la cualidad de misericordia que ya ha experimentado de su amo. Si fracasa, seguramente irá a la cárcel. Si tiene éxito, será todo un héroe en la comunidad".[5] En los momentos de ese silencio, toda su vida se da vuelta. Ingresa y experimenta un mundo desconocido hasta ese momento: el mundo de la gracia. Él ha vivido aparentemente con éxito, gracias a su inteligencia y cálculos astutos. Pero ha sido un mundo estrecho, pequeño. Ahora ve un camino mucho más extenso.

Ésta es la manera en que funciona. Nadie sabe hasta ese momento que él ha sido despedido de su trabajo. De modo que llama a cada uno de los deudores. Los administradores eran los encargados de supervisar el alquiler de las tierras a los campesinos en especies (aceite de oliva, trigo), en el tiempo de la cosecha. Eran hombres importantes en la comunidad que sostenían una relación constante con el amo. Los deudores suponen que el administrador tiene un mensaje importante del amo y el administrador permite que así lo crean. Está apurado: "siéntate enseguida y escribe". Tiene que terminar con esto antes de que el amo se entere de lo que está haciendo. Si los deudores supieran el engaño, probablemente no colaborarían, ya que eso sería una

4   Bailey: *Poet and Peasant*, p. 98.
5   Bailey: *Poet and Peasant*, p. 98.

deslealtad hacia el amo, quien ya no les alquilaría las tierras. Los deudores suponen que el cambio en la factura es legítimo: una orden del amo que lleva a cabo el administrador, quien (ellos también lo suponían) había convencido al amo de hacerlo: una bonificación. Los deudores están felices con esta generosa bonificación del amo que ha arreglado el administrador.

Cuando el amo se da cuenta de lo ocurrido, tiene dos opciones. Puede regresar a los deudores y decirles que fue un error, que fue una estratagema diseñada por el administrador que ya había sido despedido. Por supuesto, eso enfurecería a los deudores y todo su entusiasmo por la generosidad del amo se tornaría en maldiciones por su avaricia. O, podría no decir nada, aceptar la alabanza y dejar que el administrador, aunque bribón, gozara de su popularidad.

Lo piensa. Después de todo, él *era* un hombre generoso —no había enviado al administrador a la cárcel. La generosidad de los nobles en el Oriente era una virtud preciada. La estratagema del administrador es una clase de homenaje imaginario al amo. Pasaba la generosidad de su amo a los campesinos. El administrador "sabía que el amo era generoso y misericordioso. Se jugó el todo por el todo basándose es este aspecto de la naturaleza de su amo. Y ganó. Porque el amo era por cierto generoso y misericordioso, eligió pagar el precio total de la salvación de su administrador".[6]

"El granuja" emerge como una metáfora jovial de la sorprendente improbabilidad de la gracia, algo parecido a mi amigo de diez años en la calle del este de Baltimore. Un escritor usa el término "picaresco" para describirlo.[7] Esta historia analizada vez tras vez por hombres y mujeres que tratan desesperadamente de encontrar alguna lección moral edificante aquí para salvar a Jesús de felicitar a un bribón por ser inteligente, se convierte en un relato sobre la salvación: la clase de historia que se encuentra en el centro mismo de las buenas nuevas de Jesús.

Algo más: la palabra "astucia". "El patrón elogió al administrador de riquezas mundanas por haber actuado con *astucia*". La palabra en griego es *phronimos*; la palabra en hebreo es *chokmah*.

6   Bailey: *Poet and Peasant*, p. 102.
7   Dan Otto Via Jr.: *The Parables* (Philadelphia: Fortress Press), p. 160.

Las palabras en griego y en hebreo se traducen generalmente como "sabiduría". Son comunes en el Antiguo Testamento, especialmente en Salmos y Proverbios, poniendo delante de nosotros en memorables metáforas y proverbios la clase de vida que se genera en toda una existencia de atención a los caminos de Dios. En todos los idiomas hay un vocabulario equivalente, palabras que marcan lo que significa vivir bien, vivir la buena vida, la vida moral, la vida espiritual, la vida cristiana. En todas las religiones y culturas hay extensas tradiciones de sabiduría.

Pero estas palabras, por comunes y útiles que sean, tienden a acumular un aire de monotonía a su alrededor. Son palabras sobrias, serias. Ingresan a nuestro lenguaje desde una profunda experiencia y madura reflexión, pero también, no por su culpa, están asociadas con las personas ancianas que han vivido ya la mayor parte de su vida y que están en posición de aconsejar y asesorar al resto de nosotros para que no cometamos demasiadas equivocaciones. Otras palabras —palabras como "agradable", "atento", "bien educado"— se usan en contextos similares. En el proceso, pierden su brillo. "Agradable" como adjetivo no tiene dinamismo. "Atento" carece de brío. Una niña cuáquera llamada Prudencia es medio hermana de la mojigata. Pero cuando estas palabras pierden su lugar en la vida de Jesús y se tienen que arreglar por sí solas, pueden resultar acartonadas. Los novelistas siempre tienen mayor dificultad en que la persona buena sea interesante y atractiva. Es más fácil lograrlo con los sinvergüenzas y los pícaros.

La historia de Jesús del granuja rescata este grupo de palabras de sabiduría que frecuentemente pierden su brillo en una clase de petulancia y aburrido decoro aludiendo al granuja como prudente. En nuestro lenguaje, "prudente" implica precaución y cuidado, no arriesgar nada. La historia del bribón describe la conducta de un hombre que apenas escapa toda una vida de cálculos interesados y se descubre deleitándose con un formidable mundo de generosidad: de Dios. Dios es aquél con quien ahora trata. La generosa acción de Dios define su vida, no su conspiración obsesiva, malversación y falsificación de los libros.

Jesús vino a salvar nuestra alma. También vino a salvar nuestras palabras. Las palabras están en el centro mismo de la revelación de Dios a nosotros. Si las palabras están dañadas debido a un uso descuidado o malicioso, o están en mal estado, o si están llenas de las incrustaciones propias de las malas compañías, se atemperan los detalles nítidos de la revelación de Jesús. El lenguaje descuidado en el servicio de Jesús es el responsable de gran cantidad de daños, rivalizando con la mentira como un obstáculo que nos impide escuchar y responder al mensaje de las buenas nuevas de Dios. De modo que es necesario poseer una atención constante y vigilante para que nuestro lenguaje permanezca en buen estado. Las palabras se desgastan. Pierden textura y los colores se desvanecen. Necesitan rehabilitación, restauración, renovación. Ya sea por un uso excesivo o equivocado, las palabras que solían ser vigorosas terminan perdiendo su filo. Los que usan el lenguaje tienen la responsabilidad de devolverle su vigor, limpiándolo y quitándole la suciedad de las asociaciones inapropiadas. La mayoría de nosotros ponemos más atención en mantener los platos y tenedores y cuchillos limpios para comer que en mantener las palabras en buen estado para pronunciar nuestro amor y promesas, nuestros compromisos y lealtades.

En las *Cartas del diablo a su sobrino* de C. S. Lewis, el demonio principal Screwtape le escribe a su demonio aprendiz Wormwood que uno de los departamentos importantes del infierno es el filológico. "Nuestro Padre del abismo" tiene un equipo de talentosos gramáticos que trabajan arduamente para socavar y arruinar las palabras. Tienen un interés principal en ocuparse de las palabras que la comunidad cristiana usa en sus conversaciones y testimonios. Podemos observar en nuestro mundo contemporáneo cómo han hecho una buena labor con la palabra "arrepiéntanse" mostrando figuras de historieta de hombres cargando carteles en las esquinas de la ciudad, y con la palabra "salvado" convirtiéndola en una contraseña para entrar al cielo y reduciendo "hacer el amor" al acto sexual.

La palabra "prudente" y el grupo de palabras de sabiduría que la rodean son demasiado vitales para que las releguemos a un uso marginal. Pero no necesitan restauración. Jesús se las ingenia para devolverles la vida a estas palabras, no enviándonos al diccionario para descubrir su origen, sino poniéndolas en medio de una historia donde no podemos dejar de ver su robusta naturaleza que salta de repente en respuesta a Jesús.

CAPÍTULO 9

El hombre invisible: Lucas 16.19-31

Los lectores observadores del griego de San Lucas han percibido un detalle, una mera frase, que enlaza las tres historias de Jesús en los capítulos 15 y 16, la historia de los hermanos perdidos, la historia del granuja y la historia de Lázaro y el hombre adinerado. La frase que las vincula clara pero discretamente conecta la segunda y la tercera historia con la primera. El primer grupo de historias de "perdidos" en el capítulo 15 es presentado como una parábola: "Él entonces les contó esta parábola..." (Lucas 15.3). Estas historias son la respuesta de Jesús a las murmuraciones de los escribas sobre su hospitalidad con los extraños, con los pecadores. Pero después de las parábolas de introducción de la oveja perdida y la moneda perdida, cada una de las historias principales que siguen: el padre y sus hijos, el rico granjero y su administrador granuja y Lázaro y el hombre rico es presentada por una frase que Lucas, y sólo Lucas, usa en el Nuevo Testamento:[1] "Un hombre tenía dos hijos..." (15.11), "Un hombre rico tenía un administrador..." (16.1) y "Había un hombre rico que se vestía lujosamente..." (16.19). La frase común es *anthropos*: "un hombre".

Lo que observamos es que, después de presentar el grupo de historias en los capítulos 15-16 con el término "parábola", Lucas presenta cada historia principal con algo como: "Y ahora aquí hay otra historia de la

---

1   Véanse Joel Green: *The Gospel of Luke,* New International Commentary on the New Testament (Grand Rapids: Eerdmans, 1997), p. 587 y Joseph A. Fitzmyer, S.J.: *The Gospel According to Luke* (X–XXI), Anchor Bible Commentary (New York: Doubleday, 1985), p. 886.

misma clase: *un hombre…*" con la idea de que todas tienen el propósito de reforzarse mutuamente. Cada historia presenta caracteres centrales que están perdidos de alguna manera: al ser alienados de su padre (los dos hijos, uno por derroche, otro por un frío desdén), el granuja al derrochar la confianza de su amo y el desgraciado mendigo llevado a los márgenes extremos de la más absoluta oscuridad de la enfermedad y la pobreza. Luego, en cada historia, una visita de la gracia revierte la trama. El hermano menor responde apropiadamente con su arrepentimiento. No sabemos cómo responde el hermano mayor, pero sabemos que está invitado generosamente a la fiesta y todos tenemos la esperanza de que también se arrepienta y se una a los festejos. La respuesta del granuja no está explícita, pero la evidencia implícita es que él cambia radicalmente su vida. Pasa del engaño a compartir la generosidad de su amo con los demás.

El pobre Lázaro no hace nada pero alguien hace algo por él: es llevado de la miseria donde los perros le lamían las llagas a la vida "al lado de Abraham", experimentando aquello de lo que estuvo excluido durante tanto tiempo por la indulgencia propia del hombre rico, que ahora ve a Lázaro por primera vez y que, aun cuando sea demasiado tarde para él, desea que sus cinco hermanos tengan la oportunidad de arrepentirse. Los cinco hermanos del hombre rico, como el hermano mayor de la primera historia quedan, al menos narrativamente, en el limbo. No sabemos si llegan a arrepentirse. En cada una de las historias hay un trasfondo de resurrección.

Se acumulan los elementos comunes de cada historia: algo ha sucedido en torno a Jesús que altera "el estado de las cosas". Las condiciones de exilio en las que han vivido durante tanto tiempo los caracteres (y también Israel) están por llegar a su fin. La gente se enfrenta a una respuesta apropiada: arrepentirse. El mandato imperativo: "¡Arrepiéntanse!" está implícito a lo largo de todos los relatos de Jesús, aunque no está explícito después de los primeros usos en los comienzos de la predicación de Jesús (Mateo 3.21 y 4.19). Pero la alusión al arrepentimiento tiene un lugar prominente en la historia de Lázaro (Lucas 16.30).[2]

2   La palabra "arrepentimiento" aparece nueve veces en Lucas, pero ninguna de ellas en el imperativo, todas ellas en la sección de Narrativa del Viaje de Samaria en la que Jesús está relatando estas historias (Lucas 10.13; 11.32; 13.3, 5; 15.7, 10;

Estas observaciones liberan la historia final, la de Lázaro, para que no quede sujeta por demasiado tiempo como una historia sobre la vida después de la muerte, sobre qué es lo que ocurre cuando morimos y nos encontramos consignados a los fuegos del infierno o al regazo de Abraham. Como argumenta N. T. Wright en una clara exégesis: "la parábola no es, como se supone a menudo, una descripción de la vida después de la muerte, que advierte a la gente que se aseguren de su destino final... La realidad es incómodamente diferente... más bien lo que les estaba pasando a los pobres y a los ricos en la *época presente*. La bienvenida que les da Jesús a los pobres y marginados era una señal de que el verdadero regreso del exilio, la nueva era, la 'resurrección' estaba cristalizándose y que si estaba surgiendo la nueva era, aquellos que desearan pertenecer a ella tendrían que arrepentirse".[3]

Entonces, ¿qué nuevas percepciones contribuye esta tercera historia de arrepentimiento, la historia de Lázaro, a sus predecesores?

Quizás, primero de todo, una advertencia. Los ricos son un blanco fácil en todo asunto, secular o espiritual, de reforma social y justicia económica. Ellos brindan incontables modelos para caricaturas cínicas y cómicas. Esa posibilidad no queda excluida de la historia de Lázaro, pero dado el tenor del relato de Jesús, me inclino por concentrarme en Lázaro. Después de todo, él es la única persona en toda la historia que es honrado con un nombre personal.

*   *   *

»Había un hombre rico que se vestía lujosamente y daba espléndidos banquetes todos los días. A la puerta de su casa se tendía un mendigo llamado Lázaro, que estaba cubierto de llagas y que hubiera querido llenarse el estómago con lo que caía de la mesa del rico. Hasta los perros se acercaban y le lamían las llagas.

»Resulta que murió el mendigo, y los ángeles se lo llevaron para que es-

---

16.30; 17.3, 4), subrayando el centro temático del arrepentimiento mientras Jesús recluta seguidores para que participen con él en su trayecto a Jerusalén y en las obras del reino.

3   N. T. Wright: *Jesus and the Victory of God* (Minneapolis: Fortress Press, 1996), p. 255.

tuviera al lado de Abraham. También murió el rico, y lo sepultaron. En el infierno, en medio de sus tormentos, el rico levantó los ojos y vio de lejos a Abraham, y a Lázaro junto a él. Así que alzó la voz y lo llamó: "Padre Abraham, ten compasión de mí y manda a Lázaro que moje la punta del dedo en agua y me refresque la lengua, porque estoy sufriendo mucho en este fuego." Pero Abraham le contestó: "Hijo, recuerda que durante tu vida te fue muy bien, mientras que a Lázaro le fue muy mal; pero ahora a él le toca recibir consuelo aquí, y a ti, sufrir terriblemente. Además de eso, hay un gran abismo entre nosotros y ustedes, de modo que los que quieren pasar de aquí para allá no pueden, ni tampoco pueden los de allá para acá."

»Él respondió: "Entonces te ruego, padre, que mandes a Lázaro a la casa de mi padre, para que advierta a mis cinco hermanos y no vengan ellos también a este lugar de tormento." Pero Abraham le contestó: "Ya tienen a Moisés y a los profetas; ¡que les hagan caso a ellos!" "No les harán caso, padre Abraham —replicó el rico—; en cambio, si se les presentara uno de entre los muertos, entonces sí se arrepentirían." Abraham le dijo: "Si no les hacen caso a Moisés y a los profetas, tampoco se convencerán aunque alguien se levante de entre los muertos."» (Lucas 16.19-31)

*   *   *

Lázaro es un hombre invisible. El hombre rico es muy visible y muy audible por cierto, esplendoroso en su ropaje a la moda, con los sonidos y perfumes de una eterna fiesta ofrecida desde su suntuoso hogar: risas y bailes y espléndidos banquetes. Nadie puede ignorar la presencia del hombre rico en ese pueblo. Cada aparición, cada pequeño chisme y cada rumor agregan peso a su importancia. Su existencia misma le da distinción a toda la comunidad. Su condición de celebridad, muy parecida a un equipo deportivo campeón, le confiere renombre, aun cuando indirecto, a todo los espectadores ordinarios, poco distinguidos, poco inteligentes pero envidiosos que lo admiran, quienes por su misma ordinariez quedan excluidos de su círculo mágico.

Y Lázaro es invisible. Nadie lo ve. En su invisibilidad, él comparte el destino de los pobres, los enfermos, los explotados y todos los "desgraciados de la tierra". Cada sociedad encuentra la manera de cerrar los ojos, cubrirse los oídos y, por medio de un uso extravagante de desodorantes y camiones de recolección de residuos, deshacerse del olor de la descomposición, la suciedad, el hedor y la miseria. Ponemos a nuestros enfermos en hospitales, a nuestros

123

ancianos en hogares, a nuestros indigentes en barrios bajos y a nuestra basura en vertederos. Nunca logramos sacarlos completamente de nuestra vista y olfato y oído, pero hacemos todo lo posible por lograrlo. De vez en cuando, algún novelista o poeta, algún reportero o predicador, trata de hacer todo lo posible para obligarnos a meter la nariz en todo esto. Pero, por lo general, desviando los ojos, apagando los sonidos y desinfectando el ambiente logramos con algún éxito no ver ni escuchar ni oler ni tocar a Lázaro.

Tengo una buena amiga, Karen, que era corresponsal del pequeño periódico de nuestro pueblo. Hace algunos años, hubo una exhibición de los magníficos tesoros del antiguo rey egipcio, el faraón Tutankamón, que estaba de gira por los Estados Unidos. Esta exhibición vino al Museo Smithsonian en la capital de Washington a sólo cincuenta millas de nuestra ciudad. Karen arregló con sus editores para que la designaran para cubrir la exhibición. En ese momento, eran grandes noticias. Muchos de nuestros vecinos estaban haciendo el peregrinaje para ver los tesoros. Pero ella tenía además su propio plan. Era una época en la que muchos estaban esforzándose por asegurar el acceso de las personas discapacitadas a los edificios públicos. Charla, una niña de nuestra congregación que pasaría el resto de su vida en una silla de ruedas, le daba a Karen una ayuda visual todas las semanas en la iglesia sobre la importancia de ocuparse de esa necesidad básica tan largamente ignorada en nuestra tierra. Karen decidió combinar su tarea periodística con su creciente pasión de hacer algo acerca de las necesidades de los discapacitados. Ella alquiló una silla de ruedas, pidió prestadas unas muletas y le pidió a su esposo que la llevara a la exhibición de Tutankamón y la empujara en su silla de ruedas por las salas repletas de gente de la exhibición. Quería experimentar, aun cuando sólo fuera por unas pocas horas, lo que nuestra amiga Charla y tantas otras miles de personas tenían que soportar todos los días de su vida. Los corredores del museo estaban atestados de gente. Había largas filas de gente que aguardaba para echar una breve mirada a los artículos más espectaculares de joyas y esculturas, los equivalentes del rey Tutankamón a las vestiduras lujosas del hombre rico de la parábola. Como era de esperarse, Karen en su silla de ruedas estaba impresionada por estos artefactos de consumo de la realeza egipcia, pero lo que la asombraba aún más era que durante las cinco horas que la paseó su esposo en la silla de ruedas por todo el museo, ni una vez, *ni una sola vez*, la miró alguien directamente a los ojos o le dirigió la palabra. Tanto hombres como mujeres evitaban su mirada. Sólo tenían ojos para ver lo que había dejado el hombre rico ya muerto. Ella era una persona invisible. Lázaro en una silla de ruedas.

Ni Karen ni yo lo percibimos en ese momento, pero años después, en una conversación casual que sostuvimos, nos dimos cuenta de que el artículo que escribió Karen para nuestro periódico local esa semana era el mismo relato del hombre rico y Lázaro. No era una historia de lo que ocurre después de que morimos, sino una historia que se repite con variaciones a nuestro alrededor todos los días.

*   *   *

Unos años antes de relatar esta historia, Jesús clama en su sermón inaugural: "El reino de Dios está cerca. ¡Arrepiéntanse...! (Marcos 1.15). El prolongado exilio de Israel había llegado a su fin. Él está reuniendo a los exiliados para que participen en una nueva clase de vida, un nuevo gobierno, un cambio radical de "como son las cosas". Jesús está camino a Jerusalén, reclutando seguidores por el camino para que participen con él en el nuevo gobierno, la nueva manera del reino de hacer las cosas. Les da la bienvenida a todos los que tengan "oídos para oír", pero declara lo más explícitamente posible que él está completando la tarea de lo que Isaías del Exilio había predicado cuatrocientos años antes como las buenas nuevas a su congregación de exiliados:

"El Espíritu del Señor está sobre mí,
por cuanto me ha ungido
para anunciar buenas nuevas a los pobres".

(Lucas 4.18)

Jesús también incluye a los ciegos y mudos y lisiados en su plan para el reino, pero es importante que comienza con "los pobres" —los extraños, los marginados, "todos los que vengan" sin que importe su condición social ni reputación ni aptitudes. Jesús erige las bases de inclusión entre "todos aquellos" nombrando a los que carecen de nombre, haciendo visibles a los que nadie ve, dándoles una voz a los que nunca son escuchados. Para comenzar: Lázaro.

La historia de Lázaro convierte en añicos nuestros estereotipos de los hombres y mujeres que suponemos que brindan la vanguardia de liderazgo en la misión del reino de Jesús. Jesús está a la caza de seguidores que van a participar con él en el establecimiento del gobierno de su reino. Sus primeros reclutas sorprenden e indignan a los circunstantes. Los ricos, poderosos e influyentes no están excluidos —el hombre rico José de Arimatea y el influyente rabino Nicodemo están nombrados e incluidos entre los seguidores de Jesús— pero nada sugiere en las historias de los Evangelios según fueron escritas que Jesús fuera tras "los mejores y más inteligentes". San Pablo subraya este estilo de Jesús en su alabanza poco halagüeña de los llamados: "También escogió Dios lo más bajo y despreciado, y lo que no es nada... (1 Corintios 1.28).

Esto contrasta con la estrategia americana tan diseminada y prácticamente incontestada de apuntar a hombres y mujeres influyentes y consumados para la obra del reino: hombres y mujeres, como decimos, con "cualidades probadas de liderazgo" o al menos con "potencial de liderazgo". ¿De dónde sacamos eso? Por cierto, no lo dedujimos de leer las historias que contó Jesús y las historias que se contaron de él.

*   *   *

Es característico del lenguaje que relata historias de manera precisa (y las que relata Jesús son sin duda precisas) que esas historias no están nunca aisladas ni completas en sí, sino que son siempre integrantes de una historia mayor, una metahistoria, una historia exhaustiva que da cuentas de todo lo que es. La historia es un testimonio verbal de la coherencia de la vida, de la interconexión del principio, medio y final. Mientras que la historia más grande, la metahistoria, no lo incluye todo, nada queda en principio fuera de ella.

Pero no todas las "historias" son historias. Las ilustraciones y los chistes, por ejemplo, tienen una apariencia superficial de historia pero no lo son. Son la sonrisa de oreja a oreja del gato de Cheshire de Lewis Carroll, la trivialización de la historia. Y, a pesar del uso frecuente por parte de predicadores en sermones y de periodistas para satisfacer el interés humano y entretener, son fragmentos de vida, por más deliciosos que sean, sin precedentes ni consecuencias, fotos instantáneas sin trasfondos ni primeros planos, como Melquisedec, "no tiene padre ni madre ni genealogía; no tiene comienzo ni fin..." (Hebreos 7.3). Arrancados de la compleja historia de la revelación de Dios, las ilustraciones y los chistes tienen corta vida.

Sin embargo, la historia como tal, siempre funciona en el contexto de una metahistoria y, al menos implícitamente, desarrolla un reconocimiento y una conciencia y, si estamos dispuestos, una participación en una realidad más extensa, más saludable (santa) y, en última instancia, significativa. La historia atrapa nuestra imaginación para que captemos más que nuestras inmediatas sensaciones y alrededores: nuestra vida, otras circunstancias, otras posibilidades. Una vez que nos vemos libres de nuestro estancamiento en el lodo de nuestro ego pecaminoso, absorto en sí mismo y que no necesita de nadie, nuestra imaginación puede ser el catalizador para la fe que usa el Espíritu para crear algo de la nada, la certeza de las cosas que esperamos, la convicción de "lo que no se ve... que el universo fue formado por la palabra de Dios, de modo que lo visible no provino de lo que se ve" (Hebreos 11.1-3). O, para decirlo de otra manera, la fe es la base firme debajo de todo lo que hace que valga la pena vivir la vida... nuestro asidero de lo que no podemos ver... Por fe, vemos que la palabra de Dios le dio existencia al mundo; lo que vemos fue creado por lo que no vemos. En el acto de fe, nos convertimos en participantes de toda la historia, de los caminos y la obra de Dios, de la historia que Jesús denominó "El reino". Todas las historias honestas relatadas por el camino nos dan acceso a esta historia en desarrollo, en expansión sobre la forma en que Dios nos trata y nosotros lo tratamos a él. La Biblia está repleta de ellas. Nuestras vidas, también.

*   *   *

Al relatar la historia de Lázaro, Jesús usa un antiguo cuento popular egipcio del que había diversas variaciones muy conocidas en Palestina en la época de Jesús. La trama básica cuenta el viaje del dios Si-Osiris al infierno donde observa el destino de un hombre rico y un plebeyo, retratado como un revés de fortunas: el funeral del hombre rico al que nadie concurre y el plebeyo que es sepultado en medio de una gran pompa. En Palestina se relataba esta historia básica. Es probable que los oyentes de Jesús conocieran este cuento en el que Jesús colocó los nombres de Abraham y Lázaro para adaptar la historia egipcia a sus oyentes judíos y samaritanos.

Jesús relata la historia de manera tal que cambia su significado de la vida después de la muerte a la vida presente. Esto lo logra añadiendo un epílogo al antiguo relato, lo cual cambia su propósito. Al principio, suponemos que estamos escuchando una historia sobre Lázaro. Pero cuando finaliza la historia, nos damos cuenta de que Lázaro no era más que una trampa: ésta es una historia sobre los hermanos del hombre rico. *Ésta* es la conclusión. No teníamos manera de anticiparlo (como tampoco los oyentes de Jesús), pero ahora lo entendemos: *ésta* había sido siempre su meta. ¿Qué sucederá con los cinco hermanos?

La historia de Jesús hizo que la gente que sólo tenía ojos para ver al hombre rico pudiera percibir a Lázaro. ¿Se verían también los oyentes en los cinco hermanos? Y, ¿responderían ellos a los imperativos inaugurales de Jesús de "Arrepiéntanse" (Mateo 3.2) y "Vengan, síganme" (4.19) que resuenan calladamente en los intersticios de todas las historias de Jesús en este camino metafórico a través de Samaria?

Joachim Jeremias, uno de los principales estudiosos de las parábolas de Jesús, sugiere que un nombre más apropiado para la historia de Lázaro sería: "La parábola de los seis hermanos"[4]o quizás: "La parábola de los cinco hermanos", recogiendo la ambigüedad que rodeaba al hermano mayor del hijo pródigo y extendiéndola a la historia de Lázaro. ¿Se arrepintió el hermano mayor y se unió a la celebración de resurrección o no? ¿Se arrepentirán los cinco hermanos y se unirán a la celebración de la resurrección o no?

4   Joachim Jeremias: *The Parables of Jesus* (New York: Charles Scribner's Sons, 1963), p. 186.

El tema de la resurrección está sin duda presente en el relato subversivo de la antigua historia popular egipcia, alterando su condición de lección moral y ética sobre los ricos y los pobres y de especulación sobre la vida después de la muerte para convertirla en una revelación de que la resurrección está llevándose a cabo alrededor de Jesús. Pero para abrir los ojos de los presentes es necesario un acto de arrepentimiento. Si sólo vemos al hombre rico, seguiremos sin ver a Lázaro.

Ya que ésta es la única parábola en los Evangelios en la que una persona recibe un nombre, la historia de Juan sobre la resurrección del hombre que tiene el mismo nombre, Lázaro, atrae nuestra atención. El antiguo padre de la iglesia Orígenes es el primero que parece sugerir una conexión. ¿Existe alguna relación entre el Lázaro del cuento popular y el Lázaro que era amigo de Jesús? No encontramos una respuesta cierta a esta pregunta, pero el sólo hecho de hacer la pregunta sirve para mantener la dinámica del arrepentimiento delante de nosotros. Cuando el hombre rico le pregunta a Abraham si es posible enviar a Lázaro a advertir a sus cinco hermanos, porque "si se les presentara uno de entre los muertos, entonces sí se arrepentirían", Abraham le responde: "Si no les hacen caso a Moisés y a los profetas, tampoco se convencerán aunque alguien se levante de entre los muertos" (Lucas 16.30-31). Aquí están nuestras dos palabras: "arrepentirse" y "levantarse" (resucitar).

La parábola de Lázaro afirma que la resurrección en sí no produce arrepentimiento; la resurrección del Lázaro real lo confirma. Peor aún, no sólo no logró su resurrección suscitar el arrepentimiento, sino que provocó aún más obstinación e incredulidad. La resurrección de Lázaro, aunque algunos creyeron, se convirtió en la última gota que puso en movimiento el complot que dio como resultado la crucifixión de Jesús: "Así que desde ese día [el día que Lázaro fue resucitado] convinieron en quitarle la vida [a Jesús]" (Juan 11.53).

Y la resurrección de Jesús de entre los muertos unos diez días más tarde tampoco logró nada parecido a un avivamiento a nivel nacional de arrepentimiento.

*   *   *

"Arrepiéntanse" se encuentra entre los imperativos categóricos de la vida espiritual. No es una palabra difícil de entender. Pero es la palabra más difícil de *escuchar*. El arrepentimiento es algo complejo. El mandamiento en sí es directo. Es una antigua palabra en la vida de la fe. Simplemente significa "darse vuelta" o "cambiar de idea". La palabra carece de ambigüedades. Tan sólo hazlo. Personalmente, pero no individualmente. En el relato bíblico, no se puede reducir el arrepentimiento a algo privado tal como lamentar nuestros pecados y estar dispuestos a repararlos. El llamado es que regresemos a Dios y a sus caminos. Regresar a la Historia y a todo y todos en la Historia. Significa ingresar en un nuevo estilo de vida que nos convierte en miembros del reino de Dios. Jesús llama a hombres y mujeres a que participemos con él en una clase de vida que nos incluye en el reino. El seguir a Jesús por el camino de la cruz ofrece la metáfora más concisa. "Tienes que modificar tu vida" (Rilke).

No es suficiente anexar una práctica devocional a nuestra vida ajetreada. El adoptar nuevas resoluciones tampoco lo es. Sentir pena y penitencia en el corazón por haber desperdiciado la vida es un buen comienzo, pero no alcanza. Los estados de ánimo se pueden cultivar. Las emociones se pueden manipular. Lo que tenemos que abandonar en nuestra comprensión del arrepentimiento es la "inclinación individual posterior al Siglo de las Luces hacia una búsqueda de la salvación privada".[5]

Hace varios años, mi esposa y yo estábamos paseando en automóvil por las Montañas Rocallosas. El camino junto a la ladera de la montaña era muy estrecho. Llegamos a un lugar donde había ocurrido un accidente. Un motociclista se había desbarrancado varios cientos de pies. Un policía y un guardaparques hacían que circulara el tráfico, mientras que otros estaban usando un complejo sistema de sogas y poleas para recoger lo que quedaba de la motocicleta y su conductor.

Por supuesto, todos sentíamos curiosidad, pero la policía y los guardaparques nos impedían detenernos y mirar. Sin embargo, un poco más allá del lugar del accidente, el camino daba una vuelta y desde allí podíamos mirar el barranco a unas ciento cincuenta yardas de distan-

---

5   Wright: *Jesus and the Victory of God*, p. 257.

cia. Detuve el automóvil y descendimos con nuestros binoculares para ver lo que podíamos ver. Un policía nos vio y, usando un megáfono nos dijo: "¡Regresen a su automóvil! Aquí no hay nada para ver". Pero yo sabía que no era así y deseaba verlo. No obedecí de inmediato (aunque mi obediente esposa sí lo hizo). No pensaba que estuviera quebrantando ninguna ley por mirar con mis binoculares. Luego se repitió la orden: "¡Regrese a su automóvil! Aquí no hay nada para ver". Y luego otra vez. A regañadientes y a instancias de mi esposa, obedecí.

Ése es el final de la historia. Nos fuimos sin satisfacer nuestra curiosidad. Pero la historia, como suele suceder, siguió dando vueltas en nuestra mente. Como padre, pastor e intérprete de las Escrituras, me interesan los imperativos. Los imperativos son la manera más breve, clara y menos ambigua de formular un verbo. Y para todo los que estén interesados en vivir bien y que los demás vivan bien, los imperativos son una especialidad: come tu desayuno, limpia tu habitación, ama a Dios, ama a tu semejante. Los imperativos captan nuestra atención, son fáciles de entender y no requieren explicaciones. Y, a corto plazo al menos, suelen ser bastante efectivos.

Aquel día, la orden del agente de policía en ese camino de montaña hizo todo eso: captó mi atención, me hizo regresar a mi automóvil y me obligó a irme. Lo que *no* logró fue convertirme en un participante de lo que estaba sucediendo. No es que tuviera esa intención. En realidad, su intención era todo lo contrario: eliminar mi participación en lo que estaba ocurriendo. Pero lo que me interesa no es el imperativo aislado que capta mi atención y me obliga a moverme, sino cómo se desarrolló en indicativos y subjuntivos, imperfectos y perfectos: toda una gama de participación en una sola oración, en la *vida*.

Por ejemplo, qué habría ocurrido si el agente de policía hubiera enviado a uno de sus subalternos a decirme: "Necesitamos ayuda para recuperar el cuerpo. Lo que usted está haciendo obstaculiza la tarea. ¿Nos podría ayudar? Necesitamos ayuda con las sogas".

No creo que me hubiera negado a hacerlo. Tan sólo sería sostener o tirar de una soga. Y eso no requiere demasiado talento. Entonces hubiera pasado a formar parte de la historia y dejado de ser un simple espectador.

*   *   *

Lo que estoy tratando de entender es que aun cuando los imperativos sean absolutamente necesarios para captar nuestra atención y lograr que hagamos o no hagamos algo, no funcionan de la manera deseada hasta que no nos introducen en la historia.

La eficacia del imperativo no se incrementa por repetición o amplificación. Hace su tarea correcta cuando nos introduce en la historia. Y, en el caso del imperativo "¡Arrepiéntanse!" nos introduce en la Historia del Reino de Jesús, con todas sus complejidades, misterios y posibilidades de amor y obediencia.

Aprendemos mucho de la manera en que lo hace Jesús. Mientras se abre camino por Samaria, él no repite simplemente su sermón inaugural de "¡Arrepiéntanse!" una y otra vez, más y más fuerte a medida que se acerca a Jerusalén. Mayormente, Jesús relata historias que nos invitan a participar en el mundo de la resurrección. Para la gente que, como muchos de los samaritanos entonces y los americanos ahora, no sabe que hay una historia, Jesús, con paciencia y sin levantar la voz, relata historia tras historia tras historia. Son historias que nos introducen en la Historia.

CAPÍTULO 10

La viuda: Lucas 18.1-8

Me interesa mucho que, a diferencia de las preocupaciones de mis contemporáneos, en la historia bíblica hay muy poco interés, si alguno, en la oración en sí. Y por cierto no en la historia de Jesús. No hay ninguna instrucción sistemática sobre cómo orar, no hay lecciones sobre la oración, no hay especulaciones sobre la dinámica de la oración (cómo funciona), no hay clasificaciones que organicen las diferentes clases y circunstancias de la oración. Tenemos hombres y mujeres que oran por todas partes. Los Salmos son el documento más exhaustivo de la oración. Y Jesús, que mantiene el puesto central, es nuestro ejemplar de oración más representativo (la segunda parte de este libro hablará de esto). Pero hay muy poco de la oración en sí como tema que podamos aislar, estudiar y practicar. Lo que tenemos es simplemente gente que ora.

Cuando seguimos los pasos de nuestros antepasados que oraban, no los vemos deteniéndose en el camino para llevar a cabo un seminario sobre la oración, o conduciendo experimentos controlados para demostrar la eficacia de la oración. Están preparando el camino para el Señor, siguiendo "el camino de Jesús". No toman tiempo para orar. Y lo que hacen mientras prepararan, mientras siguen a Jesús, es orar.

Esto quiere decir que no hay exposiciones de la oración fuera de la historia: toda la oración está alojada en personas y lugares y tiempos. No es la clase de cosa que podemos abordar como una abstracción. El acercarnos a la oración aparte del Dios revelado a quien oramos y aparte de las condiciones reales y vividas de la persona que ora no existe en la revelación bíblica.

* * *

Dos de las historias samaritanas de Jesús exclusivas de Lucas tienen que ver con la oración. La primera, la historia del amigo (Lucas 11.1-13), coloca a la oración en el entorno familiar de lo ordinario: un hombre que le pide un pan a su amigo para un amigo que acaba de llegar en la mitad de la noche. Esto no tiene nada de "espiritual", pero es indudablemente *personal*. Se trata de una conversación entre *amigos* que supuestamente se conocen por nombre. Son, después de todo, vecinos. Todo lo que se encuentra en la historia y su comentario está enraizado en lo personal: se usa cuatro veces el término "amigo", tres veces "hijo/hijos" y una vez "Padre": todos términos personales y relacionales. La oración es el lenguaje usado relacionalmente con respecto a la Trinidad. La persistencia (*anaidia*) es la perseverancia franca y desafiante en pedir lo que uno necesita. Después de todo, el Padre *es* nuestro amigo y no es un "extraño".

La segunda historia es bastante diferente. Aquí no hay énfasis en lo personal. La historia trata sobre una viuda que le hace un pedido a un juez. No se trata de la relación simple y amistosa de dos vecinos, sino de una relación impersonal en un juzgado donde las relaciones se determinan por cuestiones de derecho. Una viuda anónima y un juez desconocido.

Pero las dos historias están vinculadas por una trama común. La primera menciona la "persistencia" del amigo que pide el pan y la segunda introduce la historia anunciando su propósito: "mostrarles que debían orar siempre, sin desanimarse". "Sin desanimarse" (*me engkakein*) es el paralelo de la "persistencia" anterior. Al aproximarnos al cierre de este viaje metafórico por Samaria, quizás sea necesario darle un mayor énfasis a este aspecto de la oración. La oración no es una opción: es fundamentalmente necesaria. La oración no es un interludio piadoso: necesariamente impregna la vida en todo momento y en todo lugar.

*   *   *

Jesús les contó a sus discípulos una parábola para mostrarles que debían orar siempre, sin desanimarse. Les dijo: «Había en cierto pueblo un juez que no tenía temor de Dios ni consideración de nadie. En el mismo pueblo había una viuda que insistía en pedirle: "Hágame usted justicia contra mi adversario." Durante algún tiempo él se negó, pero por fin concluyó: "Aunque no temo a Dios ni tengo consideración de nadie, como esta viuda no deja de molestarme, voy a tener que hacerle justicia, no sea que con sus visitas me haga la vida imposible."»

Continuó el Señor: «Tengan en cuenta lo que dijo el juez injusto. ¿Acaso Dios no hará justicia a sus escogidos, que claman a él día y noche? ¿Se tardará mucho en responderles? Les digo que sí les hará justicia, y sin demora. No obstante, cuando venga el Hijo del hombre, ¿encontrará fe en la tierra?»

*   *   *

Las viudas en el mundo antiguo eran mujeres que carecían de todo recurso personal. Cuando tenían necesidades, ellas tenían que depender de la hospitalidad del pueblo. La viuda necesitaba justicia. Alguien la había ofendido o defraudado. Ella no tenía a nadie que fuera lo suficientemente rico o poderoso o influyente como para defenderla. No tenía, como decimos, "nada más que una oración". Ella se dirigió al juez del pueblo y le pidió ayuda. Después de todo, había leyes que protegían a las personas como ella y la tarea del juez era hacer que se cumplieran. Pero el juez la ignoró de la misma manera que ignoraba a Dios. No tenía ninguna consideración de ella ni de nadie. Qué juez.

Pero la viuda se negó a retirarse y seguía asediándolo. Le golpeaba la puerta en la mitad de la noche. Lo acosaba en la calle. Lo fastidiaba sin descanso. Él sentía como si tuviera moretones por toda la cara y los ojos en compota (el significado literal del verbo *hupopiadzo*) de tanto que lo aporreaba. Por fin, cedió y le concedió la justicia que ella pedía.

Es una historia sobre la oración: uno debe "orar siempre, sin desanimarse" (Lucas 18.1). Es necesario orar constantemente y nunca renunciar.

*   *   *

La mayoría de la gente, quizás todos, oran en algún momento de su vida. Y muchos —quién sabe cuántos— dejan de hacerlo. ¿Y por qué no? Si no obtienen lo que piden, si no obtienen lo que piensan que es una "respuesta, ¿para qué continuar haciéndolo? Lo asombroso de la oración no es el hecho de que muchos oren, sino que algunos de nosotros continuemos haciéndolo. ¿Por qué? ¿Por qué seguimos orando cuando no vemos resultados? Todo el que practica la oración conoce la sensación, a veces abrumadora, que la oración es como un balde con un agujero. Vamos al río a recoger agua y, cuando regresamos a casa, toda el agua se escurrió. El balde está vacío y lo único que queda de nuestro esfuerzo es un rastro húmedo que pronto seca el sol.

No es sorprendente entonces que Jesús haya concluido su historia con el aforismo: "No obstante, cuando venga el Hijo del hombre, ¿encontrará fe en la tierra?" Lo que equivale a decir: "¿Encontrará acaso hombres y mujeres que sigan orando, que no hayan dejado de hacerlo, que no se hayan desalentado?" Esta "fe" no es una abstracción generalizada, sino un estilo de vida que se expresa en una oración perseverante. La palabra "fe" en griego tiene un artículo definido, *la* fe, la vida de fe que adopta y ora todas las prácticas de la fe y que permanece junto a Jesús cuando él les da la bienvenida e invita a sus seguidores a ingresar al reino.

La realidad es que aquellos que aguantan en esta vida de fe siguiendo a Jesús, orando lo que viven y viviendo lo que oran, han aprendido cómo manejar aquello que nuestros sentimientos podrían interpretar como una falta de respuesta de Dios, el silencio de Dios.

Por experiencia, hemos aprendido que el silencio de Dios frente a nuestras oraciones no se debe a nuestra ineptitud, a alguna falla técnica en la manera en que oramos que podríamos solucionar si tuviéramos el manual de oración correcto. El silencio de Dios es una experiencia común y repetida entre los que oran. Si hay algo que podemos considerar como el libro oficial de oración, estos son los Salmos. Son las oraciones que nos dan acceso al mundo complejo e intrincado del lenguaje que usaban nuestros antepasados para responder a la palabra de Dios. Y resulta que el silencio de Dios es parte de ello. La gente que ora tiene una profunda experiencia del silencio de Dios.

> ¿Por qué, SEÑOR, te mantienes distante?
>
> ¿Por qué te escondes en momentos de angustia?

(Salmo 10.1)

> ¿Hasta cuándo, SEÑOR, me seguirás olvidando?
>   ¿Hasta cuándo esconderás de mí tu rostro?
> ¿Hasta cuándo he de estar angustiado
>   y he de sufrir cada día en mi corazón?
> ¿Hasta cuándo el enemigo me seguirá dominando?

(13.1-2)

> Dios mío, Dios mío,
>   ¿por qué me has abandonado?
>   Lejos estás para salvarme,
>   lejos de mis palabras de lamento.
> Dios mío, clamo de día y no me respondes;
>   clamo de noche y no hallo reposo.

(22.1-2)

> ¡Despierta, Señor! ¿Por qué duermes?
>   ¡Levántate! No nos rechaces para siempre.
> ¿Por qué escondes tu rostro
>   y te olvidas de nuestro sufrimiento y opresión?

(44.23-24)

> ¿Hasta cuándo, oh Dios, se burlará el adversario?
>   ¿Por siempre insultará tu nombre el enemigo?

(74.10)

> ¿Nos rechazará el Señor para siempre?
>   ¿No volverá a mostrarnos su buena voluntad?
> ¿Se habrá agotado su gran amor eterno,
>   y sus promesas por todas las generaciones?

¿Se habrá olvidado Dios de sus bondades,
y en su enojo ya no quiere tenernos compasión?

(77.7-9)

¿Hasta cuándo, Señor?
¿Vas a estar enojado para siempre?

(79.5)

¿Cuándo, Señor, te volverás hacia nosotros?

(90.13)

"¿Por qué, por qué, por qué?" "¿Cuándo, cuándo, cuándo?"
La gente que ora sabe lo que significa no escuchar ninguna respuesta. La gente que ora no obtiene lo que pide cuando lo pide. La gente que ora pregunta "cuándo" y "por qué" muchas veces.

Sin embargo, lo significativo es que estos salmistas, los maestros de la oración de los que aprenden a orar, siguieron orando a pesar del silencio. Sabemos que siguieron orando porque tenemos reunidas sus oraciones en los Salmos que nos sumergen en el mundo de la oración. Generación tras generación de judíos y cristianos continúan orando y cantando esos mismos salmos, orando y cantando las preguntas de "cuándo" y "por qué", orando y cantando a través del silencio.

Como la viuda que no se desanimó, ¿por qué lo hacemos nosotros?

*   *   *

Lo hacemos porque sabemos quién es Dios y cómo es él. Dios se ha revelado en palabras y acciones como el Dios creador, el Dios que salva y el Dios que elige un pueblo que da testimonio con palabras y acciones de sus palabras y actos de creación y salvación. Dios creó un cosmos y vio que era "bueno". Dios salvó a hombres y mujeres que estaban perdidos y alejados de su amor. Dios eligió un pueblo como "un reino de sacerdotes" (Éxodo 19.6) para que fueran una "luz para las naciones" (Isaías 51.4) y testigos que mostraran y relataran los caminos de Dios a todos los habitantes de la tierra, invitándolos a participar. Un buen Dios, un Dios que nos rescata y nos da la bienvenida. Durante casi dos mil años se expresa esta revelación en historia tras historia. Dios nos habla, forma parte de nuestra vida, nos involucra en la suya. Todo esto se lleva a cabo en personas y lugares con nombre. Todo es personal y local. Nunca llegamos a conocer toda la historia, ya que ella es demasiado extensa y compleja. Dado que es Dios quien revela, existen por lo tanto muchos misterios que nunca alcanzaremos a comprender. (Un dios que podemos entender no es Dios.) Pero son buenos misterios, llenos de luz. No son misterios amenazantes y malignos. A lo largo de las historias y oraciones, meditaciones y reflexiones se usan con esplendidez palabras tales como "amor eterno", "fidelidad", "bendición", "perdón" y "gracia". Las preguntas sin respuesta que planteamos (las preguntas de "por qué" y "cuándo") junto con los silencios, una vez que las vemos integradas en la historia del Dios bueno, que nos salva y nos da la bienvenida, más que disminuir nuestra confianza básica, la extiende más allá de los márgenes de lo que podemos asimilar.

El sketch del juez malvado del relato de Jesús es todo lo que sabemos que Dios *no* es. Porque hemos sido inmersos en siglos de relatos y canciones, oraciones y reflexiones, reconocemos de inmediato que este juez es una parodia malvada y grotesca del Dios que nos es revelado. El sketch del juez malvado nos despierta súbitamente a todo lo que sabemos que Dios no es y lo que sabemos que Dios es. Llegados a este punto y habiendo pasado tiempo con Jesús, conocemos el carácter y la obra del Dios que está con nosotros, el Dios con el que nos relacionamos.

Por eso seguimos orando y no nos desalentamos. Lo hacemos porque sabemos que Dios es todo aquello que el juez malvado no es. Sabemos que ni el silencio ni la ausencia son evidencia de desprecio o indiferencia.

* * *

Y ésta es otra razón por la que seguimos orando y no nos desanimamos. Sabemos que este negocio del reino es un negocio urgente: lo hemos escuchado de labios de Jesús. El reino no es un asunto que surge de vez en cuando como discusión. El reino es algo que sucede todo el tiempo, estemos conscientes de ello o no. Pero la intención de Jesús es que nos demos cuenta de ello. El reino requiere la total renovación de nuestra imaginación para que podamos ver lo que nuestros ojos no ven y poder así participar de aquello que no va a ser noticia en los periódicos matutinos de mañana.

Cuando Lucas nos lleva en compañía de Jesús en este viaje metafórico por Samaria, justo antes de relatar la historia de la viuda, él prepara nuestra mente para que entendamos el contexto de la historia. Lo hace introduciendo (en Lucas 17.20-37) una reorientación radical sobre la naturaleza del tiempo y del lugar, tiempo y lugar del *reino*, de modo que cuando escuchemos a Jesús relatando la historia de la viuda, podamos reconocer la persistencia en la oración como algo muy diferente a aguantar pase lo que pase. La oración persistente es la única clase de oración que es coherente con lo que podemos denominar una comprensión del "reino" de la manera en que Dios obra en el tiempo y el espacio.

Los fariseos le dan comienzo a la enseñanza cuando preguntan cuándo vendrá el reino de Dios. El "reino de Dios" es el término que usaba Jesús frecuentemente como una metáfora de la obra exhaustiva del gobierno de Dios: el dominio de Dios que Jesús promulga y proclama.[1] Los fariseos quieren saber "cuándo".

¿Hay acaso un cierto sarcasmo y escepticismo en la pregunta? Como si ellos estuvieran diciendo: "Tú continuas hablando de este reino de Dios. Ya nos estamos cansando de escuchar esas palabras. Muéstralo. ¿Cuándo vamos a verlo? ¿Acaso lo veremos alguna vez?"

La respuesta de Jesús es "Ya mismo. No es algo que puedan ver de la misma manera que ven un elefante en medio de la calle. Está aquí mismo. Ustedes están en él. El reino de Dios se está formando aquí mismo. No es una de las maravillas del mundo como las pirámides que pueden

---

1 Lucas usa el término "reino de Dios" 51 veces y 27 veces en esta sección samaritana.

visitar a lomo de camello en Egipto. Dejen de buscarlo y de preguntar "cuándo". Presten atención a quiénes son ustedes y a quién soy yo. Para comenzar, quizás deberían tratar de orar".

Luego Jesús amplía su respuesta a los fariseos brindando a sus discípulos más detalles sobre el tema. Les repite lo que les dijo a los fariseos, insistiendo que el reino de Dios no es un acontecimiento parecido a un partido de fútbol al que podemos ir cuando compramos una entrada y miramos la acción desde las gradas. Él emplea un lenguaje apocalíptico para alterar su manera tradicional de pensar. El lenguaje apocalíptico es un lenguaje de la imaginación. El lenguaje apocalíptico es un lenguaje extremo que capta nuestra atención. Por lo general, trata sobre lo catastrófico, los terremotos y los eclipses, la muerte y el infierno, los dragones y los diablos: cosas propias del fin del mundo. También trata sobre los ángeles, arcángeles y esplendores celestiales. Es especialmente útil para despertar a la gente que anda sonámbula por este mundo de maravillas. Es el lenguaje que nos permite ver lo que no podemos captar con una cámara fotográfica; que nos permite escuchar lo que no podemos grabar electrónicamente.

Podemos entender que el lenguaje apocalíptico se refiere con predicciones a acontecimientos catastróficos venideros: el juicio, la segunda venida, el holocausto nuclear, etc. Pero también podemos entender el mismo lenguaje de manera metafórica para comunicar un sentido de urgencia. Conociendo el gusto de Jesús por la metáfora y conociendo el contexto histórico en el que está obrando, ésta es la manera en que probablemente usó Jesús las imágenes apocalípticas. Jesús capacita nuestra imaginación para que podamos participar apropiadamente en el gran drama de la salvación que se está llevando a cabo ahora mismo: no son acontecimientos mundiales en el futuro, sino la presencia del reino ahora mismo.

¿Cómo logra Jesús comunicar el sentido de absoluta urgencia, de crisis, y a la misma vez mantener la fiel obediencia de sus seguidores en su tarea y adoración, con sus parientes y amigos? ¿Cómo logra hacerlo sin que ellos se distraigan al especular sobre el futuro o sin que se asusten hasta quedar paralizados por la histeria? Lo que hace es usar lenguaje apocalíptico, pero de manera metafórica. Usa imágenes de crisis de las historias tan conocidas de Noé y el diluvio, Lot y Sodoma. Esa urgencia, ese nuevo orden global de la manera en que Dios está presente entre nosotros para salvar es lo que está sucediendo *ahora*. No es otro diluvio, no es otro turbulento holocausto, sino un volver a imaginarse de manera radical lo que significa seguir a Jesús y participar con él en el establecimiento del reino. El lenguaje apocalíptico es una estrategia para crear una conciencia de las tremendas energías del bien en su lucha contra el mal bajo la cubierta aparentemente benigna de lo ordinario. El lenguaje de la visión apocalíptica traslada la imaginación del que ora a una participación vigorosa en lo que Dios está haciendo en este momento.

*   *   *

En la época de Jesús había muchos movimientos revolucionarios en Palestina. Líder tras líder aparecía con una estrategia para liberarse de la opresión romana. Se respiraba el lenguaje apocalíptico, en su mayor parte literal, y prácticamente todo implicaba violencia. Los esenios centrados en Qumrán también usaban el lenguaje apocalíptico de manera literal —un fin violento al régimen del templo presente— pero la violencia se desplegaría de manera sobrenatural.

Jesús también estaba anunciando la liberación de la malvada opresión de Roma y la corrupción del templo. Y también se valía de la reserva común de palabras e imágenes apocalípticas, aunque usara ese lenguaje de manera subversiva y metafórica. Este reino estaba poderosamente en formación, pero no mediante una sangrienta violencia; más bien, mediante el sacrificio, el sufrimiento, el rechazo y una oración persistente. Es una vida de fe, una vida de oración que participa aquí y ahora en la actividad de Dios para poner las cosas en orden sin esperar una señal, sin buscar un acontecimiento. Al igual que la viuda.

Ésta es otra razón por la que oramos siempre y no nos desanimamos. Lo hacemos porque Dios está obrando de una manera exhaustiva propia del reino, y nosotros deseamos participar en esa obra.

La viuda

* * *

Deseo hacer una observación final sobre la historia de Jesús de la viuda. Es posible leer el relato como un mandamiento a aguantar todo pase lo que pase. Y algunos lo leen de esa manera: orar con obstinación para que una persona se sane, permanecer en un matrimonio donde hay abuso, orar por un empleo soñado. Pero hay más colores en la paleta de la persistencia que el negro y el blanco. Es importante que tengamos presente el consejo de Evagrio el solitario, uno de nuestros maestros de la oración más antiguos y perdurables:

> A menudo al orar he pedido lo que pensaba que era bueno, y persistí en mi pedido, importunando con estupidez la voluntad de Dios y no permitiendo que él arreglara las cosas, dado que sabe qué es lo mejor para mí. Pero cuando obtuve lo que había pedido, he lamentado no haber pedido que se hiciera la voluntad de Dios, ya que las cosas no resultaron ser lo que yo pensaba... No se desanimen si no reciben en seguida lo que le piden a Dios. Él desea darnos algo mejor, para que perseveremos en oración. Porque, ¿qué es mejor que disfrutar el amor de Dios y estar en comunión con él?[2]

Evagrio distingue entre persistir en "mi pedido" y perseverar en "nuestra oración". "Persistir" y "perseverar" pueden ser sinónimos. Pero con discernimiento, Evagrio observa que él ha usado esa misma palabra o palabras similares como una licencia de oración para ser radicalmente desobediente.

La historia de Jesús de la viuda sobre cómo "orar siempre" introduce la perseverancia en los caminos de Dios, los cuales se revelan en Israel y Jesús, y nos acopla a las urgencias y energías apocalípticas presentes que se desarrollan cuando seguimos a Jesús a través de los malentendidos y líos de Samaria en nuestro camino a Jerusalén. Aislada de esos caminos y esa urgencia, la oración persistente pronto se convertiría en el pretexto de una obstinada terquedad.

---

2   *The Philokalia,* vol. 1 (London: Faber & Faber, 1979), p. 60.

CAPÍTULO 11

Los pecadores: Lucas 18.9-14

Si nos detenemos a pensarlo durante dos minutos, es obvio que es mucho más lo que hay dentro de una persona que fuera de ella. La superficie visible de un cuerpo, la piel, es minúscula comparada con lo que se encuentra en el interior pero que no lo vemos: el corazón, los intestinos, las venas y arterias, el hígado, los pulmones, el cerebro, los nervios, la sangre y los huesos, la vesícula y los riñones, los gérmenes y los parásitos. Un hombre de 200 libras sin piel pesaría por lo menos 199 libras, ya que si colocáramos la piel sobre una balanza, ella pesaría mucho menos que una libra.

Y eso, por supuesto, es sólo lo físico. Hay mucho más que no se puede pesar: los pensamientos y conocimientos, los sentimientos y estados de ánimo, los sueños y visiones, las palabras y números, las oraciones y canciones, la fe y el amor y la esperanza, las costumbres y recuerdos. En realidad, gran parte de quiénes somos no se puede descubrir cortándonos para examinar nuestro interior.

Para poder tener acceso a todo lo que está sucediendo: la vorágine de sonidos y silencios, lo visible e invisible en las más aburridas de las mujeres y más aburridos de los hombres, se necesita un narrador.[1]

Lo mismo ocurre con el mundo impersonal que está, en su gran mayoría, oculto a nuestros ojos. Los científicos se ocupan de descubrir qué está por debajo y en el más allá: remotas galaxias del sistema solar, el suelo y las rocas

---

1   Estoy usando aquí el término "narrador" como el representante de todos los escritores y artistas —poetas y escultores, pintores y músicos, tejedores y bailarines— que exploran lo interior de la vida.

y la lava bajo la superficie de la tierra, las criaturas y las plantas en los océanos, como un abismo llama a otro abismo. En vez de usar la imaginación de lo interior propia del narrador, ellos usan aparatos altamente sofisticados, microscopios y telescopios, radares y sonares, para tramar una complicada historia de lo que está ocurriendo a nuestro alrededor, por debajo y por encima de nosotros, y de lo que ha estado ocurriendo durante billones de años. Los narradores activan nuestra imaginación para que podamos ver y escuchar lo que está debajo de la superficie de la vida. Ellos nos invitan a participar en las muchas dimensiones de lo que ocurre a nuestras espaldas o a la vuelta de la esquina. Sólo un narrador puede revelar la belleza que nos deslumbra como "el brillo de una agitada lámina de metal" (Gerard Manley Hopkins).

Cada vez que Jesús relata una historia, se agranda el mundo de los que lo escuchan, se profundiza su entendimiento y se potencia su imaginación. Sin las historias terminamos con estereotipos: una tierra plana con figuras de cartón que no tienen textura ni profundidad, que no tienen *interior*.

*   *   *

Los narradores nos invitan a participar. Los narradores nos hacen conscientes de cómo son las cosas. Dejamos de ser espectadores y nos introducimos en un mundo de maravillas, andamos por su suelo, tomamos una manzana de un árbol y disfrutamos su sabor, nos sumergimos en un lago de montaña y salimos fortalecidos por el bautismo, tomamos la mano de un niño y sentimos cómo late su confianza en sus dedos.

Jesús no relata historias para ilustrar grandes "verdades" sobre Dios y la salvación, el diablo y la condena. Por supuesto, hay verdades que tenemos que conocer y entender: la verdad sobre Dios, la verdad sobre el bien y el mal, la verdad sobre el pasado. Pero a Jesús no parece demasiado interesado en relatarnos verdades abstractas. Él quiere que participemos, que metamos los pies en el barro y las manos en la masa del pan, con el Dios viviente que obra en este mundo. Ésa es la razón por la que Jesús relata historias. Él no desea informar ni explicar ni definir, sino que desea involucrarnos activamente en los caminos de Dios y su voluntad en los hogares y vecindarios y lugares de trabajo donde transcurre nuestro tiempo.

No hay nada peor que tratar a Jesús como si fuera un maestro de escuela dominical que aparece los domingos para enseñarnos sobre Dios y cómo no meternos en problemas. Si ése es el papel que le asignamos a Jesús, no podremos entender quién es y cuál es su tarea. Él nos llama a seguirlo y unirnos a él en la obra de vida eterna de salvación que se lleva a cabo ahora mismo en el camino por Samaria rumbo a Jerusalén. Aquí tenemos otra de sus historias: la historia de los pecadores.

* * *

A algunos que, confiando en sí mismos, se creían justos y que despreciaban a los demás, Jesús les contó esta parábola: «Dos hombres subieron al templo a orar; uno era fariseo, y el otro, recaudador de impuestos. El fariseo se puso a orar consigo mismo: "Oh Dios, te doy gracias porque no soy como otros hombres —ladrones, malhechores, adúlteros— ni mucho menos como ese recaudador de impuestos. Ayuno dos veces a la semana y doy la décima parte de todo lo que recibo". En cambio, el recaudador de impuestos, que se había quedado a cierta distancia, ni siquiera se atrevía a alzar la vista al cielo, sino que se golpeaba el pecho y decía: "¡Oh Dios, ten compasión de mí, que soy pecador!" »Les digo que éste, y no aquél, volvió a su casa justificado ante Dios. Pues todo el que a sí mismo se enaltece será humillado, y el que se humilla será enaltecido». (Lucas 18.9-14)

* * *

Jesús ubica esta historia en el lugar de oración. La oración, esa incursión universal en la intimidad con Dios, tan básica y fácil de comenzar, pero tan difícil de mantener. La oración, ese deseo tan a menudo suprimido o ignorado de vivir una vida más profunda. La oración, ese negarse a vivir una vida meramente exterior que sólo consista en la clase de empleo que tenemos, nuestro color de pelo y el matiz de la piel. La oración, ese resistirnos a vivir una vida apartada de Dios y del alma. La oración, ese ejercicio "mejor" que tan fácilmente se corrompe hasta ser lo "peor" cuando su rica madurez interior se deteriora hasta convertirse en piadosos clichés.

Dos caracteres opuestos, un fariseo y un recaudador de impuestos, suministran la acción de la historia. Pero lo que capta mi interés desde el principio es lo que ambos tienen en común: los dos van a la misma iglesia (el templo), los dos oran al llegar allí, y ambos son pecadores.

*   *   *

Yo soy un pastor. Hace cincuenta años me dieron un puesto de responsabilidad en un lugar de oración. La congregación es mi lugar principal de trabajo, un lugar parecido al templo en el que Jesús ubica su historia. Quizás ésa sea la razón por la cual mi imaginación pastoral sigue volviendo a esos dos hombres que están orando en la iglesia. Es la única historia de Jesús ubicada en un lugar de oración. Todas sus otras historias transcurren en lugares no religiosos: granjas y cenas y bodas, y usan el vocabulario no religioso del mundo laboral de personas laicas, el mundo mismo en el que los hombres y mujeres de los que soy pastor pasan la mayor parte de su tiempo.

De modo que tengo un interés especial en estos dos hombres, ambos en la iglesia, ambos orando y ambos pecadores. Regreso una y otra vez a ellos y medito en sus parecidos y contrastes. Elaboro lo que sé en una clase de *midrash* pastoral, un compromiso juguetón con el texto que presta tanta atención a lo que yace entre las líneas como a lo que está en las líneas mismas. Es una manera de leer el texto que amaban los rabinos hebreos medievales.

He sido pastor tanto de fariseos como de recaudadores de impuestos y aún recuerdo muchos de sus nombres. No siempre es fácil diferenciarlos. En su mayoría, los fariseos tienen una buena opinión de ellos mismos. Tienen buenos empleos, cuidan a su familia, guardan la mayoría de los mandamientos la mayor parte del tiempo, están familiarizados con la cultura de la vida de iglesia, dan sus ofrendas semana tras semana en adoración y generalmente, cuando se lo piden, aceptan puestos de liderazgo. La apariencia de los recaudadores de impuestos no es muy diferente, pero ellos no tienen una opinión demasiado buena de sí. Muchos cargan culpas del pasado. Otros están preocupados por pecados ocultos, adicciones, relaciones tóxicas y desesperación. Logran mantener gran parte de esto oculto de los demás, incluso de sus propios parientes. Por lo general, concurren esporádicamente a la iglesia. A muchos les va muy bien en el trabajo, pero sufren las cicatrices de haber sido sexual o espiritual o emocionalmente abusados por padres o parientes, pastores o sacerdotes, y les cuesta sentirse a gusto y aceptados en una congregación.

Mi responsabilidad es alentarlos, escucharlos, conversar con ellos, orar por ellos, predicarles y enseñarles, llevar a los fariseos y recaudadores de impuestos a seguir a Jesús. Ambos se hacen presentes en el lugar de oración donde soy pastor. Ambos son pecadores. Yo soy el pastor de ambos. No es tarea fácil.

*   *   *

No debe sorprendernos que estas dos clases de hombres, ambos pecadores, estén en la misma iglesia. Es sabido que las iglesias no son nada estrictas. Ellas no solicitan informes de antecedentes para identificar las personas con historiales de delincuencia, ni tampoco instalan sistemas de seguridad para impedir el acceso a las personas que puedan usar la iglesia para encubrir sus crímenes. Como consecuencia, las iglesias acumulan una gran cantidad de personas indeseables, hombres y mujeres que acaban siendo una vergüenza para aquellos que están honestamente tratando de adorar a un Dios santo, de servir al mundo con actos de amor y justicia, arrepentimiento y perdón y de seguir a Jesús cada día en sus hogares y lugares de trabajo con una obediencia sacrificada. Si la iglesia hubiera estudiado los antecedentes del fariseo y del recaudador de impuestos, ninguno de ellos hubiera traspasado el umbral.

En esa sociedad, los recaudadores de impuestos eran famosos por su falta de escrúpulos. El recaudar impuestos para el gobierno romano era quizás el trabajo más abusador y lucrativo a disposición de los judíos del primer siglo. Era algo así como trabajar de testaferro para la mafia. ¿Y los fariseos? Los fariseos en esa sociedad eran por lo general muy respetados. Ellos tomaban a Dios y su ley en serio. Sin duda, estaban de parte de Dios y constituían la columna vertebral moral y espiritual de la sociedad. Pero este fariseo en particular era un fariseo falso. Estaba implicado en las prácticas fariseas que evitaban toda apariencia de mal, pero esas prácticas eran todas externas. Esa clase de fariseos eran bastante común. Eran personas que la gente reconocía que estaban de parte de Dios y de lo que fuera correcto. Eran quizás un poco más demostrativos de lo necesario y quizás disfrutaban de manera bastante obvia las recompensas de tener una reputación justa, pero la mayoría de la gente los admiraba o, al menos, los toleraba. Después de todo, los fariseos no hacen técnicamente nada obviamente malo, y hacen el bien al conservar las normas de ética de la comunidad. Pero tampoco son una expresión particularmente convincente de una vida en la que abunda la leche y la miel.

Los recaudadores de impuestos están a gusto en el mundo competitivo del dinero. Es un mundo donde pronto nos damos cuenta de que estamos solos y todo vale si uno puede salirse con la suya. La gente aprende a no fiarse de los recaudadores de impuestos. No podemos confiar en ellos. Por lo general, no planean nada bueno. Viven en constante riesgo y buscan constantemente de dónde sacar ventaja. Constantemente negocian posiciones entre los romanos, que sólo están interesados en usarlos para sus propios fines, y sus congéneres judíos. Dado que los recaudadores de impuestos típicamente intimidan y engañan a voluntad, sus conciudadanos los odian. Pero no todos ellos. Sorprendentemente, algunos de los recaudadores de impuestos son gente decente y hacen que la difícil economía entre los romanos y judíos funcione lo mejor posible. Aún así, merecen ser vigilados, en especial por los fariseos, muchos de los cuales asumen por cuenta propia el rol de guardianes de la conducta moral de sus compatriotas.

El día de la historia, los dos hombres fueron a la iglesia a orar. Para eso están las iglesias. La gente va la iglesia por muchas razones equivocadas. La razón correcta para ir a la iglesia es para orar. El fariseo y el recaudador de impuestos han ingresado ambos en una iglesia. Al hacerlo, se han unido a un grupo de hombres y mujeres que están convencidos de que cultivar un oído atento y una relación coloquial con el Dios que escucha y les habla está en el centro mismo del ser humano. Aun cuando existan formas visibles y palabras audibles en la oración, ella es mayormente un acto interior, el acto más interior en el que puedan involucrarse los seres humanos.

Nadie puede decir por medio de una simple observación si una persona que usa las formas y palabras de la oración está en realidad orando. Pronto descubrimos este hecho en nosotros mismos y vemos cuán fácil es "orar" sin realmente orar, cuán fácil es adquirir la reputación de alguien que está en buenos términos con Dios sin la molestia de tener que prestarle atención a Dios, cuán fácil es usar el marco de la iglesia y las formas y palabras de la oración para evitar la exigente tarea de tratar con Dios, con su gente, con su creación. Dada la facilidad del engaño, no debería sorprendernos que el lugar y la práctica de la oración sea el mejor lugar donde evitar a Dios sin que nadie se dé cuenta. Por lo tanto, no es sorprendente que el entorno más propicio para cultivar la vida interior sea tan deficiente en ello. Prácticamente nadie va a la iglesia a orar con la intención de *no* lidiar con Dios, al menos al principio. Pero cuando nos damos cuenta de que podemos tan fácilmente conseguir los beneficios sociales propios de la asociación con Dios sin tener que tratar con él, no es algo excepcional que la forma sin contenido (nuestra palabra usual para ello es "hipocresía") sea tan frecuente en los lugares de oración.

Nunca he conocido a nadie que haya comenzado a ir a la iglesia con la intención de cultivar la hipocresía, pero cuando nos damos cuenta de lo fácil que es evitar la detección, antes de darnos cuenta, ya lo estamos haciendo. Tampoco he conocido nunca a nadie que esté consciente de su propia hipocresía. Como la alta presión arterial, es un "lento asesino", pero en estas cuestiones es la vida interior de la fe y la oración, no el sistema circulatorio, lo que está dañado. El frecuentar un lugar religioso y participar de una práctica religiosa nos puede meter en problemas sin que nos demos cuenta. Por cierto, eso es lo que le ocurrió al fariseo.

Al relatar su historia, Jesús no usa la palabra "hipocresía". En otros momentos y lugares, la usa para exponer el histrionismo religioso, como en Mateo 23. Pero en esta historia nos coloca en la iglesia entre el fariseo y el recaudador de impuestos para que veamos cómo funciona. La hipocresía es un pecado excepcional que no comienza con la tentación de hacer el mal: deshonrar a los padres, robar dinero o propiedad ajena, matar, ser infiel al cónyuge, usar palabras para blasfemar o engañar. Los pecados comunes tienen ese aspecto de "fruto prohibido" que los hace atractivos. Son las tentaciones de algo codiciado, las sugerencias de lo apasionante, del éxtasis, que trascienden nuestra tediosa mortalidad, la tentación a ser como los dioses. La hipocresía es diferente. La hipocresía se origina en el lugar de la oración y con las personas con las que oramos. Por lo general, existe un largo período de incubación previo a la hipocresía. Suele comenzar con una auténtica atracción hacia Dios y la rectitud y la oración. Pero a lo largo del camino, nos damos cuenta de que no podemos hacerlo con tan sólo dedicarle un poco del tiempo que nos sobra. Nos gustaría que los demás nos conocieran como piadosas personas de oración, pero cuando nos damos cuenta de que no basta con ser como ciervos sedientos en busca de agua fresca, el deseo se convierte en distracción. Y lo que se requiere es atención, y escuchar en calma. Entiendan que no se trata aquí de algo heroico, sino de acudir al río y esperar allí con esperanza, como María: "Aquí tienes a la sierva del Señor... Que él haga conmigo..." (Lucas 1.38).

La hipocresía no es el fruto de una "mala semilla". Perezosamente reemplazamos una vida interior intensa con Dios por un maquillaje religioso y charlatanería piadosa. Aun así lleva mucho tiempo para que el germen del deseo quede suprimido. La hipocresía tarda en crecer. Es difícil detectarla en sus primeras etapas.

Ésta es la razón por la que nadie es consciente de convertirse en un hipócrita. Cruzamos sin darnos cuenta el límite entre el impulso original de participar en lo que Dios está haciendo y el indolente retraso en prestar atención a Dios de acuerdo a sus términos. La distracción que nos aleja del bien deseado termina en hipocresía.

Todos los pecados comunes son bastante obvios. Los que los cometen saben lo que están haciendo, por mucho que se engañen sobre sus motivos. Cuando nos despertamos a la mañana con el esposo o esposa de otra persona sabemos que somos adúlteros. Cuando apretamos el gatillo y matamos a un hombre sabemos que somos un asesino. Cuando robamos un automóvil y pasamos por un desierto cubierto de flores primaverales, la belleza del paisaje no elimina la consciencia de que somos ladrones. Pero nunca fui el pastor de un hipócrita que supiera que lo era, al menos al principio.

Los dos hombres en la historia de Jesús son pecadores. No hay ambigüedad sobre eso. El recaudador de impuestos es un pecador evidente que trabaja en un puesto despreciable que explota a los demás hasta sumirlos en la pobreza. El estatus del fariseo como pecador no es tan evidente. Él pertenece a una clase social que le brinda un rol que lo exime de ser agrupado con los demás "pecadores", siendo sus obvios candidatos los ladrones, malhechores, adúlteros y recaudadores de impuestos (Lucas 18.11) que todos saben que el fariseo no lo es. Tiene una posición respetable en la comunidad. A la misma vez, no deja de pasar desapercibido por algunos en esa iglesia que en ese hombre había una considerable pomposidad religiosa: una pomposidad que ponía en tela de juicio la honestidad de sus oraciones. Pero la pomposidad y las oraciones deshonestas no son pecados que acarrean la misma censura social que los ladrones, malhechores, adúlteros y recaudadores de impuestos. Ni siquiera se los designa como pecados. Pero de todas maneras el fariseo es un pecador.

El recaudador de impuestos sabe que él es un pecador. El fariseo no tiene idea de que lo es.

¿Logrará la historia proveer al fariseo la imaginación adecuada que catalice su oración fingida en una oración real?

*   *   *

Lo que haría que mi tarea como pastor fuera más fácil sería estereotipar al fariseo y al recaudador de impuestos. Esto simplificaría mucho las cosas. Yo no tendría entonces que lidiar con ellos como personas con una historia. Por lo general se convierte a la historia de Jesús en

Los pecadores

un estereotipo, la ilustración de una moraleja o la introducción a una doctrina teológica. Se lo estereotipa al fariseo como un hipócrita incorregible y despreciable. Al recaudador de impuestos se lo estereotipa como un romántico "tizón rescatado del fuego". El fariseo recibe el rol de representante de la "religión"; el recaudador de impuestos es el representante de lo "espiritual".

Estos estereotipos están listos para ser demolidos: el hipócrita religioso versus el *freelancer* espiritual; la religión institucional tiesa con el almidón de la hipocresía versus la espiritualidad espontánea que anda con los pájaros del aire; la religión envuelta en clichés y segura en los brazos de Jesús versus la espiritualidad que corre con los lobos y arriesga la vida en la jungla.

Pero las cosas son más complicadas que eso. Los estereotipos son simplistas. Es tentador enfrentar la espiritualidad a la religión, pero esto confunde más que aclara. La vida es más compleja que eso. Una congregación es más compleja que eso. Una vida madura de oración es más compleja que eso. El hecho es que ambos hombres se encuentran en un lugar de religión formal e institucional. Los dos están allí para hacer lo mismo: orar. Los fariseos y los recaudadores de impuestos rara vez son blanco o negro. En la vida real, ellos tienen todos los matices del sepia y del gris.

* * *

Al final, me di cuenta de que me gustan los fariseos. Cuando comencé como pastor, la mayor parte de mi congregación estaba compuesta por fariseos. Claro que no hipócritas, sino fariseos. Ellos deseaban tener acceso a un lugar de oración donde pudieran aclarar lo particular de su identidad de bautismo en comparación con las turbias superficialidades de la cultura estadounidense. Deseaban ser parte de una congregación donde pudieran nutrir esa identidad. Eso me gustaba. Me gustaba ser el compañero de hombres y mujeres que tuvieran apetito por lo recto y que estuvieran dispuestos a alimentar ese apetito para que desarrollara sensibilidad y profundidad dentro de las formas de la religión imperante. Pero sabiendo con qué facilidad crece la hipocresía en este ambiente, también tomé en serio la necesidad de fomentar la atención y la receptividad, estando alerta a toda evidencia del activismo bravucón que con tanta rapidez destruye la contemplación, del celo evangélico que reduce la oración a forma y fórmula.

De vez en cuando, un recaudador de impuestos, generalmente por desesperación, aparecía en mi lugar de trabajo, en mi congregación. Su tribu ha aumentado a lo largo de los años. Resultó ser la más sólida defensa imaginable contra la hipocresía. La honestidad y frescura y, sí, la inocencia de las oraciones del recaudador de impuestos son un poderoso antídoto para combatir cualquier hipocresía incipiente que pueda desarrollarse en la congregación. Su fresca percepción de la gracia es silenciosamente contagiosa.

*　　*　　*

Un domingo, Abigail, una hippy de cuarenta años que se había pasado casi toda la vida lidiando con la drogadicción y alcoholismo de su esposo e hijos, encontró su lugar en la parte de atrás de la iglesia. Siempre se sentaba allí atrás. Y luego, mientras entonábamos el último himno, ella se deslizaba fuera de la iglesia, preservando así su anonimato. Después de seis meses, ella se quedó para la bendición. Cuando la saludé a la salida, ella dijo: "Me siento tan afortunada. Jamás escuché estas historias antes. Nunca supe que existía un lugar como éste en la tierra. Me siento tan afortunada". Fue la primera vez que yo escuchaba la palabra "afortunada" para describir algo que pasaba en la iglesia.

Tardó otros tres meses más en divulgar su nombre. Y luego, poco a poco, ella me comenzó a relatar su historia.

No era la única. Casi todos los meses aparecía otro recaudador o recaudadora de impuestos. Y luego otro. Y luego otro. Pocos se asimilaban realmente a la congregación. Nunca "calzaban" realmente en nuestra cultura farisea. Pero no tardé en darme cuenta de lo importante que ellos eran para la salud de la congregación. No puedo recordar haber predicado jamás un sermón sobre la hipocresía. No necesitaba hacerlo.

Los recaudadores y recaudadoras de impuestos, sentados en la parte de atrás de la iglesia, tratando de permanecer lo más discretos posible, resultaron ser un poderoso anticuerpo para combatir toda clase de hipocresías. De una manera u otra, ellos transmitían lo que Abigail había denominado suerte. Esos recaudadores y recaudadoras de impuestos salaban la congregación con suerte, una suerte santa. Al poco tiempo, el resto de nosotros comenzamos a sentirnos afortunados. Fariseos afortunados. Nos sentíamos afortunados de tener estos recaudadores y recaudadoras de impuestos como testigos (generalmente tácitos) de la frescura de la gracia y la sencillez de la oración. Afortunados de que quedaran expuestas nuestras autocomplacencias casi hipócritas antes de que se convirtieran en el pecado mortal de la hipocresía.

* * *

Ésta es la tercera historia del camino samaritano en la que Jesús nos invita a la vida de oración.

La historia del amigo (Lucas 11.5-13) usa el acto cotidiano de ir al vecino a la medianoche para pedir un trozo de pan para un invitado inesperado como un acto semejante a la oración. La oración no es una pieza mística o esotérica de espiritualidad. La oración no es una técnica que podemos aprender de un experto que nos enseña cómo ganar amigos o influenciar a la gente. Es tan simple como un acto de amistad. La oración no es algo que usemos en emergencias y crisis, como la resucitación boca a boca. Es algo tan común como pedir y recibir pan en un acto de simple hospitalidad. Lo que ocurre en nuestras oraciones a Dios no se diferencia de lo que ocurre todo el tiempo en vecindarios y familias.

La historia de la viuda (Lucas 18.1-8) nos ayuda a volver a imaginar lo que tan frecuentemente designamos como "oraciones sin respuesta" como algo muy diferente. Si pensamos que el silencio de Dios ante nuestras oraciones es un asunto de indiferencia, pensemos otra vez. Dios es lo opuesto al malvado juez de la historia, en todo. La oración no es suplicarle a Dios que haga algo por nosotros que él desconozca, o suplicarle a Dios que haga algo que él vacila en hacer, o suplicarle a Dios que haga algo para lo que no dispone de tiempo. En la oración nos acercamos a Dios con persistencia, fe y confianza y nos sometemos a su soberanía sabiendo que él está actuando, ahora mismo, a favor de nosotros. Somos sus "elegidos" y no debemos olvidarlo. Ahora mismo, Dios —la frase es "sin demora" (versículo 8) — opera su voluntad en nuestra vida y circunstancias. De modo que debemos seguir orando. No dejemos de hacerlo.

Y la historia del fariseo y el recaudador de impuestos es una muestra vívida de la necedad de cualquier supuesta oración que no sea personal y ordinaria, de la oración que no forme parte de las relaciones personales e inmediatas y del lenguaje de todos los días.

La suma de las tres historias nos asegura que la oración, el lenguaje usado en relación a Dios, el lenguaje usado para cultivar los vastos interiores que conforman la mayor parte de nuestra vida, es tan natural en cualquier camino de Samaria como lo es en cualquier templo o iglesia en que nos encontremos.

CAPÍTULO 12

El minimalista: Lucas 19.11-27

Nuestros antepasados hebreos, al encontrarse en el exilio en Babilonia, preguntaron: "¿Cómo cantar las canciones del SEÑOR en una tierra extraña?" (Salmo 137.4). Dos mil quinientos años después, esa pregunta sigue siendo relevante. ¿Cómo podemos hablar sobre Dios mientras estamos inmersos en un grupo de gente que tiene una idea muy diferente a la nuestra sobre el significado de la palabra "Dios"? ¿Cómo hablamos sobre la manera en que Dios obra en el mundo cuando la gente que nos rodea no comparte nuestras mismas historias y tradiciones? ¿Cómo hablamos sobre Dios mientras convivimos a diario con hombres y mujeres que practican un estilo de vida con una metodología diferente a la nuestra para llegar a ser íntegros, completos, verdaderos?

¿Cómo entonamos la canción del Señor, cómo hablamos sobre Jesús en América?

Lucas enmarca la metáfora geográfica de Samaria con la pregunta del Salmo 137. En Samaria, Jesús es un forastero entre forasteros. ¿Cómo habla él con esos hombres y mujeres que no comparten un mismo culto, una misma tradición? ¿Cómo lo hacemos nosotros?

La narración de Lucas del viaje metafórico de Jesús por Samaria está por finalizar. Jesús entrará en Jerusalén y en una semana lo van a matar. Él salió de Galilea para dirigirse a Jerusalén. Allí el completará su vida de predicación, enseñando la llegada del reino de Dios "en la tierra como en el cielo" y reclutando seguidores por el camino. Tenemos que imaginarnos una compañía bastante variada: dedicados discípulos galileos, fariseos seriamente religiosos, corruptos recaudadores de impuestos y, a esta altura, un número considerable de samaritanos que se le han unido al viaje.

Hemos escuchado a Jesús relatar diez historias, las diez historias del camino samaritano que son exclusivas del Evangelio de Lucas, historias que él usa para que sus oyentes puedan comenzar a entender el reino de Dios. Es característico de estas historias que ellas requieren la participación imaginativa de los oyentes. Con la sola excepción de una de las historias ("Los pecadores"), los relatos transcurren en lugares que no son religiosos donde sólo se usa la palabra "Dios" de manera tangencial. Estas historias no son ilustraciones de una verdad o moraleja. Son oblicuas. Llegan al oyente de manera "sesgada", atravesando defensas, malentendidos, preconceptos hostiles. Lucas tiene un interés especial en atraer a los extraños a la compañía de Jesús, de modo que toma esas condiciones del lenguaje de Samaria —falta de familiaridad con el judaísmo normativo, malentendidos, falta de amistad— y usa esas mismas condiciones para captar la atención, y la participación, de la gente que no creció usando el lenguaje y participando en las prácticas de las sinagogas de Galilea y el templo de Jerusalén.

La última historia que relata Jesús en su camino por Samaria no es exclusiva de Lucas. Es una historia que Mateo había registrado anteriormente (Mateo 25.14-30). Pero deseo incluir esta historia porque es la transición esencial del viaje metafórico por Samaria hasta la entrada en Jerusalén y la última semana de Jesús allí, lo cual sería la consumación de su vida en suelo palestino.

*　　*　　*

Como la gente lo escuchaba, pasó a contarles una parábola, porque estaba cerca de Jerusalén y la gente pensaba que el reino de Dios iba a manifestarse en cualquier momento. Así que les dijo: Un hombre de la nobleza se fue a un país lejano para ser coronado rey y luego regresar. Llamó a diez de sus siervos y entregó a cada cual una buena cantidad de dinero. Les instruyó: "Hagan negocio con este dinero hasta que yo vuelva". Pero sus súbditos lo odiaban y mandaron tras él una delegación a decir: "No queremos a éste por rey".

A pesar de todo, fue nombrado rey. Cuando regresó a su país, mandó llamar a los siervos a quienes había entregado el dinero, para enterarse de lo que habían ganado. Se presentó el primero y dijo: "Señor, su dinero ha producido diez veces más". [17] "¡Hiciste bien, siervo bueno! —le respondió el rey—. Puesto que has sido fiel en tan poca cosa, te doy el gobierno de diez ciudades". Se presentó el segundo y dijo: "Señor, su dinero ha producido cinco veces más". El rey le respondió: "A ti te pongo sobre cinco ciudades". Llegó otro siervo y dijo: "Señor, aquí tiene su dinero; lo he tenido guardado, envuelto en un pañuelo. Es que le tenía miedo a usted, que es un hombre muy exigente: toma lo que no depositó y cosecha lo que no sembró". El rey le contestó: "Siervo malo, con tus propias palabras te voy a juzgar. ¿Así que sabías que soy muy exigente, que tomo lo que no deposité y cosecho lo que no sembré? Entonces, ¿por qué no pusiste mi dinero en el banco, para que al regresar pudiera reclamar los intereses?" Luego dijo a los presentes: "Quítenle el dinero y dénselo al que recibió diez veces más". "Señor —protestaron—, ¡él ya tiene diez veces más!" El rey contestó: "Les aseguro que a todo el que tiene, se le dará más, pero al que no tiene, se le quitará hasta lo que tiene. Pero en cuanto a esos enemigos míos que no me querían por rey, tráiganlos acá y mátenlos delante de mí" (Lucas 19.11-27).

* * *

Lucas nos ha preparado bien para esta historia que nos introduce al carácter de la "hora final" de la entrada de Jesús en Jerusalén y la consumación definitiva de su vida en la crucifixión, resurrección y ascensión.

Para comenzar, los tres escritores de los Evangelios registran cómo Jesús les comunica a sus discípulos antes de salir para Jerusalén cuál es, por cierto, su destino y cómo va a sufrir allí, morir y luego resucitar nuevamente. Lucas coloca las dos primeras predicciones justo antes de partir en su viaje por Samaria. Coloca la tercera justo antes de llegar a Jericó, la última parada antes de Jerusalén. El fin está próximo.

También enfatiza la importancia de Jericó como punto de entrada para "tomar la tierra prometida". Josué (la ortografía y pronunciación en hebreo del nombre "Jesús"), mil años antes, y ahora Jesús usa Jericó para proporcionar una demostración visible de la gloria de Dios y lo inminente de la salvación (el derrumbe de las murallas para Josué, el otorgar la vista a Bartimeo para Jesús). Cada uno de ellos rescata un alma "perdida" en Jericó: Rajab y Zaqueo.

Lucas se asegura de que captemos la alusión a Rajab y Zaqueo introduciendo su última historia samaritana con las palabras: "Como la gente lo escuchaba" (o, en sus palabras de bienvenida a Zaqueo: "Hoy ha llegado la salvación a esta casa") y "porque estaba cerca de Jerusalén... les dijo".

*　　*　　*

La razón por relatar la historia es que "estaba cerca de Jerusalén y la gente pensaba que el reino de Dios iba a manifestarse en cualquier momento". La historia trata sobre un hombre "de la nobleza" que hizo un largo viaje para obtener las credenciales que lo autorizaban a ser rey. Obtuvo aquello que había ido a buscar, a pesar de la delegación de ciudadanos que "lo odiaban" y que habían firmado una petición alegando: "No queremos a éste por rey".

Después de relatar la historia, Jesús avanzó desde Jericó a Jerusalén, una marcha forzada de 17 millas con un ascenso de 3.300 pies. Al día siguiente tuvo lugar el desfile del Domingo de Ramos. Cuando Jesús descendió del monte de los Olivos a Jerusalén, una gran multitud comenzó a alabarlo reconociéndolo como rey y clamando: "¡Bendito el Rey que viene en el nombre del Señor!" (Lucas 19.38). En esa semana en Jerusalén, cuatro veces más aluden a Jesús como rey, dos veces antes del juicio ante Pilato (23.2-3) y dos veces cuando colgaba de la cruz (23.37-38). Son cinco veces en total: la primera en aceptación de alabanza, seguida por cuatro veces de rechazo mortal. No había duda de cuál era su veredicto: "No queremos a éste por rey".

*　　*　　*

Hay más en la historia —todavía no hemos llegado a ese punto— pero quizás sea útil hacer una pausa y reflexionar para qué nos está preparando Jesús mediante esta historia: "No queremos a éste por rey". ¿Realmente? Sí, realmente.

La historia final de Jesús en el camino samaritano —va a repetirse unos pocos días después en Jerusalén cuando Jesús cuenta la historia de los labradores malvados (Lucas 20.9-19)— condensa un tema central entretejido en toda la historia bíblica.

El hilo tiene dos hebras: Dios nos quiere; nosotros no lo queremos a Dios.

Dios nos quiere. El lenguaje de Jesús se habla en un mundo en el que Dios nos quiere. Fuimos creados por Dios para Dios. Estamos alejados de Dios y Dios quiere que regresemos. Dios nos quiere de la manera en que un amante desea a la persona amada. Con insistencia y sin cesar, Dios va tras una relación restaurada con nosotros. Dios nos busca. Dios nos busca y nos ha buscado mucho antes de que a nosotros se nos ocurriera buscarlo a Dios.

Nuestra relación con Dios comienza cuando Dios pronuncia la primera palabra. Antes de que se nos ocurra hablarle o pensar en él, Dios nos habla a nosotros. Como lo hizo con María. Dios envió el ángel Gabriel a María, y Gabriel la saludó con las palabras: "¡Te saludo, tú que has recibido el favor de Dios! El Señor está contigo" (Lucas 1.28). María no tenía idea alguna de lo que esto significaba. Estaba sobresaltada y sorprendida, haciendo todo lo posible para entender. ¿Cómo podía saber que era Dios quien le hablaba, y menos aún saber lo que se estaba diciendo? Pero no tuvo que esperar demasiado. El ángel elaboró este saludo y ella se enteró de que Dios estaba a punto de concebir su propia vida en ella. Después de una pregunta y respuesta de aclaración, ella expresó su conformidad: "Aquí tienes a la sierva del Señor. Que él haga conmigo como me has dicho" (1.38). Dios nos quiere. Su intención es concebir nueva vida, *la vida de Dios*, en nosotros.

Dios no se queda esperando a que se nos ocurra que Dios podría ser una buena idea. Dios no nos envía a la biblioteca a descubrir lo que los hombres y las mujeres están diciendo sobre Dios y ver qué hacemos con ello. Dios no organiza partidas de rescate compuestas por ángeles veteranos para encontrar los mejores lugares para obtener un vistazo y quizás, si tenemos suerte, una fotografía de Dios. No. "Nuestro Dios viene, pero no en silencio" (Salmo 50.3). Nosotros no vamos hacia Dios; Dios viene hacia nosotros. Nosotros no damos inicio a la conversación; Dios le da comienzo.

Pero, *nosotros no lo queremos a Dios*. La evidencia bien documentada es que nosotros deseamos ser nuestros propios dioses. La evidencia se acumula de todos los continentes y civilizaciones, de cada siglo y cada religión. Es irrefutable. La evidencia está completa y convincentemente confirmada en nuestras Escrituras y documentada en todas nuestras vidas. Dios es un rival, no un aliado, en el negocio divino. Nosotros deseamos ser nuestros propios dioses. La serpiente nos prometió que lo podríamos hacer —"llegarán a ser como Dios" (Génesis 3.5) — y lo hemos estado intentando desde entonces. Al final resulta que lo hacemos bastante bien.

Nuestro precursor pueblo de Dios nos relata las historias que no nos permiten escaparnos de la conclusión. Después de su milagrosa provisión de agua y comida en el desierto, los israelitas que acababan de ser liberados se reunieron en el monte Sinaí y recibieron la palabra del pacto de Dios en medio de un terremoto, humo, fuego, sonido de trompetas y truenos reverberantes. La gente nunca podría olvidarse de esto: la salvación del Mar Rojo, el maná y las codornices, el agua de la roca, la nube que los guiaba de día y el fuego que los guiaba de noche. Y todo ello culminó con las palabras de definición, liberadoras y personales de Dios. Pero ellos se olvidaron.

Esto es lo que ocurrió. Dios lo llamó a Moisés a regresar al Sinaí para recibir más instrucciones. La gente vio como la montaña ardía otra vez con gloria. Tenían que saber que algo serio estaba ocurriendo. Pero Moisés estuvo allí durante mucho tiempo —cuarenta días y cuarenta noches— y la gente comenzó a impacientarse. Se cansaron de esperar. El pastor asociado, Aarón, les dio como dios un becerro de oro que ellos podían controlar y usar, un dios sin misterio, un dios que estaba allí cuando ellos lo necesitaban. Les encantó. Ellos adoraron, comieron y bebieron y tuvieron una gran fiesta.

Crearon un dios y luego fueron como el dios que habían fabricado. La promesa de la serpiente resultó ser una mentira. Ellos fueron "como Dios", pero el dios en el que se "convirtieron" estaba muerto.

> Pero sus ídolos son de oro y plata,
> producto de manos humanas.
> Tienen boca, pero no pueden hablar;
> ojos, pero no pueden ver;
> tienen oídos, pero no pueden oír;
> nariz, pero no pueden oler;
> tienen manos, pero no pueden palpar;
> pies, pero no pueden andar;
> ¡ni un solo sonido emite su garganta!
> Semejantes a ellos son sus hacedores,
> y todos los que confían en ellos.

(Salmo 115.4-8)

Y nosotros lo seguimos haciendo una y otra vez. Baal y Aserá y Moloc. Los dioses de Canaán y Tiro, Egipto y Asiria y Babilonia. Los dioses de Persia y Grecia y Roma. Los dioses de Rusia y China. Los dioses de India y África. Los dioses de Inglaterra y Australia. Y los dioses de América. En el presente, los Estados Unidos lideran el mundo en la producción de becerros de oro.

Es importante observar que la historia paradigmática de que no deseamos a Dios no trata sobre paganos que jamás han escuchado del Dios de "Abraham, Isaac y Jacob". Trata sobre un pueblo que Dios ha salvado, un pueblo que "ha vuelto a nacer", que ha recibido instrucción sobre la completa revelación de Dios y se ha comprometido con ello. Fueron demasiado sinceros cuando dijeron: "Haremos todo lo que el Señor ha dicho, y le obedeceremos" (Éxodo 24.7).

Dada la amplia cobertura en las Escrituras sobre el éxito de la serpiente en alejar al pueblo de Dios del Dios viviente, es sorprendente la ingenuidad de pensar que si tan sólo logramos que Jesús sea más atractivo, gran cantidad de hombres y mujeres acudirán en masa para seguirlo. La suposición generalizada de que si tan sólo logramos predicar el mensaje del evangelio en voz alta, los hombres y mujeres se inscribirán al instante es una ilusión de la serpiente. Es una suposición que usa el vocabulario de la verdad de Dios desconectado de la verdad de Dios. Está espiritualmente divorciado del Espíritu Santo. Es información sobre Jesús sin una participación en la vida de Jesús.

*   *   *

Pero regresemos a la historia de Jesús sobre el rey que regresó para gobernar a un pueblo que "lo odiaba". Antes de que el hombre se fuera para ser coronado rey, le dio a diez de sus siervos una suma idéntica de dinero y les dijo: "Hagan negocio con este dinero hasta que yo vuelva". En otras palabras, tenían que llevar adelante sus negocios durante su ausencia, continuar haciendo lo que él habría estado haciendo si hubiera estado allí, trabajar a su favor tomando la iniciativa y usando el conocimiento y experiencia que habían adquirido durante años de sociedad con él como sus siervos para promover sus intereses. Él no estaría a mano para dar órdenes específicas cada día de trabajo, pero confiaba que ellos se darían cuenta de lo que tenían que hacer por cuenta propia.

Lo primero que hizo cuando regresó fue llamar a sus siervos para preguntarles cómo les había ido. El primero le informó que había duplicado lo que el amo le había entregado. El segundo dijo que había aumentado la cantidad en un cincuenta por ciento. El tercero dijo que no había hecho nada. Su excusa fue pobre: "Es que le tenía miedo a usted, que es un hombre muy exigente: toma lo que no depositó y cosecha lo que no sembró".

El amo —que había regresado ahora como rey— elogió a los primeros dos siervos y, con considerable vehemencia, despidió al tercero, al que no había querido correr ningún riesgo, al minimalista.

*   *   *

Ésta es la última historia que relata Jesús en su viaje por Samaria. La siguiente noticia que tenemos de él es que está con sus seguidores en

Jerusalén. Es una entrada gloriosa, pero la gloria tiene corta vida. A la mitad del desfile inaugural (la gente supone que le están dando la bienvenida al nuevo rey), Jesús llora por la ciudad y anuncia su brutal devastación en manos de sus enemigos, porque "no reconociste el tiempo en que Dios vino a salvarte" (Lucas 19.44). Antes de que termine el día, Jesús irrumpe en el templo corrupto de Caifás, echando fuera la gente que había convertido el lugar en un mercado lucrativo, vendiendo sin ninguna vergüenza la religión. Jesús cita al profeta Isaías: "Mi casa será casa de oración" (Lucas 19.46; véase Isaías 56.7) y luego usa las palabras de Jeremías (Jeremías 7.11) para condenarlos por la peor clase de sacrilegio, el vender a "dios" a gente inocente, robando a la gente mientras que fingen salvar su alma.

Y ese fue el final del asunto del rey. Antes de que terminara la semana, el rey estaba muerto, colgado de una cruz. Y no había reino de Dios.

*   *   *

No creo que haya duda alguna de que las multitudes, que vitoreaban a Jesús como su nuevo rey, esperaban que las huestes angélicas del cielo llenarían ese día las calles y se ocuparían de los romanos para siempre. Pero no sucedió. Entretanto, esa historia que relató Jesús en su camino de Jericó a Jerusalén estaba obrando en la mente y la imaginación de algunos o, al menos, de los seguidores de Jesús. Quizás no estaban equivocados en cuanto al reino y su rey. Ellos suponían que el rey y su reino se establecerían mediante la violencia, pues, ¿de qué otra manera puede uno establecer un reino? Quizás Jesús los había estado preparando todo ese tiempo para que entendieran que el reino de Dios no estaba presente en esa forma. Las historias de Jesús comenzaron a cobrar sentido. Quizás estaban sólo equivocados en su manera de entender *cómo* se formaba el reino y *cómo* gobernaba su rey.

Esos "quizás" se solidificaron lentamente en una base sólida. Tres días después del "fracaso" del reino y su rey, comenzó a llevarse a cabo una calma revolución, catalizada en la resurrección de Jesús. Después de todo, el rey estaba vivo, pero no de la manera que ellos habían esperado. Les costó un poco acostumbrarse. ¿Cuánto tiempo tardaron en asumirlo? No lo sabemos, pero finalmente lo hicieron. Pedro, blandiendo su espada en Getsemaní, cortando la oreja de Malco y enfundando su espada cuando Jesús se lo ordenó (Juan 18.10-11) fue el último en ver o escuchar de espadas en la historia del evangelio. De aquí en adelante, fueron las historias, no las espadas, las que formaron la identidad de los seguidores de Jesús y suministraron el contenido y la forma del reino del que eran ciudadanos.

* * *

Lentamente, esta última historia samaritana comienza a formar una nueva identidad entre ellos. Por supuesto: "No queremos a éste por rey". Pero gobierna de todas maneras. Quizás estaban ahora listos para aprender la manera en que él gobernaba y la manera en que ellos podían participar en su gobierno como "siervos" encomendados a continuar su obra: haciendo lo que él había hecho; hablando como él había hablado; arrepintiéndose y perdonando; orando y bendiciendo; descubriendo vecinos en lugares improbables; dándose cuenta de la irreducible cualidad personal de todo lo que tiene que ver con Dios; sometiéndose a las energías silenciosas (¡abono!) que, como las energías de la resurrección, convertían la muerte en vida; dándose cuenta de los peligros de la "oración" que no es oración, de cuánta cautela tenemos que tener de que algo bueno, como las riquezas, se convierta en el huésped de algo malo, como la codicia; dándole la bienvenida a la noción de que estaban perdidos, "el poder de preparación del caos", las improbabilidades de la gracia, las urgencias apocalípticas inherentes en la oración.

Este reino de la vida de Dios no consiste en levantarse todas las mañanas con una lista de tareas o una orden del día que atender, dejadas por el Espíritu Santo en la mesa junto a nuestra cama mientras dormíamos. Ya nos despertamos inmersos en una amplia historia de creación y pacto, de Israel y Jesús, la historia de Jesús y las historias que relató

Jesús. Permitimos que estas historias nos den forma y, especialmente cuando escuchamos las historias que relata Jesús, captamos la forma en que él lo hace, la manera en que habla, la manera en que trata a la gente, el *camino de Jesús*.

El final de la historia de Jesús en Jerusalén —su crucifixión, resurrección y asunción— resulta no ser el final. Nuestra vida con Jesús camino a Jerusalén continúa después de Jerusalén. Continúa aún. Las "sumas de dinero" —las historias que relató Jesús, la vida que vivió Jesús— continúan en circulación en las historias que relatamos y las historias que vivimos. El reino está aquí. Nosotros estamos en él. La "suma de dinero" que nos queda no es algo para guardar, proteger y mantener seguro, sino que es algo a lo que tenemos que darle un buen uso.

Esta última historia samaritana es una palabra aleccionadora: la falta de participación no es un asunto casual. Por más tímida o dócilmente que sea representada, la falta de participación es desobediencia. (A la misma vez, es también cierto que hay mucho espacio para una obediencia tímida y dócil: no se comenta nada de siete de los siervos. No todos nosotros obedeceremos de una manera tan llamativa como el primer y segundo siervo.) La historia es implacable: el minimalismo egoísta no es una opción. No existen personas que no participen en el reino de Jesús. Esta última historia samaritana es un relato muy severo de juicio. La descripción del tercer siervo ocupa siete de los diecisiete versículos de la historia. Se le da más espacio al juicio dado al siervo cauteloso, cuidadoso, que no participa, que a los otros nueve siervos, menos aún a los solicitantes contra el gobierno del rey, que sólo obtienen un versículo. Una tímida negación a obedecer nos somete al mismo juicio que una abierta y desafiante desobediencia. Sin duda alguna, el seguir a Jesús de manera obediente en este reino de Dios que ya ha sido inaugurado es un asunto muy serio

II

JESÚS EN SUS ORACIONES

CAPÍTULO 13

Las seis oraciones de Jesús

Primero, Jesús en sus historias, historias que provienen de metáforas. Las metáforas y las historias caracterizan el lenguaje de Jesús. Las historias son personales y nos hacen partícipes del lugar en que vivimos y la gente que habita en él. Las historias nos mantienen con los pies puestos sobre la tierra, alertas a las voces que nos rodean, presentes al silencio. No hay formalidad, ni abstracciones, ni "grandes" verdades. No es un lenguaje que usemos para trazar el mapa del mundo y descifrarlo para que siempre podamos saber dónde estamos. No es un lenguaje que usemos para ordenar y controlar el mundo y la gente que lo habita. Más bien, es un lenguaje que le da espacio a la ambigüedad y la presencia, un lenguaje que nos lleva a participar coloquialmente en este mundo creado por el lenguaje, formado por el lenguaje, el mundo del Verbo hecho carne. Para los que decidimos seguir a Jesús, es obvio que no sólo escucharemos lo que él dice y prestaremos atención a lo que él hace, sino que también aprenderemos a usar el lenguaje de la manera en que él lo usa. Cuidaremos de no desencarnar el lenguaje hasta convertirlo en ideas formuladoras o en reglas sintetizadoras o en una simple entrega de información.

Y, ahora, Jesús en sus oraciones. La oración es el lenguaje que presta atención a Dios para responderle. Al trasladarnos de Jesús en sus historias a Jesús en sus oraciones, corremos el riesgo de dejar atrás esos usos particulares, coloquiales y locales del lenguaje en que estábamos inmersos en la Narrativa del Viaje por Samaria para comenzar a navegar por los mares, perdiéndonos en grandes abstracciones "espirituales". Pero no lo haremos. Y no correremos ese riesgo si nos mantenemos junto a Jesús en sus oraciones. Las historias que relata Jesús en el camino entre Galilea y Jerusalén hacen que el lenguaje que usan él y sus amigos por el camino sea local y personal, inmediato a las circunstancias, presente a las condiciones. Su lenguaje es tan local y presente y personal con el Padre que está en los cielos como lo es con sus compañeros durante la cena o cuando andan por el camino.

Deseo insistir que el lenguaje de Jesús en sus oraciones no es más ni menos él, en cuerpo y alma, que en sus historias. Si el lenguaje se disipa en un vapor, en una piadosa neblina de sensibilidades, reducido a magnánimos clichés, la oración es anémica. Cuando nos mantenemos junto a Jesús en sus oraciones, eso no ocurre.

Las historias y las oraciones son el lenguaje central de nuestra humanidad. Cuando relatamos historias y oramos al Señor, decimos realmente quiénes somos. Las historias y las oraciones son también el lenguaje central de nuestras Escrituras: Dios nos dice quién es, revelado completamente en Jesús, la Palabra hecha carne que completó "esa misma tarea que el Padre me ha encomendado que lleve a cabo" (Juan 5.36) y que desde el principio está escuchando atentamente y respondiendo con obediencia, como un Hijo a su Padre: orando. Nuestras Escrituras consisten mayormente en historias y oraciones. Cuando escuchamos y relatamos historias y escuchamos y le hablamos a Dios en oración, ingresamos correctamente en esa revelación.

Y, por supuesto, el silencio. El silencio es indispensable. A menudo, lo pasamos por alto como elemento del lenguaje, pero no debe ser así. Sobre todo, no debemos pasarlo por alto en el lenguaje de la oración. No es como si Jesús pronunciara la revelación de Dios en sus historias y metáforas, y ahora en la oración nos llegara el turno de decir lo nuestro. El silencio, que en la oración consiste mayormente en prestar atención, no es negociable. El escuchar, que requiere silencio de nuestra parte, es tan parte del lenguaje como las palabras. Los dos puntos y los puntos y comas, las comas y los puntos —los cuales insisten en el silencio como parte integrante del habla— son tan esenciales para el lenguaje como los sustantivos y los verbos. Pero demasiado a menudo, el silencio es desestimado en nuestras oraciones. No obstante, si no hay silencio, nuestras palabras se degeneran en balbuceos.

* * *

La oración es nuestro primer lenguaje. Todos podemos orar. Y todos lo hacemos. Oramos aun cuando no sepamos que lo estamos haciendo. "Ayúdame" es nuestra primera oración. No tenemos la capacidad de ser nosotros mismos. "Gracias" es nuestra última oración. Cuando todo queda dicho, nos damos cuenta de que todo lo que recibimos es un don.

Pero aquí hay una ironía. La oración, el sustrato más natural y auténtico del lenguaje, es también la forma del lenguaje más fácil de fingir. Casi al principio, nos damos cuenta de que podemos fingir que estamos orando, usando las palabras de la oración, practicando las formas de la oración, asumiendo las posturas de la oración, adquiriendo una reputación por orar y jamás orando. Nuestras así llamadas "oraciones" son un camuflaje que cubre la vida sin oración.

Me encuentro con una amiga en la playa de estacionamiento que me cuenta sus problemas. Al irme, le digo: "Voy a orar por ti". Entro en la tienda de comestibles con mi lista de compras. La promesa de orar queda de lado mientras evalúo el precio de los espárragos, decido si comeremos bife o hígado para la cena y charlo con el cajero sobre el partido de fútbol de ayer en el que jugaron nuestros hijos. Y así queda desplazada la promesa de oración o, al menos, queda bastante diluida por las urgencias de comprar leche y jugo de naranja.

Afortunadamente se nos ha dado una protección fácilmente accesible contra las falsas oraciones y los chismes de oración que cubren la falta de oración. Estas son oraciones establecidas que nos han dado para que usemos y mantengamos una cierta congruencia con las oraciones de nuestros antepasados. Son oraciones de otros que podemos usar para mantenernos en contacto con el auténtico mundo de la oración revelado en nuestras Escrituras. Son oraciones que podemos usar para distinguir las oraciones de las oraciones impostoras, fantasías y magia. Son oraciones que no dependen de nuestra propia iniciativa; son oraciones que no sufren altibajos según las fases de nuestro humor.

En mi propia familia, tenemos una "cultura de la mesa"[1] bastante bien desarrollada. Las comidas son un elemento importante de la manera en que vivimos. Gran parte de nuestra vida común está integrada por la preparación de comidas, considerando los gustos y circunstancias de los que habrán de comer la comida, poniendo la mesa, comiendo la comida y lavando los platos después de la comida. Ninguna comida es igual a otra. Hay muchas variables: la clase de alimentos que conforman la comida, qué miembros de la familia estarán presentes, qué invitados esperamos. Nos gusta la tarea. Pero, de vez en cuando nos quedamos sin energía e imaginación. Cuando eso ocurre, manejamos algunas millas hasta nuestro restaurante favorito para que otra persona la prepare: compre los alimentos y los prepare, ponga la mesa, sirva la comida, saque los platos de la mesa y los lave. Una comida "establecida": otra persona en quien confiamos que lo hará todo por nosotros. Lo único que tenemos que hacer es tomar el tenedor que nos han puesto delante, comer la comida y dejar que los demás limpien todo.

Cuando somos niños, nuestras comidas son comidas establecidas que nos colocan delante sin que nosotros las hayamos pensado o preparado. Poco a poco, aprendemos a preparar la comida para nosotros y para los demás. Pero, cuando estamos cansados o con poco apetito, nos gusta que alguien nos la prepare. La analogía con la oración no es exacta. No obstante, en este contexto es bastante cercana.

Las oraciones clásicas establecidas para cristianos y judíos son los Salmos.[2] Y para los cristianos, las oraciones establecidas incluyen las oraciones de Jesús.

En la comunidad cristiana es práctica común y generalizada aprender las oraciones que oraba Jesús según las encontramos en las Escrituras.

---

1 La frase le pertenece a Albert Borgmann. La usa con eficacia para darnos una manera de recuperar una comunidad personal en el desierto despersonalizado de la tecnología. Véase su *Technology and the Character of Contemporary Life* (Chicago: The University of Chicago Press, 1984).

2 En *Answering God: The Psalms as Tools for Prayer* (New York: HarperCollins, 1989), he escrito en detalle cómo pueden los Salmos proporcionar capacitación y disciplina en lo relacionado con la oración bíblica.

Cuando Jesús ora, nosotros le guardamos compañía. Nos acostumbramos a la manera en que él ora para poder ser igualmente honestos en cuanto a nuestras necesidades, igualmente atentos a la presencia de Dios, igualmente abiertos al Espíritu, igualmente amplios como Jesús en su participación, y en nuestra participación con él, en todas las operaciones de la Trinidad.

Un día, una joven oriental de mi congregación apareció en mi oficina. Según me dijo, ella tenía un obsequio para mí: mi nombre en chino. Me lo mostró. Había escrito mi nombre con una exquisita caligrafía china. "Aquí, escríbalo usted". Mi intento fue algo torpe. Ella tuvo paciencia. Después de unos diez minutos, yo estaba logrando una representación aproximada de la escritura china. "Ahora dígalo". Ella pronunció lentamente las sílabas. Los sonidos no me resultaban familiares; yo no estaba acostumbrada a pronunciar esos sonidos. Pero, todavía paciente, ella me ayudó. En otros diez minutos más, yo estaba pronunciando los sonidos correctos. Pero ella no se dio por satisfecha. "Muy bien. Usted puede escribir su nombre. Usted puede pronunciar su nombre. Pero eso no es suficiente. Usted tiene que hacer que su nombre cante: en chino, las palabras cantan". Me dio una lección de canto. Yo traté, y traté, pero no logré hacerlo del todo bien. Todavía soy un aprendiz. A veces pienso en esto cuando estoy orando. Estoy diciendo las palabras, ¿pero están cantando las palabras?

Las oraciones de Jesús nos dan un centro sólido y exacto para el desarrollo de una vida de oración cristiana madura. Nosotros lo observamos a Jesús cuando ora y luego nos sumamos a él. Obtenemos la sensación del hecho histórico de que Jesús oraba y abrazamos un continuo aprendizaje en su *manera* de orar.

"En ocasiones" —cuando no nos estamos forzando demasiado— "nos sorprende una luz" (William Cowper) y nos damos cuenta de que las oraciones están cantando.

El armar una vida de oración de retazos de aquí y de allá —clichés como "voy a orar por ti", momentos de desesperación, arrebatos de alabanzas, las resoluciones empecinadas pero efímeras de "orar más", las emociones piadosas— no sirven demasiado. Buscamos algo íntegro y sustancial: dicho *y* cantado, una oración revelada por el Padre por medio del Hijo por el Espíritu Santo.

*   *   *

Pero Jesús es más que un maestro al que nos sometemos como aprendices: ahora mismo, él está orando por nosotros. Quizás esto sea lo más importante de entender. No cómo oraba, a pesar de que eso es verdaderamente importante, sino de que en este mismo instante, él está orando *por nosotros*. Jesús es nuestro maestro en la oración; también es nuestro compañero en la oración. Él nos dice: "Yo oraré por ustedes...", y lo hace. Su promesa de orar por nosotros no se pierde o queda de lado en un vasto revoltijo celestial de peticiones e intercesiones, confesiones y agradecimientos, ascendiendo en una nube de incienso hacia su altar. Nos es imposible imaginarnos cómo es que ocurre, pero sabemos con certeza que así es.

La carta a los hebreos elabora ese continuo sacerdocio contemporáneo de la oración de Jesús. El texto insiste en que Jesús no oró por nosotros una sola vez y basta, sino que él "vive siempre para interceder" por nosotros (Hebreos 7.25). Jesús ora. Él está orando por nosotros en este mismo instante. Él oraba por nosotros ayer. Él estará orando por nosotros esta noche mientras dormimos y mañana por la mañana cuando nos despertemos. Que Jesús ore por nosotros es un acontecimiento actual.

¿No piensan ustedes que saben cómo orar? Sí, hay mucho que aprender; entretanto Jesús ora por ustedes. ¿No sienten deseos de orar? No se preocupen, los sentimientos van y vienen; entretanto Jesús ora por ustedes. ¿No tienen tiempo de orar? A Jesús no le molesta esperar; entretanto, él tiene tiempo de sobra para orar por ustedes.

*   *   *

Jesús oraba. En los Evangelios hay diecisiete alusiones a la vida de oración activa de Cristo.[3] Así como Lucas tiene las citas más frecuentes de Jesús relatando historias, él también tiene las alusiones más frecuentes a Jesús en oración. Son nueve:

---

3   James G. S. S. Thomson: *The Praying Christ* (Vancouver, B.C.: Regent College Reprint, 1995), p. 35.

Él, por su parte, solía retirarse a lugares solitarios para orar. (Lucas 5.16)

Por aquel tiempo se fue Jesús a la montaña a orar, y pasó toda la noche en oración a Dios. (6.12)

Un día cuando Jesús estaba orando para sí, estando allí sus discípulos, les preguntó... (9.18)

Jesús, acompañado de Pedro, Juan y Jacobo, subió a una montaña a orar. Mientras oraba... (9.28)

Un día estaba Jesús orando en cierto lugar. Cuando terminó, le dijo uno de sus discípulos: "Señor, enséñanos a orar..." (11.1)

"Simón, Simón, mira que Satanás a pedido zarandearlos a ustedes como si fueran trigo. Pero yo he orado por ti, para que no falle tu fe". (22.31)

Entonces se separó de ellos a una buena distancia, se arrodilló y empezó a orar. (22.41)

Pero, como estaba angustiado, se puso a orar con más fervor. (22.44)

Luego, estando con ellos a la mesa, tomó el pan, lo bendijo, lo partió y se lo dio. (24.30)

* * *

Jesús es la persona a quien le oramos. Él es también la persona que ora con nosotros y por nosotros. La oración es el lenguaje de la Trinidad. Es un lenguaje íntimamente personal. Cuando oramos, abrazamos el lenguaje de Jesús como nuestro lenguaje. Nada ocurre en esta vida cristiana de manera impersonal, de acuerdo a un proyecto, automáticamente según un código. Cada palabra es personal.

Jesús oraba. Cuando vamos a la escuela de lenguaje con Jesús, oramos.

Pero no tenemos que entenderlo por cuenta propia. Tenemos un manual: estas oraciones establecidas de Jesús. Si somos tímidos, inseguros, las podemos orar con la confianza de que estamos orando al estilo del Maestro. Estamos en la compañía de Jesús y poco a poco le tomamos la mano a lo que él está haciendo y cómo lo hace.

Aquí están, seis oraciones establecidas que vamos a explorar en los siguientes capítulos. Jesús ora con nosotros: "Padre nuestro..." (Mateo 6.9-13); Jesús ora con agradecimiento: "Te alabo, Padre..." (Mateo 11.25); Jesús ora esperando el final: "¡Padre, glorifica tu nombre!" (Juan 12.27-28); Jesús ora por nosotros: "Padre, ha llegado la hora..." (Juan 17.1); Jesús ora "desde lo más profundo" de su agonía en Getsemaní: "Padre mío, si es posible, no me hagas beber este trago amargo... si no es posible evitar que yo beba este trago amargo, hágase tu voluntad" (Mateo 26.39, 42), Jesús ora su muerte desde la cruz: "Dios mío, Dios mío, ¿por qué me has desamparado? (Mateo 27.46).

Nuestros antepasados nos preguntan: ¿Desean aprender a orar, a dominar la oración? ¿Desean participar de la revelación de Dios, convertirse en participantes de la conversación del Padre y del Hijo? Comiencen aquí: anden en compañía de Jesús, el Verbo hecho carne, que completa "esa misma tarea que el Padre me ha encomendado que lleve a cabo" (Juan 5.36).

CAPÍTULO 14

Jesús ora con nosotros: Mateo 6.9-13

En casi el centro exacto de la famosa enseñanza de Jesús, el Sermón de la Montaña, él emprende la práctica de orar (Mateo 6.9-13). El sermón mismo es un mosaico fulgurante de metáforas e instrucción, advertencias y direcciones, aforismos y una historia final que suministra el golpe terminante. Es una hazaña de imágenes y palabras para entender quiénes somos y lo que estamos haciendo mientras andamos en la compañía de Jesús. Mucho de lo que dice Jesús pone patas arriba gran parte de lo que pensamos sobre nosotros mismos y el mundo que nos rodea. Hay mucho que asimilar, mucho que volver a aprender, mucho que volver a imaginar.

La oración es el meollo de la enseñanza del Sermón de la Montaña. Está ubicada en el centro casi exacto del sermón (Mateo 6.9-13). Mantiene unido al sermón y lo anima. La vida del reino de los cielos consiste en cosas que hacer y maneras de pensar, pero si no encontramos oración en el centro, nada vive. La oración es el corazón que impulsa la sangre hacia todas las palabras y actos. La oración no es una cosa más en un inventario de elementos que conforman la vida del reino de Dios que va tras Jesús. La oración es el corazón. Si no hay un corazón que haga su trabajo desde el centro, no importa cuán precisas sean las palabras, ni cuán perfectamente se formen las acciones, sólo hay un cadáver. Puede ser un hermoso cadáver. El arte del embalsamador, cuando él o ellas conocen su Biblia, obra milagros con las apariencias. Pero muerto es muerto. Que en paz descanse.

Todo esto puede parecer obvio. Lo que no puede ser obvio es que el acto de la oración, que es un inmenso don, está lleno de peligros. Es así que antes de emprender la práctica de la oración, Jesús presenta una advertencia, *peligro*: "No sean..." (Mateo 6.5-8). Tres veces pronuncia la advertencia de peligro. No oren para alardear delante de una audiencia, "para que la gente los vea". La oración no es un teatro. No oren para presionar a Dios con "muchas palabras". La oración no es retórica. No oren para impresionar a hombres, mujeres y, menos que a todos, a Dios.

La oración es el corazón mismo de esta vida del reino. Pero tengan esto en cuenta: nadie ve el corazón cuando está funcionando. El corazón no es un adhesivo para el paragolpes. Cuando oramos con Jesús, no demostramos nuestros sentimientos.

Con las advertencias en su lugar, Jesús continúa: "Ustedes deben orar así".

"Padre nuestro que estás en el cielo"

La segunda palabra, el pronombre, es significativa. Jesús se incluye en la oración que él mismo nos enseña a orar: *"nuestro..."*: ustedes y yo. Estamos juntos en esto. Jesús no adopta la actitud distante de los expertos, diciéndonos que ésta es la única manera de orar. La oración no consiste en pronunciar las palabras en el orden correcto. Cuando Jesús se incluye con nosotros, el "nuestro" le quita el aire al globo de la afectación. Jesús no trata a los que aprenden con él con condescendencia. Jesús no habla mucho sobre la oración: él ora. Jesús no nos trata con condescendencia, sino que ora con nosotros. Y nosotros oramos con él.

El "nuestro" continúa siendo importante. La oración es siempre "nuestra". Con el "nuestro", Jesús se coloca junto a nosotros. Con el "nuestro", nosotros nos colocamos junto a Jesús y a todos los que oran. La oración no es nunca solitaria. Jamás estamos solos cuando oramos. Estamos con Jesús y todos los que lo siguen.

*   *   *

En las advertencias de peligro que anuncia Jesús antes de comenzar a orar, él usa la metáfora "Padre" tres veces para el Dios a quien oramos. En el sermón en su integridad (Mateo 5-7), Jesús usa el término "Padre" quince veces; en diez de tales instancias se expande a "Padre que está en el cielo" o "Padre celestial". "Padre" es la metáfora que elige Jesús para Dios.

Acostúmbrense a esto: *Padre*. El enemigo más implacable y antiguo de la práctica de la oración es la despersonalización: el convertir la oración en una técnica, usando la oración como un dispositivo.

El usar la metáfora "Padre" para Dios es una estrategia del lenguaje que nos defiende de la despersonalización sutil pero insidiosa de la oración que invade la condición humana. En nuestra cultura saturada de tecnología, solicitamos con frecuencia ayuda diciendo: "¿Cómo debo orar?" o peor aún: "¿Cómo debo orar eficazmente?" La pregunta distorsiona lo que es fundamentalmente una relación personal para convertirla en una técnica impersonal. Dios es concebido como una idea o como una fuerza o como un   poder superior. La oración queda reducida a un ejercicio en control: "Si tan sólo pudiera estar en el humor adecuado y poner las palabras en el orden correcto, podría lograr que Dios hiciera lo que yo deseo o podría conseguir lo que necesito".

Dos de los carteles de peligro que coloca Jesús tienen que ver con la eliminación del Dios personal de la práctica de la oración. ¡Peligro! No despersonalicemos a Dios y a todo el mundo hasta convertirlos en una audiencia sin rostro y no pongamos en escena un acto religioso. ¡Peligro! No despersonalicemos a Dios hasta convertirlo en una abstracción usando palabras no como lenguaje sino como números, "acumulando frases sin sentido", cuanto más mejor, no importa lo que signifiquen o si tienen siquiera significado alguno.

El momento en que quitamos lo personal de la oración, no hay oración. El corazón deja de latir. El nombrar a Dios como Padre nos mantiene atentos a lo personal en la oración.

"Padre" como metáfora nombra a una persona, no un objeto. Padre e hijo e hija no son funciones. Son excepcionales relaciones sanguíneas.

*　　*　　*

Jan y yo estábamos en la terminal del aeropuerto de Frankfurt esperando nuestro vuelo de El Al hacia Israel. Los pasajeros que llegaban en el vuelo de El Al estaban entrando en el área de recepción. Un niño pequeño cerca de nosotros, de unos cuatro o cinco años, se levantó de un salto, atravesó la gran sala corriendo y gritó: "¡Abba! ¡Abba! ¡Abba!..." Su padre lo levantó en vilo y lo abrazó.

Fue la primera vez que escuchaba la palabra "Abba" en lenguaje hablado. Había leído la palabra en la Biblia. Sabía que en la lengua materna de Jesús, el arameo, era la palabra afectuosa para padre, que sería común en el entorno de la familia. Había leído el relato de Marcos de Jesús que oraba en la agonía de Getsemaní, nombrando a Dios "Abba". Había leído la manera en que Pablo, cuando les escribe a los cristianos en Roma, usaba el hecho de que ellos oraban "Abba" cuando se dirigían a Dios como una evidencia de la naturaleza relacional de sus oraciones: "El Espíritu mismo le asegura a nuestro espíritu que somos hijos de Dios" (Romanos 8.15-16). Había leído cómo Pablo introducía la palabra cuando les escribe a los cristianos en Galacia para enfatizarles su básica relación personal y familiar con Dios como hijos a un padre: "Dios ha enviado a nuestros corazones el Espíritu de su Hijo, que clama: *¡Abba! ¡Padre!*" (Gálatas 4.6). Yo había leído lo que el erudito alemán Joachim Jeremias había escrito en su esfuerzo por captar la fresca intimidad y cercanía espontánea comunicadas cuando se usaba la palabra para dirigirse a Dios. Yo había escuchado la palabra usada por pastores en sermones y explicada en aulas de clase por profesores. Yo había escuchado la palabra toda mi vida, pero siempre en entornos "religiosos".

Y ahora la estaba escuchando en esta terminal de aeropuerto despersonalizada, dominada por la tecnología en Alemania, dicha por un niño desconocido para dirigirse a un hombre también desconocido. La palabra no me decía nada sobre el niño o el padre —pero me decía todo lo que necesitaba saber sobre su relación— su inmediatez, su intimidad, su alegría.

La palabra cobró vida: una resurrección. Yo había conocido desde hace mucho tiempo su significado. Ahora veía el significado vivido, encarnado en un padre y un hijo que corrieron a abrazarse en un aeropuerto de Frankfurt. No escuché la palabra "padre" en un tratamiento formal a una deidad anónima, sino en los gritos de reconocimiento de un niño. Con frecuencia, había encontrado la palabra "padre" en entornos académicos alrededor de una mesa con diccionarios y estudios exegéticos esparcidos sobre ella. Pero jamás la había escuchado en el contexto vivo de un hijo que saluda a su padre con confianza y alegría. No la había escuchado nunca cantar. Me pareció que estaba de regreso en las colinas galileas en la compañía de Jesús mientras oraba con sus seguidores, en el jardín con Jesús mientras oraba su pasión, adorando con los cristianos de Roma y Galacia cuando se vieron incluidos en las oraciones de Jesús cada vez que oraban: *Abba*, "Padre nuestro que estás en el cielo..."

* * *

Esta oración está compuesta por seis breves peticiones de una sola oración. Cada verbo es un imperativo, un llamado a la acción. La oración no es pasiva. La oración no es una resignación. Dios está activo. Cuando Jesús ora, él ingresa en la acción de Dios. Cuando ora con nosotros, implícitamente nos invita a la acción. Cuando oramos con él, nos presentamos como voluntarios para la acción.

"Santificado sea tu nombre"

Dios tiene un nombre. Él se revela a sí mismo con un nombre: Jehová. El nombre ingresa en nuestra historia y revela el ser de Dios con nosotros, continuamente, mientras él llama nuestros nombres: Abraham, Moisés, Samuel, María, Pedro. Dios no es anónimo. Dios no es un principio. Dios tiene un nombre.

La oración es lenguaje que se usa para dirigirnos al Dios que se ha revelado a Moisés y en Jesús. La oración no es un mensaje de "entrega general". No es una carta dirigida a "quien corresponda".

Y este nombre es santo. La santidad es la cualidad distintiva de otredad que coloca a Dios más allá y aparte de nosotros: *aparte de*. Dios no es como nosotros. Nosotros no somos como Dios. El primer pecado, que continúa siendo el pecado básico, es presumir ser "como Dios" (Génesis 3.5). Esto lo intentamos rebajando a Dios a nuestro nivel, reduciéndolo a nuestra imagen. Lo intentamos construyendo y luego escalando la torre de Babel que nos llevará hasta el nivel de Dios. Estos son intentos de obliterar la otredad, de deshacernos del Santo. Y ninguna de las dos formas funciona.

Si nosotros, ya sea por ingenua inocencia o por orgullo satánico, suponemos que la oración es la manera de rebajar a Dios a nuestro nivel o de elevarnos al suyo, estamos muy equivocados.

* * *

Yo mencioné mi deleite al escuchar "Abba" como el término usado por un niño para demostrar su afecto por su padre en la terminal del aeropuerto de Frankfurt. Y mencioné que el erudito alemán Joachim Jeremias había intentado proporcionar una fresca estimación por la espontaneidad de niño que comunica la palabra "Abba". Jeremias intentó comprobar que el significado de "Abba" era algo así como "Papi". Muchos le dieron una entusiasta bienvenida a su sugerencia. Esta informalidad del término encontró su lugar en sermones y enseñanzas en todas partes. Estaba hecha a la medida — ¡y bajo la muy favorable autoridad erudita del eminente Jeremias!— de una cultura incómoda con la autoridad, contraria a las jerarquías y que deseaba estar a nivel de nombre, incluso sobrenombre, con todos. Y ahora con Dios.

Luego el erudito de Oxford, James Barr, echó un balde de agua fría sobre lo que él entendió que no era más que una intimidad sentimental. Convincentemente, él demostró que Jeremias estaba vergonzosamente equivocado.[1] Pero para entonces, ya era demasiado tarde. El mal ya estaba hecho. El error, la calidez desplazando la santidad, sigue apareciendo en escritos tanto eruditos como populares.

---

1   James Barr: "Abba Isn't 'Daddy,'" *Journal of Theological Studies* (1988): 28-47.

Existe, sin duda, una intimidad y deleite en el uso de "Abba". Pero la palabra continúa también acarreando un elemento de asombro y respeto y reverencia. Yo no dejo de ser un niño en la presencia de mi padre. La otredad no queda disminuida por el afecto. La intimidad no excluye la reverencia. La verdadera intimidad no elimina un sobrecogimiento sagrado: la otredad, el Otro.

La moda de "Papi" que aún sigue recorriendo nuestras iglesias es un caso de intimidad prematura. No comenzamos por ponernos cómodos con Dios. Comenzamos con una solemne reverencia: Santo.

En el primer pedido, Jesús abre con un verbo que nos permite comenzar con el pie derecho y que nos coloca en una postura de respeto reverente, en un estado de sobrecogimiento —cariñoso— pero aún así, sobrecogimiento al fin. "Quítate las sandalias, porque estás pisando tierra santa" (Éxodo 3.5). La primera petición protege el tercer mandamiento: "No pronuncies el nombre del SEÑOR tu Dios a la ligera" (Éxodo 20.7 NVI); "No tomarás el nombre de Jehová tu Dios en vano" (RVR1960).

*   *   *

Durante muchos años, yo formé parte de un grupo en Baltimore llamado la Mesa Redonda Judeocristiana. Todos los meses nos reuníamos veinte de nosotros: diez rabinos ortodoxos y diez pastores y sacerdotes. Alternando el liderazgo entre judíos y cristianos, llevábamos básicamente a cabo un estudio bíblico. Los rabinos siempre traían para distribuir las notas del texto en hebreo que estudiaríamos juntos. Y siempre recogían esas notas más tarde: de manera meticulosa. Pude observar que siempre contaban las hojas para estar seguros de que no les faltara ninguna. Un día le pregunté al rabino a cargo qué es lo que hacía después con las hojas. Él me dijo que las llevaba a su casa y con reverencia, las quemaba. Me dijo que ésa era su tradición. No les era permitido dejar el nombre santo en manos de los gentiles, para evitar que por accidente las usaran o trataran irreverentemente, o incluso de manera blasfema.

Mi inmediata reacción tácita fue negativa. ¿No era esto demasiado escrupuloso? Pero con el tiempo comencé a sentir el peso de su reverencia, este santificar el nombre. La experiencia continúa aún en mi memoria como una reprimenda implícita de la irreverencia con la que arrojamos el nombre en los círculos que yo frecuento. Y a menudo pienso en ello cuando oro: "Santificado sea tu nombre".

* * *

La palabra "Dios" consta de bondad y santidad y gloria. Pero en el uso cotidiano, se la estropea con superstición, a veces sin pensar. La gente lee en la palabra "Dios" miedos e ignorancia y blasfemia. El nombre requiere un constante pulido y limpieza. Cuando oramos por la santificación, estamos orando que se purguen las palabras que nombran la presencia de Dios de toda mancha de sacrilegio, que se limpien las imágenes que llenan nuestra mente de todo atisbo de idolatría, que se quite raspando todo el óxido y mugre del sustantivo hasta que *Jesús* y *Cristo* digan la clara verdad sobre Dios.

"Venga tu reino"

Cuando oramos las seis peticiones en compañía de Jesús, con Jesús orando a nuestro lado, descubrimos que la realidad del mundo, la verdadera naturaleza de las cosas con las que lidiamos en la vida diaria, se redefine. Para comenzar, el Santo: Dios distinto a nosotros; el Dios que no podemos usar para nuestros propios propósitos; el Dios en quien no podemos aspirar a convertirnos para imponer nuestro gobierno sobre el mundo.

Y ahora el reino: cómo es el mundo y la manera en que funciona. El reino es una metáfora para el mundo que está gobernado por un soberano, un rey. Su utilidad en la oración es que lo incluye todo: la geografía (montañas, ríos, océanos, bosques, volcanes, arenas del desierto y hielos polares), el clima (la lluvia y la nieve, relámpagos y granizo, sol y nubes), las estaciones (verano e invierno, primavera y otoño), la gente (idiomas y razas, granjeros y banqueros), los sistemas políticos (dictaduras, democracias, estados socialistas, casas reales), las economías (comunismo, capitalismo, trueque). Absolutamente todo.

Cuando oramos, nos involucramos conscientemente en una realidad creada por Dios y bajo su cuidado. Las primeras palabras que salen de la boca de Jesús cuando lanza su ministerio público son: "Se ha cumplido el tiempo. El reino de Dios está cerca" (Marcos 1.15). El término "reino" tenía un largo historial entre los hebreos. Jesús le da un nuevo enfoque. Lo que dijo en su texto evangélico inaugural ese día memorable en la Palestina del primer siglo fue: "Este reino del que han estado escuchando durante siglos está aquí. Escúchenme con cuidado. Observen con atención. Únanse a mí con fe. Estoy aquí para hacer la obra del reino y deseo que se unan a mí en la tarea. Deseo que trabajen a mi lado".

Al poco tiempo, en la primera oración que enseñó a sus seguidores, él dijo realmente: "Ésta es la obra de Dios que estoy haciendo y deseo que ustedes participen en ella con cuerpo y alma. No sólo como espectadores o admiradores o benefactores. Deseo que esta vida del reino se introduzca en ustedes: deseo que ustedes *oren* conmigo para la venida del reino".

Cuando oramos "venga tu reino", internalizamos y participamos en lo que vemos y escuchamos que hace y dice Jesús.

El reino de Dios que Jesús anuncia como presente aquí y ahora no es un trozo religioso del pastel del mundo en el que se interesa especialmente Dios y en el que nos enrola a nosotros, sus seguidores, para que lo compartamos y nos llene, un mundo que se especializa en la oración y la adoración, dando testimonio y haciendo buenas obras. No, consta de Todo y Todos. No hay otro mundo. Hay elementos en el mundo que se rebelan contra el reino. Hay partes del mundo que ignoran el reino. No importa. Lo que Jesús inaugura y proclama es una realidad exhaustiva y presente. Nada ocurre fuera del reino de Dios.

Cuando oramos "venga tu reino", nos identificamos y nos ofrecemos como participantes en este mundo en el que gobierna Dios con amor y salvación. Implícita en la petición está "Mi reino ve..." Dios no ha abdicado jamás a su trono. Bajo condiciones en las que este gobierno es frecuentemente negado, desafiado, a menudo ignorado, nosotros oramos "Venga tu reino".

Los que nos hemos criado bajo gobiernos democráticos, nos sentimos muy afortunados de vivir bajo un gobierno electo y no impuesto que sirve de la mejor manera la condición humana. Eso puede muy bien ser así. Pero acarrea en sí la costumbre de pensar que el mejor gobierno, incluso el gobierno de Dios, sigue las líneas de una democracia. Es una costumbre difícil de erradicar. Dios no es el presidente ni el primer ministro de una democracia. Dios es rey. "El SEÑOR reina, desde el principio se estableció tu trono" (Salmo 93.1-2). Dios es soberano. Ése es el testimonio asegurado y expresado frecuentemente en las Escrituras desde Génesis al Apocalipsis. Pero no hay analogías terrenales del trono y gobierno de Dios. No es impuesto; no es despótico. Todas nuestras necesidades y anhelos, nuestras lágrimas y ansias, nuestras peticiones y alabanzas están asimiladas en el gobierno de Dios. Es una soberanía que invita nuestra participación. Compartimos su gobierno, pero es *su* gobierno.

De modo que cuando oramos "venga tu reino", orando la petición con Jesús orando a nuestro lado, estamos a la misma vez afirmando implícitamente el gobierno según se revela en Jesús. Y dejamos de tratar de adivinar aquello que no podemos entender o que no aprobamos. Muchas de las parábolas de Jesús nos brindan ayuda para poder comprender este reino: y necesitamos toda la ayuda posible. Porque la manera en que Dios ejerce su soberanía es oculta. Rara vez es la soberanía de Dios algo obvio. La oscuridad es caldo de cultivo para comentarios tales como: "Si yo fuera Dios, no lo haría de esta manera". Pero no soy Dios. Dejemos que Dios sea Dios.

El reino por el que oramos no es algo que podamos captar por lo que leemos en los periódicos o en los libros de historia: a veces incluso en los libros de teología. Pero lo podemos discernir por medio de nuestras oraciones. Dios gobierna desde el cielo, haciendo su obra de creación, salvación y bendición entre bastidores y desde la cruz. Al escuchar las historias y orar las plegarias que componen la revelación —en especial las historias y oraciones de Jesús— adquirimos el sentido de lo que sostiene al reino y le da su forma.

Si no escuchamos atentamente las palabras de Jesús en todo el contexto de la historia de Israel y de Jesús, la palabra "reino" puede inducirnos fácilmente a error. Si permitimos que nuestra cultura y políticas definan la palabra, pensaremos principalmente en las definiciones de los periódicos del poder y la influencia y la fama. Si comenzamos siquiera a pensar en el reino aparte del contexto bien documentado de Jesús, pensaremos que el reino por el que oramos compite con los reinos que figuran en nuestros libros de historia y que forman parte de los acontecimientos actuales. No tardamos entonces en comenzar a pensar cómo superar los métodos del reino que vemos operando en los negocios y la industria, en el gobierno y la guerra, y competimos con ellos según sus condiciones. Pero el reino en el que participamos cuando oramos: "venga tu reino" no compite con los reinos de América o IBM u Honda o Microsoft. Los subvierte.

Cuando Jesús se encuentra frente a Pilato por liderar supuestamente una insurrección contra el imperio romano, es lo más claro posible sobre el tema. Lo que dijo fue: "Mi reino no es de este mundo. Si lo fuera, mis propios guardias pelearían para impedir que los judíos me arrestaran. Pero mi reino no es de este mundo" (Juan 18.36). Jesús no repudia el término "reino"; le da un nuevo contexto. Jesús no repudia el título de "rey"; lo subvierte. Y es en este contexto, este contexto de exhaustiva inmersión en las historias y oraciones de Jesús, que oramos: "venga tu reino".

Tengamos cuidado de no aislar el término "reino" y el concepto de soberanía de lo que Jesús nos enseña a orar: "venga tu reino". Además, Jesús demuestra la manera en que se ejerce el gobierno de Dios. Y la cruz de Jesús proporciona el centro de atención. Porque éste no es un reino que nos haya sido impuesto. Es un reino que cobra vida cuando obedecemos voluntariamente y oramos con imaginación nuestra participación en el gobierno. La impaciente soberanía de un dictador no permite no participar. La soberanía de nuestro Padre aguarda con paciencia y misericordia una obediencia con adoración.

Las preposiciones de Jesús son importantes: su reino no es *de* este mundo. Él emplea dos veces la preposición "de" en su conversación con

Pilato. Su reino no deriva de este mundo o de la idea de este mundo de cómo funciona la soberanía. No está expuesto al voto de este mundo. Pero todo lo que sabemos sobre Jesús por medio de sus historias y oraciones nos dice que este reino tiene todo, y enfatizo *todo*, que ver con este mundo. La acción del reino y la vida del reino funcionan desde la base del amor de Dios por el mundo y la salvación del mundo.

Cuando oramos la segunda petición junto con Jesús que está orando con nosotros, no aislamos el reino por el que oramos del Rey de este reino que está orando con nosotros para que se haga realidad. En la breve caracterización de Pablo del reino como "justicia, paz y alegría en el Espíritu Santo" (Romanos 14.17), no hay un repudio del mundo como tal, sino una persistente invasión de levadura, sal y luz del mundo. Dios gobierna con poder y para toda la eternidad "No será por la fuerza ni por ningún poder, sino por mi Espíritu" (Zacarías 4.6). Cristo es rey, verdadera y literalmente, pero desde una cruz.

Sólo podemos orar con osadía mientras oramos "venga tu reino" cuando andamos con Jesús (y solamente cuando andamos con Jesús). Sabemos que estamos involucrados en una detallada participación en la salvación del mundo. Esta audacia no es arrogancia. Es castigada por una minuciosa modestia. No fabricamos nuestras propias estrategias y luego empleamos un espíritu de reafirmación personal para fomentar orgullosas visiones de un reino que usa espadas y dinero y glamour para derrotar a los poderes y potestades con sus propias armas.

"Hágase tu voluntad"

La tercera petición se ora dentro del relato más grande de las oraciones que participan en el cumplimiento de la voluntad de Dios. Treinta años antes de que Jesús nos diera esta petición, le dijeron a María que quedaría embarazada con Jesús. En ese momento, ella oró una plegaria similar a la que Jesús nos invita a orar con él aquí. El ángel Gabriel se le acababa de aparecer a María y le había dicho: "Quedarás encinta y darás a luz un hijo, y le pondrás por nombre Jesús" (Lucas 1.31). Ésta es la primera mención en los Evangelios de Jesús por su nombre. Por supuesto, María está perpleja. Gabriel disipa su confusión. Él elabora su anuncio del nacimiento colocando la concepción de este bebé en el contexto más amplio del reino de Dios: "Dios el Señor le dará el trono de su padre David, y reinará sobre el pueblo de Jacob para siempre. Su reinado no tendrá fin" (Lucas 1.33).

Ángel o no, Gabriel no conoce evidentemente las realidades de la vida. María lo pone al corriente, diciéndole que ella era una virgen. Pero María desconocía las realidades del reino. Gabriel la pone al corriente: "El Espíritu Santo vendrá sobre ti..." Por más segura que estaba de las "realidades de la vida", María no insiste. Ella se abre al rey de Gabriel y al anuncio del reino y ora, de hecho, *hágase tu voluntad*: "Aquí tienes a la sierva del Señor. Que él haga conmigo como me has dicho (Lucas 1.38).

La oración de María de que se haga la voluntad de Dios se cumple: ella queda encinta y nace Jesús. Y ahora, treinta años después de que ella oró por ello, Jesús, que era la voluntad de Dios para María, lo ora con sus discípulos.

Tres años después, Jesús ora la misma plegaria en Getsemaní: "pero no se cumpla mi voluntad, sino la tuya" (Lucas 22.42). Esta oración también recibe su respuesta; se hace la voluntad de Dios; lo matan a Jesús y él se convierte en el Rey resucitado del reino.

*   *   *

Estoy colocando la tercera petición de la oración entre la Anunciación y Getsemaní para insistir en un contexto minucioso de *Jesús* para la petición. No se puede quitar el orar "hágase tu voluntad" del contexto de Jesús, sus historias y oraciones, y luego usarlo como se nos antoje. Tenemos que mantenernos y mantenerlo en la historia y en las oraciones.

Todos vivimos con parientes y amigos y vecinos que hacen muchas preguntas sobre la "voluntad de Dios". No llevo estadísticas sobre tales asuntos, pero según mi experiencia, me atrevo a decir que ésta es quizás una de las preguntas más frecuentes de los cristianos. Me duele decirlo, pero hay una enorme cantidad de deshonestidad y simple estupidez escrita y hablada sobre la causa de Cristo. Mucho de ello tiene que ver con asuntos que se encuentran bajo el título de "la voluntad de Dios".

Es probable que la frase "voluntad de Dios" sea el conjunto más turbio de palabras en el vocabulario cristiano. Vivimos una época en que el aire está lleno de comentarios negligentes sobre la voluntad de Dios. Por desgracia, demasiados de estos comentarios no tienen raíces bíblicas ni integridad teológica. Lo cual es extraño, ya que la Biblia no podría ser más clara sobre este asunto. Aún así, nosotros usamos comúnmente la "voluntad de Dios" como un mero cliché vaciado de contenido. En otros momentos, separada de la oración de Jesús, esta frase significa una zambullida en una vorágine de ansiedad. Para algunos, ella coloca un letrero dogmático de Prohibida la entrada que impide pensar u orar. Para otros, ella garabatea un enorme signo de interrogación sobre el pasado y el futuro y nos deja tambaleándonos en el "sagrado ahora" en el que transcurre nuestra verdadera vida.

El uso de la palabra "voluntad" en relación con Dios no es algo esotérico. No es diferente de la manera en que usamos la palabra entre nosotros. La voluntad tiene que ver con la intención, con el propósito. Sin una voluntad, vivimos una vida sin rumbo fijo. También tiene que ver con la energía. Sin una voluntad, vivimos una vida apática e indiferente.

Cuando hablamos de una persona que vive con "una voluntad", no la imaginamos llevando consigo un plano y sólo haciendo aquellas cosas que estén especificadas en el plano y luego obligando a que los espectadores ignorantes o rebeldes lo acaten. Y cuando hablamos de la persona que vive por voluntad propia, no pensamos en alguien que sólo hace lo que está dictado por la descripción de su trabajo. La palabra no sugiere un dócil acatamiento o un renuente sometimiento a la coerción.

La objeción bíblica y evangélica a la versión del "plano" de la voluntad de Dios es que despersonaliza lo que es fundamentalmente una relación personal —"Padre nuestro"— para convertirlo en algo frío y sin vida, sin ambigüedades, sin conversaciones. Las versiones de acuerdo a "un plano" de orar por la voluntad de Dios son una burlona parodia de la oración.[2]

---

2   Dos excelentes escritores contemporáneos que eficazmente contrarrestan la versión del plano de la voluntad de Dios y recuperan el original bíblico y evangélico son Jerry Sittser: *The Will of God as a Way of Life* (Grand Rapids: Eerdmans, 2002).

El consejo maduro, sensato y perdurable de nuestros mejores pastores y teólogos es éste: mantengamos la oración de Jesús "hágase tu voluntad" en el contexto de las Sagradas Escrituras. Dejemos de especular sobre la "voluntad de Dios" y simplemente hagámosla, como lo hizo María, como lo hizo Jesús. La "voluntad de Dios" no es un asunto de conjeturas. Concentra la atención en la obediencia con fe.

"En la tierra como en el cielo" (un interludio)

Todas las cosas en la vida de oración tratan de esta vida "en la tierra".[3] La oración es la cosa más "terrenal" que podamos hacer. Las tres primeras peticiones tienen que ver con la manera en que participamos en lo que Dios ya está haciendo en Cristo mediante el Espíritu Santo. Dios obra en la creación, en la salvación, en la bendición: en la tierra. Él obra en nuestros hogares y lugares de trabajo, en nuestros gobiernos y escuelas, en nuestras prisiones e iglesias, en los barcos en el mar y los automóviles en las autopistas, entre los hambrientos y los pobres, entre los recién nacidos y los moribundos. Cada uno haga su propia lista. Incluyan su nombre en ella. Y luego oren.

El cielo es el lugar donde comienza todo. El cielo es el lugar donde todo termina. El cielo es nuestra metáfora para aludir a lo que está más allá de nosotros, más allá de nuestro entendimiento, más allá de lo que podemos ver y escuchar y degustar y tocar, más allá y fuera del alcance de lo que podemos controlar. La tierra es donde actuamos nuestro rol, el lugar donde lo que no vemos y lo que vemos se unen y se convierten en creación y salvación y santidad. Los extremos de la realidad, el cielo y la tierra, se fusionan: "en la tierra como en el cielo".

La revelación más completa de "en la tierra como en el cielo" es Jesús, las historias de Jesús y las oraciones de Jesús. Todas las historias de Jesús y las oraciones de Jesús comienzan en el cielo pero se llevan a cabo en la tierra. Nuestras historias y nuestras oraciones son una participación voluntaria y obediente en lo que se origina en el cielo y se lleva a cabo en la tierra. Pero

---

3 George Herbert: *The Country Parson, The Temple*, ed. John N.Wall Jr. (New York: Paulist Press), p. 284.

nuestras historias tienen que ser vividas y nuestras oraciones oradas desde *dentro* de la historia y las oraciones de lo que hace Dios en el cielo y en la tierra en Jesús. En el lenguaje que aprendemos de las Escrituras y Jesús, el cielo y la tierra son distintos pero no separados. El cielo y la tierra son una unidad orgánica. Ninguna cortina de hierro los separa. Todo en el cielo —la belleza, la bondad, los aleluyas, los amenes, la santidad, la salvación, el caballo blanco y los veinticuatro ancianos, el Cordero sacrificado y el banquete de la boda, la ciudad cuadrada y el río de la vida— se llevan a cabo en la tierra.

"En la tierra como en el cielo" expresa la fundamental practicidad, el aquí y el ahora involucrados en cada plegaria que oramos. La oración no es un escaparse de lo que está ocurriendo a nuestro alrededor. Es una participación osada en cada detalle terrenal. La oración no es un ejercicio de preparación para ponernos en forma para disfrutar del deleite celestial. Santa Teresa dijo: "Todo el camino al cielo es cielo". Entonces, ¿para qué esperar?

"Danos hoy nuestro pan cotidiano"

Doblamos una esquina. Las tres primeras peticiones nos permiten participar en el ser y la acción de Dios. Jesús ora con nosotros y, al hacerlo, nos convierte en sus colaboradores en la obra del cielo en la tierra, sus compañeros en la santificación del nombre de Dios, la venida del reino de Dios y el hacer la voluntad de Dios. Dios está en el cielo. El cielo es donde todo comienza. Jesús comienza allí. Junto con Jesús, nosotros comenzamos allí. No estamos acostumbrados a esto. Tenemos la eterna costumbre de comenzar con una "lista de deseos" desarrollada mientras estábamos sólo preocupados por cruzar la calle. Indirecta pero implícitamente, las tres peticiones renuncian a estas listas de deseos: el deseo de ser "como Dios", el deseo de usar a Dios como un ayudante cuando asumimos el control de "nuestro" reino y el deseo de tener acceso a los así llamados secretos de la oración (los planos) para perseguir nuestra propia voluntad, nuestra tozudez.

Las tres peticiones reorientan nuestra vida, nuestra imaginación y nuestro lenguaje para volcarlos hacia la presencia y la acción de Dios. Si permanecemos aquí durante el tiempo suficiente, si lo convertimos en una costumbre, lenta pero seguramente dejaremos atrás nuestro egocentrismo congénito para comenzar a concentrarnos en Dios.

* * *

Ahora llegamos a un importante cambio de pronombres. Las tres primeras peticiones están enraizadas en el celestialmente divino "Tu": *tu* nombre, *tu* reino, *tu* voluntad. La oración nos introduce en lo que Dios está haciendo. Los tres últimos pronombres cambian al terrenalmente humano "nosotros": da*nos*, perdó*nanos*, rescáta*nos*. La oración le da participación a Dios en lo que necesitamos para vivir para su gloria.

La oración nos involucra profunda y responsablemente en todas las operaciones de Dios. La oración también involucra de manera profunda y transformadora a Dios en todos los detalles de nuestra vida.

* * *

Comenzamos con el cuerpo. Somos criaturas de carne y hueso. Necesitamos pan para vivir. Pan cotidiano. Pan *fresco*. Comida. Somos almas destinadas para la eternidad, pero estas almas están encarnadas y poseen un sistema digestivo. Si no comemos, no oramos.

Somos seres humanos creados a la imagen de Dios; seres espirituales destinados para la gloria celestial —pero lo primero que necesitamos para vivir esta vida gloriosa es pan— no "sólo pan", es verdad, pero pan para comenzar. Nuestros cuerpos no son una idea de último momento en el plan de la creación. Nuestros cuerpos lo completan. Y estos cuerpos, con la necesidad implícita de mantenerlos sanos y en buen estado, han sido creados por Dios. Estos cuerpos necesitan pan, junto con los elementos básicos de un techo y ropa e higiene personal propios de tener un cuerpo. No importa nuestra inteligencia, ni nuestra belleza, utilidad, rectitud y cuán preciosa sea nuestra alma eterna, necesitamos pan. No somos ángeles.

Cada tanto aparecen casos de "angelismo" entre nosotros. Esto ocurre en las personas que tratan de ser más espirituales que Dios al servir a Dios. Los cuerpos, aunque muy inferiores al alma, son algo que tenemos que soportar hasta que, como dice la canción, "volamos". El angelismo es una distorsión de la vida cristiana que han condenado nuestros santos antepasados.

"Danos pan" —y Jesús, recuerden, es parte de ese "nos"— prohíbe el angelismo como una opción para cualquier vida vivida sobre la tierra. No se puede ser más sensual, material o básico que el pan: su aroma a levadura, su crocante corteza, su elaborado sabor.

Cuando oramos por pan reconocemos nuestra necesidad. Somos criaturas interdependientes en esta enorme y complicada maravilla de la creación, donde todo y todos estamos relacionados y en contacto con todo y todos los demás. Cuando oramos por pan, hacemos una declaración decididamente poco americana de dependencia. No poseemos la capacidad de ser nosotros mismos. Renunciamos a las tontas pretensiones de haber alcanzado nuestra posición gracias a nuestros propios esfuerzos. Humildemente asumimos nuestro lugar en "la gran cadena de la existencia".

*   *   *

Sin embargo, cuando oramos por pan, hacemos más que reconocer nuestra necesidad. Abrazamos con agradecimiento la buena creación y nuestro lugar en el orden creado.

No es inusual que nos irriten nuestras necesidades. El tener que pedir ayuda es admitir que no podemos hacer solos las cosas, que no estamos en control. Hay algo en nosotros, llamémoslo el gen de Lucifer en nuestro ADN, que preferiría no tener que pedir jamás ayuda.

El consumismo es un narcótico que adormece la conciencia de que tenemos necesidades. Al comprar lo que necesitamos, nos apoderamos del control de nuestra vida. Reemplazamos la sensación de necesidad con la sensación de propiedad, y nuestra sensación de necesidad retrocede.

La tecnología es un narcótico. Despersonaliza las necesidades para convertirlas en algo que puede ser manejado por un aparato o una máquina. Reemplazamos la sensación de necesidad con la satisfacción de estar al mando: "Yo me ocuparé de mis propias necesidades, gracias".

El dinero y las máquinas anestesian las necesidades. Nos ponen a cargo de todo, en control. Mientras que haya dinero y las máquinas funcionen, no tenemos que orar. Pero el precio es alto. Los narcóticos entorpecen la capacidad de tener relaciones personales. Los narcóticos adormecen y finalmente destruyen la capacidad de vivir, sentir, amar y disfrutar. Y orar.

Cuando escogemos vivir con una sensación reducida de los límites impuestos por nuestras necesidades básicas, falsificamos nuestro lugar en la complicada y maravillosa bondad de nuestra creación, lo que los salmistas celebran como la "tierra de los vivos". El negarnos a trabajar dentro de los límites es rechazar de manera obstinada y rebelde la vida como un don. Las necesidades no son limitaciones que interfieren o reducen o aplastan nuestra vida. Las necesidades nos preparan para una vida de receptividad; nos alistan para recibir lo que sólo puede ser recibido como un don. Las necesidades nos abren la puerta a esta vasta complejidad ecológica de cielo y tierra, tréboles y abejas, maridos y mujeres, caballos y carruajes. Las necesidades no nos reducen a "meras" criaturas, sino que brindan las condiciones en las que podemos vivir en una relación de reciprocidad con las flores silvestres y los pájaros carpinteros, con hijos e hijas, con padres y abuelos. Las limitaciones propias de las necesidades impiden que tengamos ilusiones de grandeza y que nos aísle nuestro orgullo egoísta. Las limitaciones de nuestro estado creado son invitaciones a vivir en una dinámica generosa y receptiva en la vida biológica que prolifera a nuestro alrededor. Los límites no nos impiden ser completamente humanos. Sólo nos impiden ser Dios.

Los violinistas no se quejan de que su violín sólo tenga cuatro cuerdas. Los poetas nos protestan contra los límites de catorce versos en el soneto que están escribiendo. Todo los así llamados límites son un acceso a los dones, al don del amor, al don de la belleza, a todos los dones en oferta para que los recibamos con manos abiertas.

¿Queremos vivir sin necesidades? Entonces queremos vivir sin Dios. Nuestras necesidades son una continua invitación a vivir en una realidad de dar y recibir dones. "Pidan, y se les dará; busquen, y encontrarán; llamen, y se les abrirá" (Mateo 7.7). "La gracia de Dios significa algo así como: Aquí está tu vida. Podrías no haber existido, pero existes porque el grupo no estaría completo sin ti. Aquí está el mundo. Ocurrirán cosas hermosas y terribles. No temas. Yo estoy contigo. Nada nos puede separar. Es para ti que he creado el universo".[4] Vivimos en un mundo lleno de gracia. De modo que, "danos..."

"Perdónanos nuestras deudas, como también nosotros hemos perdonado a nuestros deudores"

Dios da. La vida es un don. "Porque tanto amó Dios al mundo, que *dio*..." (Juan 3.16). El dar y recibir es la norma de la creación de Dios. El mundo es así. Pero no es normativo en la comunidad humana. Existen muchos problemas entre nosotros.

La gracia en la que estamos inmersos está continuamente empañada por el pecado, que es lo opuesto a la gracia. El pecado es contrario a los dones y contrario a lo personal. El pecado quebranta y sabotea las relaciones vivas. En vez de recibir, tomamos. Decidimos que no nos agrada el pan que nos han puesto sobre el plato, así que lo tiramos al piso y le sacamos la copa de helado a nuestra hermana. El mundo de la gracia, que requiere el deseo abierto y personal de pedir con humildad y recibir con agradecimiento queda de lado para darle paso a un mundo despersonalizado de manipulación, violencia, eficiencia y control. Las palabras se convierten en propaganda. El sexo se convierte en pornografía. La política se convierte en opresión. El poder se convierte en guerras. Lo hacemos muchas veces. Y por lo tanto, necesitamos perdón.

Perdónanos nuestras deudas. Perdona que no podamos mantener las cuentas claras con nuestro semejante. Perdona que no aceptemos los dones que nos son dados y que robemos lo que no nos pertenece. Perdona que usemos el don del lenguaje para engañar. Perdona que usemos el don de la sexualidad para seducir. Perdona que usemos el don de la fuerza para abusar y matar. Perdona que usemos el don de la abundancia para empobrecer a los demás. Pablo recoge y repite el quinto pedido: "Así como el Señor los perdonó, perdonen también ustedes" (Colosenses 3.13).

---

4   Frederick Buechner: *Wishful Thinking: A Theological ABC* (New York: Harper & Row, 1973), p. 34.

*   *   *

"Pecado" es la palabra genérica para denominar todo lo que anda mal con nosotros y con el mundo. La vastedad y la inventiva de los seres humanos en estropear el mundo, a nosotros mismos y a los demás parecen no tener fin. La taxonomía del pecado es deprimente: deudas, mal, maldad, pecado, injusticia, culpa, transgresión, impiedad, desobediencia, rebeldía, alienación. En el hebreo bíblico hay más de cincuenta palabras para denominar el pecado.

Sin embargo, el exponer y nombrar el pecado no está en el centro de la vida vivida para la gloria de Dios. El sacar los trapos al sol no es la obra del evangelio. La caza de brujas no es la obra del evangelio. El avergonzar a los marginados no es la obra del evangelio. El perdonar el pecado *sí* lo es.

Cuando enfrentamos los desastres del pecado, Jesús ora con nosotros. No nos dice que busquemos un trapo, un balde y un cepillo para enseñarnos a limpiar el pecado de nuestra vida, de la vida de nuestros cónyuges e hijos, de la vida de nuestros vecinos. No nos instruye cómo conectarnos con la manguera del Espíritu Santo para limpiar la corrupción de los corredores del gobierno, el sacrilegio de nuestras iglesias, la falta de fe de nuestros colegios. Jesús no se mantiene apartado del desastre en el que nos encontramos. Se une a nosotros allí donde estemos, envueltos en el lodo del pecado: "Al que no cometió pecado alguno, por nosotros Dios lo trató como pecador" (véase 2 Corintios 5.21). Él toma su lugar junto a nosotros y nos invita a orar con él: "Perdónanos..."

Dios no se ocupa del pecado quitándolo de nuestra vida como si se tratara de una bacteria o de un ratón en el altillo. Dios no se ocupa del pecado mediante amputaciones como si se tratara de una pierna con gangrena, dejándonos paralíticos, santos con muletas. Dios se ocupa del pecado perdonándonos. Y cuando nos perdona, somos más, no menos.

*   *   *

El pecado es el negarnos a tener una relación personal con el Dios vivo y personal. Por lo tanto, el perdón del pecado no puede funcionar con alguna definición del diccionario del pecado, sino únicamente en un acto profundamente personal que restaure la relación íntima. El pecado que niegue lo personal sólo puede tratarse personalmente. Dios es personal; enfáticamente, personal. La Trinidad es la manera más exhaustiva y saturada de las Escrituras de entender la manera de Dios de ser Dios como Padre, como Hijo, como Espíritu Santo. Todas las operaciones de la Trinidad son personales. No hay nada, absolutamente nada abstracto o impersonal en Dios, el Dios *viviente*. Y su voluntad es que no haya nada abstracto ni impersonal en el cuerpo de Cristo: la iglesia.

De modo que si vamos a hacer algo con respecto al pecado, no será al estilo de las leyes y reglas, códigos y regulaciones. Dios y todos los hombres y mujeres creados por Dios sobre la tierra son inherentemente personales y sólo pueden entablar relaciones que sean personales. Somos personas, imágenes de Dios. El pecado es la violación de la esencial naturaleza personal de la vida humana con Dios y con los demás. No pecamos contra un mandamiento, sino que pecamos contra los demás. El pecado no es una ofensa contra la justicia; el pecado es una ofensa contra un ser humano. El pecado no es una falta sexual; el pecado es la degradación de un hombre, una mujer, un niño. El pecado no es la violación de las leyes de una nación o de las reglas de un hogar; el pecado es la violación de una relación personal.

Así que Jesús viene y ora con nosotros: "Perdónanos. Perdona nuestras deudas, perdona nuestras faltas, perdona nuestros pecados". Confía en que haremos todo lo posible para hacer lo que él hace mejor que nadie: "como también nosotros hemos perdonado a nuestros deudores". Él nos puede alentar de manera legítima y genuina a perdonar porque ya ha creado el marco extendiendo su perdón en semejante escala cósmica.

*   *   *

Cuando Jesús ora con nosotros: "Danos pan...", gradualmente nos aleja de la presunción y hábito de vivir vidas independientes, independientes de Dios, criaturas independientes que no desean ser simplemente criaturas sino que desean hacerse cargo del agua y del aire, de los árboles y la tierra, por no mencionar a nuestros hijos y vecinos y alumnos y empleados, para hacer con ellos lo que deseamos. Pero no estamos a cargo. No tenemos el control. No poseemos lo necesario para mantenernos vivos.

Pero Dios sí. Dios es generoso. Dios da. La vida es un don. Nosotros somos un don. Aprendemos a orar: "Danos..." y, con Jesús orando a nuestro lado, comenzamos a entender directamente cómo se siente uno cuando es el que recibe, de cómo es vivir en una tierra de gracia.

Al ocuparse Jesús del desastre del pecado y enseñarnos a enfrentar nuestras luchas diarias, nos desconecta nuevamente de nuestras antiguas costumbres. ¿Acaso pensamos que lo que anda mal en el mundo es algo de lo que podemos ocuparnos nosotros mismos? No podemos. ¿Creemos acaso que existen formas judiciales o educativas o psicológicas de tratar con el pecado? No las hay. Tanto en el mundo de la gracia, como en la tierra del pecado, aprendemos cómo lo hace Dios e ingresamos en esa clase de vida orando, mientras Jesús ora con nosotros: "Perdónanos nuestras deudas".

El pecado mata. El pecado mata las relaciones. El pecado mata la intimidad del alma que es propia de las criaturas creadas a la imagen de Dios que somos. El pecado es mortal, resumido en los "siete pecados capitales". Cuando pecamos, una parte de nosotros muere, ya no en relación viva con el Dios vivo, el esposo vivo, el hijo vivo, el semejante vivo. No hay medicamento que pueda devolverle la vida a los muertos. No hay máquinas que puedan desarmar la muerte. Todos los días nos encontramos caminando por este vasto cementerio de pecado de algo que alguien ha descrito como los "muertos no muertos". La única manera de tratar con el pecado es mediante la resurrección. El perdón es resurrección, vida de los muertos.

*   *   *

La muerte y resurrección de Jesús forman el complejo acto que logra el perdón de los pecados. Cómo ocurre es un profundo misterio. Que ello ocurre, como lo testimonian nuestras Sagradas Escrituras y lo confirman hombres y mujeres sabios y santos y en su sano juicio en todos los lugares y generaciones, es una realidad diaria y vivida.

Una cierta vez, Kurt Vonnegut destacó que mientras que la teoría de la relatividad de Einstein podría colocar un día a la Tierra en el mapa intergaláctico, siempre ocuparía un segundo lugar después del Padrenuestro, cuya utilización de las energías en su correcta dirección vivificadora excede incluso el descubrimiento del fuego. La frase que altera el universo que él tiene presente es "'perdónanos nuestras deudas, como también nosotros hemos perdonado a nuestros deudores'. No hay relaciones de suma cero en el cosmos. No hay futuro sin perdón. Mundo sin fin. Amén".[5]

"Y no nos dejes caer en tentación, sino líbranos del maligno"

La primera oración de Jesús colocada delante de nosotros en nuestro primer Evangelio, este "Padrenuestro" no es una partitura de música escrita por un compositor maestro que vamos y practicamos, petición tras petición, como escalas musicales, hasta que lo logramos "a la perfección". La oración no es esa clase de cosa. Lo que sigue impactándome es cuán afable es esta oración. Jesús ora con nosotros; nosotros oramos con él. Jesús no nos enseña sobre la oración, sino que ora con nosotros; nosotros no aprendemos sobre la oración, sino que oramos con él. Jesús no tiene el aspecto de un maestro de escuela, ni su condescendencia. Él nos trata con una inmensa dignidad. Es cierto que Jesús es nuestro Señor. Pero es también nuestro amigo. Al aventurarnos en este inusual mundo de la oración con Jesús a nuestro lado, estamos personalmente presentes y sumisos y obedientes a Dios, que está presente y activo en nosotros. Jesús ora lo que él vive, y nosotros oramos con él. Cuando lo hacemos, descubrimos que estamos orando y viviendo lo que vive Jesús.

* * *

Jesús ha orado con nosotros a través de todas las operaciones de la Trinidad: la santificación de su nombre, la venida del reino, el cumplimiento de su voluntad. Ha orado con nosotros para permitirnos ingresar en una

---

5   Citado en David Dark: *The Gospel according to America* (Louisville: Westminster/John Knox Press, 2005), p. 121.

vida de gracia, recibiendo no consiguiendo. Ha orado con nosotros para permitirnos ingresar en una vida de perdón, dejando que Dios se hiciera cargo de nuestros pecados en vez de construir con orgullo una vida moral que nos haga ser autosuficientes.

Ahora sabemos que estamos profundamente involucrados en todo lo que Dios es y hace: la santidad, el reino y la voluntad. Ahora sabemos que nuestras manos están abiertas para recibir los dones de la creación, que estamos listos para comer de la mesa a la que hemos sido invitados: Vengan y coman. Ahora sabemos que con la cabeza inclinada y el corazón abierto somos absueltos de pecado y estamos listos para pasar el perdón a todos los que encontremos.

¿Qué resta, entonces? La realidad es que no sabemos qué resta. No hemos llegado aún al final. "No será todavía el fin" (Marcos 13.7). Sabemos que no hemos aún terminado. Todas las oraciones que hemos orado, con Jesús orando a nuestro lado, son oraciones que oramos camino a la cruz de Jesús y hacia la resurrección.

Sabemos que él completó el trayecto hacia la cruz y la resurrección. Sabemos que su muerte y resurrección son realidades presentes en nuestra vida, "tú traes salvación sobre la tierra" (Salmo 74.12). Sabemos que se nos ha dado la dignidad y el privilegio de vivirlas en nuestra vida personal. Sabemos que aún ahora estamos participando en su muerte y resurrección (Romanos 6.4). Y sabemos que no hemos completado todavía nuestra etapa del viaje.

Las cinco peticiones se oran a partir de la actividad presente, de Dios y de nosotros, de las circunstancias y condiciones de lo cotidiano. Pero hay más. La sexta petición nos prepara para este "más". Ella se extiende hacia el futuro y nos prepara para lo que todavía no sabemos: tentaciones no anticipadas y males engañosos. Sabemos que nos enfrentaremos a tentaciones a cada paso de este peregrinaje, pero no podemos saber cuáles serán. Y sabemos que el mal (o, mejor dicho, el Maligno), nos acecha (Génesis 4.7), listo para abalanzarse sobre nosotros como estaba listo para abalanzarse sobre nuestro Señor (Hebreos 4.15), para impedir que completemos nuestro llamado. Pero no tenemos manera de conocer las formas engañosas que habrá de asumir. Necesitamos ayuda para estos momentos y ocasiones en que no nos damos cuenta de que la necesitamos. Oramos preparándonos para lo que vendrá. Y no sabemos qué será lo próximo.

Jesús se une a nosotros en una oración por algo que todavía no tiene ninguna forma identificable y que podríamos fácilmente no reconocer: "Y no nos dejes caer en tentación, sino líbranos del maligno"[6]. N. T. Wright traduce: "No dejes que seamos llevado a la prueba, a la gran tribulación; líbranos del mal"[7] Prepáranos y guárdanos de lo que viene a continuación. Más adelante encontramos las palabras de Jesús: "En este mundo afrontarán aflicciones, pero ¡anímense! Yo he vencido al mundo" (Juan 16.33), asegurándonos que podemos contar con que él responderá a nuestra oración.

Las tribulaciones incluirán sin duda pruebas, tentaciones y males. Por más glorioso que sea el mundo, es también peligroso. Los peligros que no tienen la apariencia de peligros abundan por doquier. El mal que se oculta bajo el aspecto de un ángel de luz es algo común. Necesitamos ayuda. Y necesitamos ayuda aun cuando no sepamos que necesitamos ayuda. *En especial* cuando no sabemos que necesitamos ayuda.

Los pecados, las deudas, las faltas, con todas sus manifestaciones en los "siete pecados capitales" por los que oramos "perdónanos", están más o menos expuestos a la vista de todos. Por lo general, sabemos cuándo pecamos, al menos en las primeras etapas cuando las excusas y la racionalización no han todavía adormecido la conciencia. Y si no lo sabemos, nuestros padres e hijos y vecinos lo saben y, tarde o temprano, nos lo harán saber. Pero las tentaciones y las pruebas, exámenes y males son una clase diferente. Las tentaciones y los males casi siempre se disfrazan como algo bueno y hermoso. Por lo general, nos agarran desprevenidos, nos toman por sorpresa.

* * *

Eva en el jardín, deslumbrada por la serpiente, es tentada a recibir como un don algo que ella está convencida que era completamente

---

6 Las palabras en griego utilizadas en la sexta petición contienen varios matices de significado: prueba, tentación, examen, tribulación, mal, Malvado. Las he usado todas, tratando de comunicar las variaciones de énfasis que ocurren cuando oramos la petición.

7 N. T. Wright: *The Lord and His Prayer* (Grand Rapids: Eerdmans, 1997), p. 68.

bueno: cuando ella "vio que el fruto del árbol era bueno para comer, y que tenía buen aspecto y era deseable para adquirir sabiduría... tomó de su fruto y comió". Luego corona la bondad con generosidad: "Luego le dio a su esposo, y también él comió" (Génesis 3.6). La comida es algo bueno; la belleza hace resaltar nuestras mejores cualidades; la sabiduría nos guía hacia una vida plena; una vida compartida duplica el placer. La tentación del jardín tiene que ver sobre el participar en un bien ilusorio. En la superficie, el hombre y la mujer tienen buenas razones para suponer que, al comen ese fruto, están participando de algo bueno.

Sin embargo, éste es el acto de apertura de un drama que sumergió a toda la raza humana en la tentación y el mal, actuando frente un teatro lleno desde entonces. Algunos de nosotros tenemos un rol pequeño, otros tenemos el rol principal, pero todos somos parte del elenco.

En el desierto, el diablo tienta a Jesús a llevar a cabo tres cosas que sólo puede hacer porque es el Hijo de Dios: convertir piedras en pan, exhibir sus poderes milagrosos saltando desde el techo del templo sin lastimarse siquiera un tobillo, gobernar todos los reinos del mundo. El hacer pan es algo bueno, el hacer milagros es algo bueno, el gobernar el mundo es algo bueno. Todas las tentaciones del desierto implican hacer lo bueno (Mateo 4.1-11).

Pero Jesús no muerde el anzuelo. Él hace lo que no hicieron el hombre y la mujer en el jardín. Se niega a hacer lo aparentemente correcto que le ponen delante. Esa negación es un elemento importante para liberar a los hijos de Adán y Eva del mal. Y nosotros somos esos hijos.

* * *

El pecado, lo llamen como lo llamen, es aún pecado. Pero al separar el pecado de la tentación y el mal del pecado de las deudas y transgresiones y dándole su propia petición, Jesús nos permite comprender una forma de pecado que no llega a nuestra puerta con el rótulo de "pecado".

Es evidente —verificado empíricamente en toda familia, escuela, empresa y nación— que todos nosotros somos básicamente parciales en cuanto al pecado que solemos denominar pecado original, el pecado anterior a nosotros, el pecado que recogemos sin la intención de hacerlo o sin saber que lo estamos haciendo. Nacemos a una vida de fundamental "caída". Nadie escapa la participación, "no hay nadie que haga lo bueno; ¡no hay uno solo!" (Salmo 14.3). El daño del pecado se mitiga en parte por la enseñanza y capacitación en conducta moral que controlan el hacer el mal. Pero no todo. La sociedad brinda una protección de refuerzo con sanciones disciplinarias, fuerzas policiales y ejércitos que mantienen las cosas bajo control y evitan la anarquía moral. Pero todo esto, por necesario que sea, es impersonal y no puede ocuparse de la separación relacional que es el pecado. El perdón es la única manera que conocemos de restaurar las relaciones, las dimensiones personales de intimidad con Dios y con los demás que yacen en el centro mismo de nuestra humanidad.

Junto a esta inclinación al pecado que todos experimentamos, hay también una paradójica bondad, una capacidad innata de actuar con generosidad y alegría y consideración, de alabar y amar, completamente aparte de todo estímulo de amenazas, recompensas o ventajas. Sonreímos y nos reímos y servimos y somos espontáneamente amables sin que nos lo hayan enseñado o nos hayan capacitado para hacerlo. Este campo de bondad, incluso inocencia, es donde coloca la tentación sus trampas y las prácticas malvadas, sus engaños. No estamos preparados para esto. No se nos ocurre que esta capacidad innata para hacer el bien está sujeta a tentaciones y que frecuentemente se convierta en mal. ¿Quién hubiera soñado que una bondad sin malicia que traduce lo mejor de nosotros en palabras y actos podría ser corruptible?

Recibimos advertencias y directrices que nos protegen de los muchos y variados pecados que lastiman y destruyen y degradan a la gente que nos rodea, que afean la bondad y la belleza del mundo, que blasfeman a Dios, que contribuyen al caos general de la humanidad. Pero nos toma por sorpresa que lo que sentimos profundamente en nosotros como bien no adulterado se convierta en mal. Las tentaciones que usan la materia prima de lo bueno para el mal pueden continuar sin ser reconocidas durante mucho tiempo, a veces hasta que ya es demasiado tarde y el mal resultante es mucho. "Los lirios que se pudren huelen mucho peor que los yuyos" (Shakespeare).

Casi no podemos comprender el mal que se origina en nuestro deseo de hacer el bien, de servir a Dios, de ayudar a nuestros semejantes, de hacer que el mundo sea un lugar mejor. Las historias de Eva en el jardín y Jesús en el desierto han sido estratégicamente colocadas para suministrar un poderoso antídoto para nuestra ingenuidad. Son inolvidables.

La historia de Eva en el jardín nos cuenta que una persona en un lugar completamente perfecto, atractivo y hermosamente idílico, con todo lo que uno pueda desear o soñar, puede ser engañada hasta el punto de convertir el bien en mal.

La historia de Jesús en el desierto nos cuenta que una persona perfectamente preparada (en este caso, el Hijo de Dios), completamente consciente de la bendición de lo extraordinario y la voluntad de Dios en su vida, listo para atravesar el umbral y poner en movimiento las palabras y actos que van a llevar a cabo la obra más gloriosa imaginable, la salvación del mundo, está aún corriendo seriamente un riesgo.

Una persona en un buen lugar no es inmune a la tentación.

Una buena persona con buenas obras que hacer no es inmune a la tentación.

*   *   *

He simplificado las cosas al máximo. No es que Eva y Jesús no estuvieran preparados para la tentación que usó el bien como señuelo para el pecado. Eva tenía el mandamiento del árbol del bien y del mal esculpido profundamente en su alma y, con Adán, tenía una vida bien desarrollada de compañerismo en oración con Dios durante las noches en el jardín. Y Jesús tenía la predicación de los profetas, las canciones de los salmistas —casi dos mil años de relatos de historias de salvación— vigentes y funcionando en su vida.

Aún así, no podemos desestimar con qué frecuencia la energía de la bondad experimentada se usa para alimentar la tentación a pecar.

No podemos desestimar la frecuencia con la que una buena vida se pervierte hasta convertirse en mal.

He sido pastor casi toda mi vida de adulto. Mi trabajo implica el tratar todos los días con pecadores de toda clase, también con muchos santos, aunque la mayoría no sabe que lo son. Mi sensación es que las deudas y transgresiones que tienen su comienzo en nuestra afición al pecado, los pecados por los que pedimos perdón en la quinta petición, son más fáciles de discernir y tratar que las tentaciones y males que tienen su principio en nuestro deseo y capacidad para hacer el bien y por los cuales pedimos liberación en la sexta petición.

Ya no me sorprende que grandes males encuentren su formación en lugares donde la gente viene a adorar a Dios pero donde los seduce el placer de jugar a Dios. Ya no me sorprende reconocer grandes males en los lugares de poder, en empresas y gobiernos, por ejemplo, donde la gente tiene acceso a enormes recursos para hacer el bien, pero es sin embargo tentada a usar el poder para ser poderosa. Ya no me sorprende encontrar grandes males en familias y matrimonios, donde las oportunidades de intimidad y afecto son más accesibles, y encontrar que esas oportunidades han sido desperdiciadas en seducciones de manipulación y control despersonalizados. Muchos más males echan raíces en los lugares donde abunda el bien que en los barrios bajos y el hampa delictiva. ¿Por qué habría de sorprendernos eso? Todo comenzó, después de todo, en el Edén.

*   *   *

Pecados de la quinta petición, por los que pedimos perdón, son más fáciles de detectar y más fácil responsabilizarnos de ellos que las tentaciones de la sexta petición —la tentación que sedujo a Eva, las tentaciones que rechazó Jesús— tentaciones cuidadosamente construidas para engañarnos y llevarnos a usar el bien para hacer el mal.

Y así, debido al creciente peligro involucrado en estas tentaciones, Jesús nos da este pedido de prevención: "Sé nuestro compañero y guía en este peligroso sendero de modo que cuando nos topemos con una tentación que no parezca una tentación, una tentación con un halo y alas angelicales, no seamos seducidos como Eva, sino que podamos discernir como Jesús: 'No nos dejes caer en tentación'.

"Sabemos que el peligro es mucho. Sabemos que todos somos vulnerables a las estratagemas del diablo, las astutas verdades a medias de la serpiente, el tamiz de Satanás. Necesitamos una imaginación preparada que esté bien versada en las artimañas del maligno. Estamos perdidos. Sálvanos, ayúdanos, rescátanos. 'Líbranos del maligno'".

Un extenso vocabulario para pedir a Dios que haga por nosotros lo que no podemos hacer por nosotros mismos impregna las Escrituras. La liberación es lo primordial en el terreno de la salvación.

Nunca sabemos cuándo o en qué forma enfrentaremos la tentación, seremos llevados a juicio o nos encontraremos enredados en el mal. Jesús subraya la urgencia de prepararnos para lo que se avecina dando la sexta petición como un doble imperativo: "Y no nos dejes caer... sino líbranos..."

*   *   *

Charles Williams alude al Padrenuestro como un "augusto ritual de intercesión"[8]. Sí: "augusto ritual" sin duda. El Padrenuestro impregna la imaginación cristiana para orar. "La memoria más limitada puede retenerlo y la vida más atareada, pronunciarlo" (Alexander Whyte).

"Porque tuyo es el reino, y el poder, y la gloria, por todos los siglos. Amén".

Eso es. Una oración breve y directa. Con Jesús a nuestro lado, orando con nosotros, sabemos cuál es nuestra situación. Estamos listos para seguir a Jesús. Sin carraspeos ni tarareos. Sin arrastrar los pies, inseguros de qué hacer a continuación. Sin chácharas nerviosas, como un invitado que no sabe cómo decir adiós y marcharse.

Damos un paso atrás y confiamos en que Dios hará con nuestras oraciones lo que quiera, cómo quiera y cuándo quiera. El adiós, usando

---

8   Charles Williams: *Many Dimensions* (London: Faber and Faber, Ltd., 1931), p. 216.

las palabras conocidas de David en 1 Crónicas,[9] nos coloca fuera de la oración en sí en una especie de imparcialidad santa. Todas nuestras intenciones, nuestra experiencia y nuestra energía están puestas ahora en la oración. Todo está ahora en las manos del Padre. Julian Green, en su diario, escribió: "todas las oraciones son concedidas, tarde o temprano, pero uno tiene que llegar a los cincuenta para descubrirlo con la necesaria perspectiva. La juventud no lo sabe".[10]

*   *   *

Yo estaba visitando a una mujer de cuarenta y pico de años. Había quedado viuda hace varios años, sus hijos estaban crecidos y ella sentía que no tenía nada que hacer. Nadie la necesitaba; no tenía necesidad de trabajar. Durante algunos meses, ella había estado concurriendo, aunque esporádicamente, a la congregación donde yo era pastor. Yo estaba sentado en su sala, escuchando las consabidas divagaciones propias de la crisis de los cuarenta: un alma vagabunda. La conversación, como su vida, no tenía rumbo alguno. Yo no encontraba manera de entrar en la charla.

Ella tenía un bordado sobre el regazo, extendido sobre un bastidor. Luego, con una frágil nota de entusiasmo en la voz, ella me dijo: "¿Sabe qué es lo que yo necesito? Necesito algo que me dé tensión, que le dé forma a mi vida. Necesito un bastidor para mi alma. Soy como un trozo de tela sin firmeza. No se puede hacer un buen bordado en un trozo de tela fláccido".

Me había dado una entrada. Le dije: "Tengo precisamente el bastidor que necesita. El Padrenuestro es exactamente esa clase de mecanismo para el alma: un marco sobre el que extendemos el alma con atención en la presencia de Dios". Nos pasamos la siguiente hora conversando sobre la oración y saboreando juntos la estructura simple, práctica y accesible para la oración que ha sido usada como un marco para la gente como

---

9   Las palabras en verdad son: "Tuyos son, Señor, la grandeza y el poder, la gloria, la victoria y la majestad. Tuyo es todo cuanto hay en el cielo y en la tierra. Tuyo también es el reino, y tú estás por encima de todo" (1 Crónicas 29.11).

10   Julian Green: *Diary 1928-1957* (New York: Carroll & Graf Publishers, 1964), p. 262.

CAPÍTULO 15

Jesús ora con agradecimiento: Mateo 11.25-26

nosotros durante dos mil años.

Mateo coloca la oración de agradecimiento de Jesús en el contexto del malentendido de Juan el Bautista y el rechazo de los pobladores. Los malentendidos y rechazos no parecen ser lo mejor para producir agradecimiento. Pero en Jesús lo producen. Ésta es la oración:

"Te alabo, Padre, Señor del cielo y de la tierra, porque habiendo escondido estas cosas de los sabios e instruidos, se las has revelado a los que son como niños. Sí, Padre, porque esa fue tu buena voluntad".

Ésta es una oración que me agrada mucho: agradecimiento no provocado, espontáneo, exuberante. Las circunstancias en las que brota, como de un pozo artesiano, el agradecimiento en la historia de Jesús son desalentadoras y no conducentes a la gratitud. Las adustas condiciones consisten en un mal entendido por parte de la persona más profundamente involucrada en el lanzamiento de Jesús como el Mesías y luego, sumándose al malentendido, el rechazo de la gente en los poblados en los que Jesús pasó la mayor parte de su temprano ministerio, los hombres y mujeres que habían visto a Jesús en acción y habían escuchado sus palabras.

Éste es el malentendido: los discípulos de Juan acababan de acercarse a Jesús para preguntarle: "¿Eres tú el que ha de venir, o debemos esperar a otro?" (Mateo 11.3). Juan estaba prisionero en Maqueronte, una prisión de máxima seguridad tan famosa en el primer siglo en Palestina como Sing Sing lo es entre nosotros. Herodes el Grande la había construido. Su hijo, Herodes Antipas, lo había encarcelado allí a Juan por el delito "político" de haber cuestionado su adulterio con Herodías, la esposa de su hermano Felipe. Ya no se escuchaba la poderosa voz profética de Juan en la tierra. Pronto sería silenciada para siempre en una horripilante fiesta de cumpleaños en la que, en vez de servir un pastel con velitas, sirvieron la cabeza de Juan, aún chorreando sangre, sobre una bandeja.

Juan era la voz de Isaías que presenta a Jesús al pueblo de Palestina como el largamente anticipado Mesías. Su predicación preparó el camino para que Jesús fuera recibido como "el que viene", inaugurando así el reino del cielo.

Al preparar Juan "el camino para el Señor", él capta la atención de toda la nación. El día que bautizó a Jesús, su predicación fue confirmada desde el cielo mediante el descenso de una paloma, una señal del Espíritu Santo, ratificada de inmediato por una voz desde el cielo que dice: "Éste es mi Hijo amado; estoy muy complacido con él" (Mateo 3.17).

Con esto, la tarea de Juan está finalizada. La "voz en el desierto" de Isaías lo presenta a Jesús a la nación. Luego se mantiene al margen para no estorbar el camino del Camino: "A él le toca crecer, y a mí menguar" (Juan 3.30; véase Juan 3.27-36). Jesús avanza hacia el centro: el margen para Juan resulta ser la prisión en Maqueronte. Juan está feliz de "menguar" pero, por supuesto, está aguardando noticias sobre Jesús y su "crecimiento". Los informes son escasos. Jesús no figura en los titulares de los periódicos. Inquieto por tener novedades sobre Jesús, Juan envía a sus discípulos para que Jesús le rinda cuentas. "¿Eres tú el que ha de venir, o debemos esperar a otro?" (Mateo 11.3). ¿Acaso siente Juan, como tantas personas sienten hoy día, que el Mesías Jesús no es lo suficientemente mesiánico? El Mesías ha llegado; el reino de Dios está cerca: ¿Por qué tarda tanto? Nada parece haber cambiado: Juan está en la prisión y Herodes está actuando con la misma arrogancia de siempre.

Jesús le asegura a los discípulos de Juan: "Sí, yo soy el Mesías. Sí, yo estoy haciendo la tarea mesiánica descrita en el texto de Isaías que Juan predicó. Pero quizás no lo estoy haciendo exactamente como lo esperaba Juan".

Juan y Jesús obraban de manera diferente. Juan predicaba estridentemente ante el clamor popular; Jesús relataba historias durante la cena o con sus amigos en el camino. Juan era una figura pública que confrontaba el pecado de alto perfil de Herodes Antipas en la plaza pública; Jesús trabajaba casi siempre de manera callada en los pequeños poblados de Galilea. Juan era un asceta en su dieta y vestido; Jesús disfrutaba de un vaso de vino, incluso en compañía de extraños de baja reputación. Es comprensible que Juan se preguntara qué estaba pasando. Es comprensible que Juan se sintiera ofendido por la manera de emprender Jesús su tarea mesiánica. ¿Dónde estaba el "crecimiento" que esperaba Juan? ¿Dónde estaban las henchidas multitudes, las dramáticas confrontaciones con los poderes disolutos?

Jesús tranquiliza el asombro de Juan: "Sí, Juan, yo estoy haciendo exactamente lo que tú profetizaste acerca de mí. Pero deja que lo haga a mi manera. Recuerdas aquellas palabras del rollo de Isaías que tú conoces tan bien: '... porque mis pensamientos no son los de ustedes, ni sus caminos son los míos...' (Isaías 55.8). Deja que yo te bendiga en tu celda de prisión así como tú me bendices en 'mis caminos' mientras llevo a cabo la obra mesiánica que tú me señalaste: 'dichoso el que no tropieza por causa mía' (Mateo 11.6).[1]

* * *

¿Y qué ocurrió con la gente en los pueblos con la que vivió Jesús? Ellos esencialmente lo ignoraron. Si la falta de comprensión de Juan el Bautista fue una desilusión para Jesús, la indiferencia de la gente fue como una bofetada en el rostro.

La mayor parte de la obra mesiánica del reino de los cielos de Jesús fue hecha en tres pequeños poblados: Betsaida y Capernaúm en la orilla septentrional del lago de Galilea y en el interior, a una hora aproximadamente de distancia: Corazín. Los pueblos forman lo que a veces aludimos como

---

1 F. Dale Brunner traduce este versículo: "God bless you, John, if you do not throw the whole thing over because I am different" (Dios te bendiga, Juan, si no abandonas todo porque yo soy diferente). *The Christbook, Matthew 1–12* (Waco, Tex.: Word Books, 1987), p. 413.

el "triángulo evangélico". La mayor parte de las "grandes obras" de Jesús tuvieron lugar en estas aldeas (Mateo 11.20): sanar a un ciego, a un paralítico, al hijo moribundo del centurión romano y a un endemoniado entre otros. La mayoría de los discípulos de Jesús provenía de estos poblados. Betsaida era el pueblo natal de Felipe y Andrés. Y fue allí donde Jesús alimentó a los cinco mil. Pedro y su esposa establecieron su hogar en Capernaúm, así como el hermano de Pedro, Andrés. Jesús se mudó de Nazaret a Capernaúm, enseñó allí en la sinagoga y usó ese pueblo como base para su obra del reino de los cielos hasta que fue a su cruz en Jerusalén.

Todos estos pueblos eran aledaños y era posible trasladarse caminando de uno a otro. Eran todos pequeños, así que prácticamente todos sus pobladores se conocían entre sí. Nadie era anónimo. Todos conocían a Jesús. Todos conocían los relatos de sus sanaciones. Muchos lo habían escuchado predicar y enseñar.

Sin embargo muchos, si no todos, lo ignoraban. Hacían oídos sordos a sus palabras. Lo desechaban como algo irrelevante en sus vidas. Jesús compara los tres pequeños pueblos con tres grandes ciudades prósperas y notablemente malvadas: Tiro, Sidón y Sodoma. "¿Acaso piensan que esos semilleros de perversidad eran malos? ¿Piensan que porque ustedes no viven en la miseria sexual y en la inmoralidad e inmundicia impías están por encima de los demás? Están al borde del infierno. La indiferencia a Dios es lo peor de todo. El negarse rotundamente a arrepentirse, el persistir en una vida complaciente y de autosatisfacción es una vida condenada. Dios está presente entre ustedes y con su vida ustedes están diciendo que no están interesados".

Hay un mal que no tiene aspecto de mal. El mal que cundía en los pueblos del triángulo evangélico no era manifiesto. No era flagrante ni arrogante como el mal que asolaba los corredores de la casa de Herodes, que corría desenfrenado en Roma. El pecado manifiesto no florece en los pequeños pueblos.

No hay ninguna sugerencia en la confrontación de Jesús con sus vecinos de que ellos eran malos en un sentido moral o criminal. El reproche de Jesús es la exposición de su activa indiferencia de Dios; su negación a dejar las rutinas de lo convencionalmente ordinario. Están sumidos en una banalidad opaca, un mal poco manifiesto que no ocupa los titulares pero que, sin embargo, supera a Sodoma, Tiro y Sidón en sus consecuencias. Ellos reconocen a Dios como Dios, pero intencionadamente le vuelven la cara. Jesús les ofrece generosamente participar en la vida del reino de los cielos y ellos se encogen de hombros.

*   *   *

La persona que mejor supo entender a Jesús fue quien peor lo interpretó: malinterpretó que Jesús no lo sacara de la cárcel, malinterpretó que Jesús evitara el carisma público y consideró que no era mesiánico hacerlo. Las personas que mejor lo conocían a Jesús en lo cotidiano no lo conocían: no aceptaban su presencia entre ellos como salvador y sanador, amigo de pecadores y pan del mundo.

Éstas son las condiciones en las que estaba sumergido Jesús el día que irrumpió con su agradecimiento más exuberante:

"Te alabo, Padre, Señor del cielo y de la tierra, porque habiendo escondido estas cosas de los sabios e instruidos, se las has revelado a los que son como niños".

*   *   *

La razón por la que tanto me gusta esta oración de agradecimiento es porque no hay nada en las "condiciones" que dé cuenta de ello. Las condiciones —el hecho de que Juan no entendiera los caminos mesiánicos de Jesús y los pobladores fueran indiferentes a su presencia mesiánica— son deprimentes. Las condiciones parecen enfrentar a Jesús con una reevaluación seria de la manera en que se comporta como Mesías. Si Juan no lo entendía y tampoco sus vecinos lo entendían, quizás tenía que probar algo diferente.

De modo que ¿cómo podemos justificar el agradecimiento? Yo pienso que sólo dándonos cuenta de que la falta de comprensión de Juan y la indiferencia de los pobladores —condiciones que cuestionaban la eficacia de Jesús— no son más que una costra reseca en la superficie del reino. Por debajo de aquella corteza excesivamente traficada, el reino de los cielos está cobrando vida a la manera de Dios. Jesús sabe que el método de Dios es obrar su voluntad con los que son simples, como niños, aquellos que no han caído en la costumbre de pensar que son "como dioses" y que no necesitan a Dios, aquellos que no han permitido que la familiaridad con la adoración de la sinagoga los anestesie hasta el punto de suponer que saben exactamente cómo obra Dios. Los "sabios" e "instruidos" son algo irónico en la oración. Me gustaría sugerir "sofisticados y que todo lo saben" para captar el tono en el que pronuncia Jesús las palabras. No frustra los planes de Jesús el hecho de que la persona que más sabe sobre el Mesías y que ha atraído grandes multitudes con su predicación, no logre entender ahora lo que está ocurriendo. No lo abate el hecho de que todos estos buenos pobladores, con la mirada turbia y los oídos embotados por la complacencia de una religión autosatisfecha, no vean y escuchen a Dios que está obrando allí mismo delante de ellos.

Los malentendidos y la indiferencia están, como los pobres, "siempre con nosotros". No son indicadores confiables de la presencia del reino. Los encuestadores, a quienes les encanta informar al mundo acerca del estado estadístico de Dios, no tienen credibilidad profética en los asuntos del reino. Jesús no publica su estrategia mesiánica para un plebiscito cada dos años.

Por lo tanto, las condiciones que nos inducen a muchos de nosotros a retorcernos las manos y a rechinar los dientes son relativizadas por la oración de agradecimiento de Jesús. Las ocultas energías del reino aparecen justo debajo de la superficie a nuestro alrededor. Enormes ríos subterráneos de oración —fe y obediencia y alabanza, intercesión y perdón y liberación, santidad y gracia— fluyen libremente bajo el suelo. Y en virtualmente cada rincón de la tierra, ocultos en las sombras, ignorados por las multitudes, están los "niños de pecho". Estos son los "pequeñitos y los niños de pecho" que Dios ha utilizado siempre como baluarte para "silenciar al enemigo y al rebelde" (Salmo 8.2).

Jesús no minimiza las "condiciones". Por cierto, las toma muy en serio. Él enfrenta y reprende. Expone las pretensiones y llora por los corazones endurecidos. Pero no se desespera. No cuestiona al Padre. No diluye su santa resolución con algo inferior a lo sagrado.

Y así: agradecimiento. No sólo por las flores silvestres y las mariposas, por la luz de la luna sobre un manto de nieve, por la gracia atlética y el sonido sinfónico. El agradecimiento es ciertamente apropiado para todo lo que da testimonio de lo bueno y verdadero y hermoso y, por lo tanto, no nos sorprende cuando se lo ofrece bajo estas condiciones favorables. Pero el agradecimiento de Jesús nos sorprende. El manantial de agradecimiento es como miel en la roca (Deuteronomio 32.13 y Salmo 81.16).

CAPÍTULO 16

Jesús ora esperando el final: Juan 12.27-28

En el centro casi exacto de la historia de Jesús según la relata Juan, encontramos una breve oración de cuatro palabras: "¡Padre, glorifica tu nombre!" (Juan 12.28). Durante los primeros once capítulos, Juan nos ha sumergido en la acción de Jesús, "el Verbo hecho hombre", Jesús vivo. Jesús se abre camino por Galilea y Jerusalén, encontrándose con hombres y mujeres, algunos con nombre y otros sin, llamando discípulos, teniendo conversaciones con individuos, sanando a los cojos, resucitando a los muertos, dando de comer a los hambrientos, devolviendo la vista a los ciegos, dando extensos discursos sobre el reino de Dios al que le está dando vida. Juan coloca a Jesús en la historia real, en pueblos existentes, hablando el lenguaje de la gente común y corriente, compartiendo con ellos las comidas. Juan tiene la intención de que tomemos en serio el "hecho hombre". Toda la vida, la vida humana, es sacramental. Ella contiene y revela lo santo: la Palabra. Jesús es humano, muy humano, completamente humano, enfáticamente humano: "hecho hombre".

Una de las características literarias del lenguaje de Jesús es su uso de la metáfora para revelar quién es, los famosos dichos de "yo soy". Prominentes entre estas metáforas son los siete *yo soy* de Jesús que reúne Juan:

"Yo soy el pan de vida". (6.35)

"Yo soy la luz del mundo". (8.12)

"Yo soy la puerta de las ovejas". (10.7)

"Yo soy el buen pastor". (10.11 y 14)

"Yo soy la resurrección y la vida". (11.25)

"Yo soy la vid verdadera". (15.1)

"Yo soy el camino, la verdad y la vida". (14.6)

Todas estas metáforas usan palabras que son familiares en nuestro uso común de todos los días para dar inmediatez concreta a la vida del Espíritu en Jesús. Tenemos que tomar las metáforas en serio y no reducirlas a un "significado" o una "verdad". Ellas mantienen nuestros pies en la tierra, conectados con todo lo que nos rodea, orando desde nuestra humanidad común. Maxine Kumin, una poetisa muy sensible, escribe: "La metáfora no es inferior a la vida. Actúa de mediadora entre asombrosas verdades. Brota de sensaciones instintivas llevando adelante la imagen operable. Por lo tanto, en un cierto sentido, la metáfora es más verdadera que los hechos reales".[1]

Los últimos diez capítulos del Evangelio de Juan nos llevan detalle por detalle a la historia de la muerte de Jesús. La última semana de la vida de Jesús es el relato de su muerte. Comienza con Jesús en una cena ofrecida por sus amigos Lázaro, Marta y María durante la cual María unge los pies de Jesús con perfume, una unción que Jesús interpreta como "para el día de mi sepultura" (Juan 12.7). El día siguiente es la entrada triunfal del Domingo de Ramos en Jerusalén, la cual coloca a Jesús en un lugar de prominencia en el Festival de la Pascua. La multitud que canta alabanzas pensaba que estaba participando en la coronación de su rey. Era exactamente lo que había profetizado el profeta Zacarías (Zacarías 9.9).

Ésta no era la primera vez que se lo identificaba a Jesús como rey. Natanael, después de una breve conversación cuando lo conoce a Jesús, exclama: "Rabí, ¡tú eres el Hijo de Dios! ¡Tú eres el Rey de Israel!" (Juan 1.49).

Al poco tiempo, Jesús alimenta a cinco mil personas con pan y pescados. La gente se da cuenta de que le acaban de servir una comida milagrosa y decide hacerlo inmediatamente rey. Pero Jesús elude su intento retirándose solo a la montaña (6.15).

---

1   Maxine Kumin: *To Make a Prairie* (Ann Arbor: University of Michigan Press, 1979), p. 117.

Y luego, en su entrada del Domingo de Ramos, lo aclaman como "Rey de Israel" (Juan 12.13). "Rey" es un título que se sube a la cabeza. Jesús tiene que reorientar completamente sus expectativas. Los discípulos han estado escuchando charlas del rey y charlas del Mesías desde el momento que comenzaron a seguir a Jesús. Las cosas están cobrando impulso. Parece que algo está por suceder. Y muy pronto. Jesús echa un balde de agua fría sobre todo esta conversación acerca del rey, hablando sobre su muerte (Juan 12.23-36). Él es su Rey: sí; él es su Mesías: por cierto. Pero no de la manera en que ellos se imaginan. En poco tiempo van a escucharlo, moribundo, pronunciando su discurso inaugural como rey desde una cruz.

Jesús está hecho para su obra. Reúne a sus discípulos y tiene una larga conversación con ellos (Juan 13-17). Comienza lavándoles los pies. Luego repasa una y otra vez la manera en que él es rey y Mesías, y la manera en que ellos lo van a experimentar y lo van a servir como rey y Mesías. Sin apuro y con paciencia, Jesús modifica sus expectativas. Los está preparando para su muerte. Luego concluye la conversación con una oración de cierre.

Al día siguiente, lo crucifican.

* * *

No podemos aislar las oraciones de Jesús de su vida. La oración no es un tema en sí. La oración no es la actividad de un especialista. En una orquesta sinfónica, algunos tocan el clarinete, algunos tocan el oboe, algunos tocan el violín y algunos tocan el trombón. Pero en la vida cristiana no sucede lo mismo. No tenemos algunos que visitan a los enfermos, algunos que cantan himnos, algunos que leen las Escrituras, algunos que dan dinero y algunos que oran. En la vida cristiana no elegimos los aspectos, obtenemos alguna instrucción y capacitación, y luego nos especializamos en lo que nos gusta o en lo que sentimos que sabemos hacer bien (o lo evitamos porque pensamos que no somos aptos para hacerlo).

La oración no es algo que arrancamos de la redes de la revelación y la encarnación para luego inscribirnos como "guerreros de la oración".

Se parece más al acto de respirar: si vamos a vivir, todos tenemos que hacerlo. A pesar de que existen enfermedades relacionadas con la respiración, no hay excelencias. No destacamos a un individuo diciendo: "Es un gran respirador". La oración está entretejida en la trama de la vida. La oración está entretejida en la trama de la vida de Jesús. El orar de Jesús forma parte de todo lo demás que él hace. No podemos sacarlo de contexto y estudiarlo por separado.

* * *

El vínculo entre las dos partes de la narración de Juan: la vida de Jesús y la muerte de Jesús, es la oración de Jesús: "¡Padre, glorifica tu nombre!"

La palabra "gloria", tanto como sustantivo que como verbo, es una de las palabras inmensas que llenan el horizonte de las Escrituras. Pero un diccionario no es suficiente ayuda para comprender la energía compacta que irradia desde sus sílabas. Necesitamos toda la historia de Jesús escrita por los cuatro narradores de los Evangelios. Y luego necesitamos que esa historia esté respaldada y completada con toda la historia de la creación y del pacto de la Torá y los Profetas, de los Salmos y los Proverbios, de las Epístolas y el Apocalipsis. No podemos entender la gloria en trocitos: necesitamos la historia de principio a fin, desde el nacimiento a la muerte y el más allá.

Cuando tenía alrededor de diez años, mi pastor me dio una idea de las muchas dimensiones contenidas en la gloria. Lo expresaba con su voz o, quizás debería decir, con su *Voz*. Era galés. Su voz desde el púlpito reverberaba por todo el santuario con un timbre y tonalidad netamente galeses. Cuando el Pastor Jones comunicaba la palabra, comenzaba en un tono bajo y sordo, como los tubos de dieciséis pies de un órgano. Luego ganaba volumen y resonancia hasta que llenaba todo el santuario. Ese sonido no sólo llenaba nuestros oídos, sino también nuestros corazones. Casi toda la gente articula la palabra con tres sílabas: "glo-ri-a". En el Pastor Jones, la palabra consistía de múltiples sílabas: "glo-o-o-o-o-o-o-ri-a", en una escala ascendente de decibeles y tonos.

A mí me encantaba escuchar la palabra y me sigue encantando aún hoy. Paul Jones, rugiendo la palabra hasta que penetraba en la vida de su congregación, la convertía en algo verdaderamente propio de San Juan. Tardé muchos años en aprender el significado de la palabra que nos da el diccionario, y tardé muchos años en aprender el lugar fundamental que ocupa en los lenguajes bíblicos, pero conocía su significado: significaba que algo magnífico estaba ocurriendo, algo que tenía que ver con Dios y con nosotros en esa congregación en la que escuchábamos al Pastor Jones predicar la palabra, algo transformador, excitante y maravilloso. Es una palabra que reúne todos los fragmentos de nuestra vida hasta integrarlos y completarlos en la grandeza de la vida de Jesús. Es una palabra de resurrección.

Poco importaba el tema del sermón en nuestra pequeña iglesia en nuestro pequeño pueblo de Montana, no había domingo en que no estallara la gloria. Si estaba dentro o fuera de contexto, nunca lo sabíamos: sermones sobre los fuegos del infierno, la esperanza de los sermones del cielo, sermones sobre el arrepentimiento, sermones sobre el amor: gloria. La gloria era una exclamación a medias, un testimonio a medias. Estuviera o no dentro de una oración, siempre había una explosión de belleza y vitalidad.

*   *   *

Por maravilloso y correcto que fuera mi temprano aprendizaje de la gloria, no tenía raíces en mi vida. Y lo que busco son raíces: raíces cuando voy al culto y a trabajar; raíces cuando leo el periódico y charlo con mis amigos; raíces cuando voto en las elecciones y compro neumáticos para mi automóvil; raíces cuando me enfermo de cáncer y me operan y me recupero; raíces cuando acumulo cumpleaños y aniversarios; raíces cuando escribo cartas y leo libros.

Las raíces que busco están descritas en los renglones que preceden la oración: "¡Padre, glorifica tu nombre!" Estos son los renglones: "Ha llegado la hora de que el Hijo del hombre sea glorificado. Ciertamente les aseguro que si el grano de trigo no cae en tierra y muere, se queda solo. Pero si muere, produce mucho fruto (Juan 12.23-24). Me gusta cómo lo dijo Maxine Kumin: "Yo echo raíces y ofrezco hojas". Eso es lo que yo busco.[2]

Jesús anticipa su muerte inminente. Al asimilar sus palabras, me doy cuenta de que las raíces de gloria se encuentran en la muerte y sepultura. Esto exige un nuevo aprendizaje. Parece que la gloria implica algo más que lo que escuché en el trueno que provenía del púlpito del Pastor Jones. Me parece que voy a tener que dejar atrás lo que yo esperaba y que voy a tener que entrar en el misterio.

Sin embargo, como sucede con todos los misterios del evangelio, éste no es un misterio total. Nos dan pistas y oportunidades de adivinarlo. Todos los jardineros saben algo sobre esto. Las flores y las verduras que crecen tan maravillosamente en sus jardines son la consecuencia de las semillas que sembraron en la tierra.

Lo que busco es la gloria. Por cierto, soy lento para aprender. La gloria no es más de lo que ya tengo, o la perfección de lo que ya percibo. ¿Acaso supongo que la vida cristiana es mi vida biológica, intelectual y moral que ha ascendido unos pocos grados por encima de lo común? ¿Acaso pienso que la oración es una especie de mecanismo, como el gato de mi coche, que uso para hacer palanca y elevarme a un plano superior donde tendré un mejor acceso a Dios?

El lenguaje de Jesús me dice algo muy diferente: yo decrezco. En vez de agarrar con más fuerza lo que valoro, tengo que dejarlo ir. "Dichosos los pobres en espíritu" (Mateo 5.3) es una de las maneras en que lo dijo Jesús. "Porque el que quiera salvar su vida, la perderá; pero el que pierda su vida por mi causa, la encontrará" (Mateo 16.25) es otra manera más.

* * *

Gradualmente, repasando esas imágenes y metáforas una y otra vez, comienzo a entenderlo. Es mucho lo que tengo que desaprender. Pero no estoy solo. Tengo amigos con los que desaprendo y vuelvo a aprender. Y aquí hay algo maravilloso que comienza a entrar en foco: para morir, no tenemos que esperar hasta morir. Para participar de la

2 Kumin: *To Make a Prairie*, p. 7.

gloria, no tenemos que esperar hasta nuestros funerales. Como solía decir Santa Teresa, una de nuestras santas más audaces e irreverentes: "El pago comienza en esta vida".

* * *

En mi lento aprendizaje, ayuda a mi paciencia observar que a Jesús tampoco le resultaba demasiado fácil. Él no introduce su breve oración como bien dispuesto, sino con resistencia: "Ahora todo mi ser está angustiado, ¿y acaso voy a decir: 'Padre, sálvame de esta hora difícil'?" (Juan 12.27).

No le resultó fácil a Jesús redefinir la gloria para que incluyera pérdidas, rechazo y muerte. Me da mucho alivio saber que al menos se le ocurrió a Jesús no orar por esta clase de gloria sino orar para ser rescatado de ella. El consideró orar: "Padre, sálvame de esta hora difícil". Pero una vez que lo expresó abiertamente, no lo ora. No bien lo considera, de inmediato rechaza esa posibilidad. El orar para ser rescatado sería rechazar su identidad básica, su vida como regalo para los demás, su vida sacrificada con amor para que todos puedan vivir salvos. Sería una oración que violaría la naturaleza misma de la oración.

La oración que Jesús no oró es tan importante como la oración que sí oró. Ese Jesús, que "ha sido tentado en todo de la misma manera que nosotros" (Hebreos 4.15), no oró: "Padre, sálvame de esta hora difícil". Eso me permite no orar así tampoco, sino rechazar la oración de yo primero, rechazar la oración interesada, rechazar el uso de la oración como una manera de evitar a Dios.

Primero el No, y sólo luego el Sí.

"¿Sálvame de esta hora difícil?" *No*

"¿Padre, glorifica tu nombre?" *Sí.*

* * *

Quizás nos lleve toda una vida aprender a orar esto con un corazón puro. Pero cuando oramos, y aprendemos mientras oramos, entendemos cada vez con mayor claridad que tenemos que dejar que Jesús defina a diario la palabra "gloria" o jamás lo entenderemos.

Los griegos no lo entendieron. Juan nos dice que había algunos griegos en Jerusalén el día que Jesús oró esta oración. Querían ver a Jesús. Eran turistas en la Ciudad Santa, y estaban allí para verlo. Habían escuchado hablar de él, de su gloria, y deseaban verlo en persona. Con las cámaras listas, las guías en la mano, se acercaron a Andrés y Felipe y trataron de contratarlos como guías de turismo (Juan 12.20-22).

Cuando Andrés y Felipe le contaron esto a Jesús, él, por cierto, los despidió. En vez de posar para una fotografía para los griegos, habló de su muerte. La gloria que Jesús había estado revelando en hechos y palabras durante toda su vida, estaba ahora en plena exhibición: "Ha llegado la hora de que el Hijo del hombre sea glorificado" (Juan 12.23). "Hora" significa *tiempo de morir*: es hora de que muera el Hijo del hombre para que el Hijo del hombre pueda ser glorificado.

Andrés y Felipe tuvieron que ir a decirle a los griegos que regresaran a su casa y tomaran fotografías del Partenón. Jesús sólo los decepcionaría. La gloria con la que es glorificado Jesús no inspira. No promueve emulación. No es llamativa. No es seductora. No es la clase de gloria que presentan las revistas de moda y los afiches de viajes que promocionan el sol y la arena de las islas de Grecia. No la podemos fotografiar.

*　　*　　*

Oramos con Jesús para aprender esto, para volver a aprender el significado de las palabras que han sido corruptas por nuestra cultura y degradadas por nuestros pecados. Jesús es el diccionario en el que buscamos el significado de las palabras. Buscamos "gloria" y ¿qué encontramos? Oscuridad, rechazo, una vida de sacrificio, una muerte obediente. Y a través de ello y en ello y alrededor de ello, la presencia brillante de Dios ilumina lo que el mundo ignora y desprecia —lo que nosotros a menudo ignoramos y despreciamos. La vida y la muerte de Jesús entran en foco en esta oración e iluminan la vida —toda la vida—

de manera tan convincente que caemos de rodillas y decimos: "Gloria: ésa es la clase de vida que deseo. ¡Padre, glorifica tu nombre!"

*   *   *

Ésta es la única oración de Jesús en la que escuchamos hablar al Padre. Lo llamativo es que Jesús y el Padre están, como decimos, "en la misma página". Jesús ora que el nombre del Padre sea glorificado; el Padre le responde a Jesús: "Ya lo he glorificado, y volveré a glorificarlo" (Juan 12.28). En la oración encontramos los tres tiempos verbales. Gloria en el pasado, gloria en el presente y gloria en el futuro. La anticipación de la gloria finaliza como participación en la gloria.

CAPÍTULO 17

Jesús ora por nosotros:
Juan 17

"Ruego por ellos...
"No ruego sólo por éstos. Ruego también por los que han de creer en mí por el mensaje de ellos". (Juan 17.9, 20)

A Jesús le quedan apenas unas pocas horas de vida. Pronto será un cuerpo colgado de una cruz. Acaba de cenar con sus discípulos en Jerusalén, en realidad, su última cena con ellos. Después de la cena, Jesús les lava los pies a sus discípulos con agua de una tinaja y se los seca con una toalla. Pedro protesta. Piensa que el Señor se está rebajando.

Unos pocos días antes, Jesús y sus discípulos habían cenado en el pueblo de Betania, un poco menos de dos millas al este de Jerusalén. Esa cena había tenido lugar en la casa de las hermanas María y Marta y su hermano Lázaro. Marta había servido la comida. Hubo un lavado de pies. En esta cena fue María la que le lavó los pies a Jesús, pero con un costoso perfume: fue más una unción que un lavado. Y ella usó su pelo, no una toalla, para secarle los pies. Judas Iscariote protestó por este lavado de la misma manera que Pedro protestaría una semana después, pero por razones diferentes. Judas reclamaba justicia social: el dinero tendría que haber sido usado para los pobres. Jesús defiende la extravagancia de María (Juan 12.1-8).

Ambos lavados de pies preparan para coronaciones. El lavado en Betania prepara para los gritos de júbilo de la multitud de la Pascua que anticipa la coronación de Jesús: "Rey de Israel". El lavado en Jerusalén prepara las exigencias de "¡Crucifíquenlo! ¡Crucifíquenlo!" de los enemigos de Jesús incitados por los sacerdotes, quienes colgaron a Jesús en una cruz que tenía un letrero que decía: "Rey de los judíos". Ambos lavados de pies suscitan protestas, el primero por parte de Judas porque entiende demasiado bien cómo podría convertir ese perfume en dinero en efectivo, el segundo por parte de Pedro porque completamente malentiende la manera en que Jesús es Señor.

Jesús está cerca del final de su ministerio público. El mejor y el peor de sus discípulos aún no lo entienden: para Judas, Jesús es una manera de obtener algo para su propio provecho; para Pedro, Jesús es una manera de participar en algo grande. Ambos están equivocados. No hay duda que es mucho lo que recibimos cuando seguimos a Jesús. Él da y da y da. Nosotros recibimos y recibimos y recibimos. Sin embargo, ésta no es la clase de "obtener" que Judas y Pedro imaginan.

*   *   *

Jesús está hecho para esta obra. Aquellos que están más cerca de él continúan sin entenderlo debido a los mejores de los motivos (Pedro) y los peores (Judas). Jesús no entra en pánico. No levanta la voz. No los castiga por su ignorancia. Elige pasar las últimas horas de su vida con ellos en una extensa conversación que concluye en una larga oración: la oración de Jesús más prolongada que tengamos.

La conversación

La conversación (Juan 13-16) es tranquila y repetitiva. Dios no puede ser precipitado a ingresar en el corazón humano. Una vida de amor y obediencia no puede ser precipitada a ingresar en el corazón humano. Aunque sus discípulos aún no lo sepan, Jesús sabe que su vida está en crisis y que esa crisis está por estallar. Pero su tono es tranquilizador, íntimo. Durante toda la conversación, los discípulos hacen siete preguntas e intercalan un comentario que traiciona su falta de comprensión. Ésta no es una conversación que modele una comunicación lúcida. Pero es una conversación modelo para revelar la mente de Cristo y ayudarnos a comprender la dificultad de agarrarle la onda a las indirectas inherentes en la revelación y las intimidades espontáneas del amor.

Pedro hace la primera pregunta. Ésta surge cuando Jesús les lava los pies a sus discípulos con un recipiente de agua y una toalla. Cuando le llega el turno a Pedro, éste protesta con una pregunta retórica: "¿Y tú, Señor, me vas a lavar los pies a mí?" Por supuesto, Jesús no le va a lavar los pies. Jesús es Señor; Pedro es su discípulo. El que Jesús le lave los pies a sus discípulos da vuelta las cosas. ¿Pero se le suma además esto? ¿Es Pedro como líder siempre nombrado primero en la lista de los discípulos, siempre consciente de su preeminencia? ¿Y acaso ya se le está subiendo a la cabeza esta posición? Si Jesús le lava los pies, ¿no coarta esto acaso la deferencia y respeto que le deben los demás discípulos? Jesús arrodillado frente a los pies de Pedro revierte dramáticamente toda pretensión por parte de sus seguidores, sobre todo de Pedro, a los privilegios del liderazgo. Jesús deshecha la pregunta de Pedro (Juan 13.3-20).

Jesús les dice que uno de ellos lo va a traicionar. Ellos están pasmados. ¿Traicionar? ¡Imposible! ¿Quién puede ser? El discípulo "amado", supuestamente Juan, está sentado al lado de Jesús. Él hace la siguiente pregunta: "Señor, ¿quién es?" Sin nombrarlo, Jesús da una señal que indica que se trata de Judas, pero nadie capta el significado de la señal. En este entorno íntimo, la traición es inconcebible: ¿Satanás entrando en uno de ellos mientras están en la presencia misma de Jesús? No puede ser (Juan 13.21-30).

Luego, Jesús les dice que "poco tiempo me queda para estar con ustedes". Pedro le pregunta: "¿Y a dónde vas, Señor?". Pero Jesús no le da una respuesta directa. Sabe que Pedro no tiene lo necesario para comprender. Por lo tanto, le responde de manera indirecta (Juan 13.31-38).

Ahora es el turno de Tomás. Jesús les dice a sus amigos que va a preparar un lugar para ellos en "el hogar de mi Padre" y que ellos ya conocen el camino. Tomás piensa que Jesús está hablando del camino a algún pueblo, como Betania o Jericó, y pregunta: "Señor, no sabemos a dónde vas, así que ¿cómo podemos conocer el camino?" La respuesta de Jesús: "Yo soy el camino..." es enigmática. Van a tardar años en asimilarla (Juan 14.1-7).

Felipe es el quinto en hablar. Esta vez no se trata de una pregunta, sino de un pedido. Él está confundido con el uso de Jesús del término "Padre" y le pide "muéstranos al Padre". Jesús le responde con otra pregunta: "¿Cómo puedes decirme: 'Muéstranos al Padre'?" Aparentemente, Felipe, aun después de todo este tiempo, no tenía idea de que Jesús estaba hablando de Dios. Pero Jesús es paciente. Repasa nuevamente todo lo aprendido (Juan 14.8-14).

Jesús introduce la persona del Espíritu Santo y lo que pueden esperar de él. Judas (no Iscariote, ya que Judas Iscariote había abandonado la habitación antes de que comenzara esta conversación) pide una aclaración. Ésta es ahora la sexta pregunta. Las cosas se están complicando. Judas pregunta: "¿Por qué, Señor, estás dispuesto a manifestarte a nosotros, y no al mundo?" La respuesta de Jesús es otra no respuesta. Al menos así parece cuando uno la escucha por primera vez. Pero los discípulos están siendo preparados para escuchar de una manera más profunda e interior a las palabras de Jesús. Él le dice a Judas que se tranquilice, que no esté tan ansioso. Ya tendrá tiempo de sobra para asimilar y comprender. El Espíritu Santo "les enseñará todas las cosas y les hará recordar todo lo que les he dicho" (Juan 14.15-31).

Cuando Jesús vuelve a repetir: "Dentro de poco ya no me verán; pero un poco después volverán a verme", algunos de sus discípulos (aquí no se nombra a ninguno) están nuevamente confundidos. "¿Qué quiere decir con eso de que 'dentro de poco ya no me verán', y un poco después volverán a verme?" Ésta es la misma pregunta que había hecho Pedro antes y no había recibido ninguna respuesta satisfactoria. Tampoco responde Jesús esta vez, pero les asegura que los está tomando en serio: "En aquel día ya no me preguntarán nada". No más preguntas. Pero hay algo además de las preguntas, que ellos solicitarán: "Ciertamente les aseguro que mi Padre les dará todo lo que le pidan en mi nombre. Hasta ahora no han pedido nada en mi nombre. Pidan y recibirán, para que su alegría sea completa" (Juan 16.16-24).

"Hasta ahora no han pedido nada en mi nombre". ¿Realmente? No han hecho más que hacer preguntas todo el tiempo. Desean información, y la piden. Desean datos, y los piden. Desean precisar las cosas, y lo piden. Jesús no les da lo que ellos piden. En cambio, usa sus preguntas para llevarlos a un territorio desconocido, para guiarlos hacia una relación y confianza que aún no saben cómo solicitar. Ellos piensan que tienen que saber quién y dónde y cuándo. Lo que Jesús insinúa y sugiere es intimidad y Espíritu.

Jesús es muy franco en lo que está haciendo y no está haciendo; no está siendo evasivo: "Muchas cosas me quedan aún por decirles, que por ahora no podrían soportar". No están listos ahora, pero más adelante lo estarán. Hay sufrimiento y penas y desilusión en el futuro. Por el camino, desarrollarán ojos y oídos para aquello que ahora no pueden ver y oír. Están obsesionados con los hechos, pero van a adquirir un gusto por la verdad: "Pero cuando venga el Espíritu de la verdad, él los guiará a toda la verdad" (Juan 16.12-13).

Las palabras finales de los discípulos en esta conversación son un poco vergonzosas para aquellos de nosotros que respetamos tanto a estos hombres. Ellos piensan que saben mucho y, sin embargo, comprenden tan poco: "Ahora sí estás hablando directamente, sin vueltas ni rodeos. Ya podemos ver que sabes todas las cosas, y que ni siquiera necesitas que nadie te haga preguntas". ¿No más preguntas? Jesús les dice que no estén tan seguros. Ellos piensan que ya lo tienen todo bajo control, pero no es así: "ustedes serán dispersados, y cada uno se irá a su propia casa y a mí me dejarán solo". A pesar de que les falta aún mucho camino por recorrer, ya están en el camino (Juan 16.25-30).

*   *   *

Está muy bien hacer preguntas. Pero las sesiones de preguntas y respuestas no son quizás la mejor manera de llevar adelante una conversación en el estilo de Jesús. Las preguntas pueden servir para aclarar las cosas. Pero es inútil darle vueltas a las preguntas, como un perro con un hueso. Muy pocas veces sabemos lo suficiente como para hacer las preguntas correctas. Junto a Jesús aprendemos a no insistir en que respondan a nuestras preguntas: aprendemos a dejar que Jesús lleve la conversación a donde él quiera.

Jesús convierte la charla en una oración. En un cierto sentido, la charla continúa, pero Jesús ya no les está hablando a sus discípulos. Ahora, le habla a su Padre (y al Padre de sus discípulos); le está hablando a Dios. Ha llegado el momento de orar. Los discípulos están todavía en la habitación, pero ya no hacen preguntas ni comentarios: están escuchando cómo Jesús le habla a su Padre. Como seguidores de Jesús, estamos incluidos sin duda como participantes oyentes.

*   *   *

La oración

Cruzamos el umbral de Juan 17 y nos encontramos en una habitación donde escuchamos en silencio. Es la misma habitación. Todo es igual, pero ya nada es igual. El recipiente y la toalla están sobre la mesa donde los dejó Jesús. Judas sigue ausente. Los once discípulos que han estado siguiendo y escuchando y hablando con Jesús son los mismos once. Jesús es el mismo que siempre con ellos, el que han estado siguiendo y escuchando. Y aquellos de nosotros que a lo largo de los siglos hemos llegado a creer en Jesús por medio del testimonio de estos once y que ahora estamos leyendo el texto somos los mismos también.

Pero Jesús ya no nos está hablando a nosotros. Jesús le está hablando al Padre. Jesús está orando. Ora durante un largo rato. Éste es suelo santo. Nos encontramos envueltos en un oír santo. Estamos en un lugar de oración, en una presencia que ora. Nuestra boca está cerrada. Estamos callados: aquiétate mi alma.

No estamos acostumbrados a esto. No estamos acostumbrados a estar en silencio. Hablamos mucho. Hablamos sobre Jesús y Dios. Les hablamos a Dios y a Jesús. Damos testimonio, lecciones y consejos, predicamos y enseñamos, discutimos y compartimos chismes, cantamos y oramos. Pero ahora estamos en la habitación que es Juan diecisiete, en la presencia de Jesús que ora: ora, como pronto lo descubriremos, por nosotros. Sí, *por nosotros*.

El que oren por nosotros es también un elemento en la vida de oración: una gran parte de ella, aunque pocas veces lo apreciemos. Cuando es Jesús quien ora por nosotros, el que así sea es sin duda la parte más importante de la oración. Recordemos donde estamos: estamos en la reunión de oración de Juan diecisiete. Jesús está orando. Tenemos el Evangelio de Juan abierto delante de nuestros ojos. Los once están callados, pero no pasivos. Jesús está orando por ellos. Nosotros también estamos callados, pero no pasivos. Estamos activamente escuchando. Deseamos participar en lo que Jesús desea para nosotros, así como hemos sido unidos orgánicamente a la conversación. Deseamos estar presentes a la Presencia que ora. No tenemos nada que decir. Jesús, el Verbo hecho hombre, le está hablando al Padre. Él nos está incluyendo en su oración.

En la reunión de oración de Juan diecisiete toda culpa que carguemos por haber sido infieles en la oración se desvanece. Toda sensación de ineptitud que nos acose cuando oramos, desaparece. Se evaporan la timidez y el miedo. El mundo de la oración se expande por completo. Ya no nos preocupa lo que sabemos o lo que no sabemos, haciendo preguntas, buscando respuestas. Somos nosotros como nosotros, inmensamente libres en la presencia de Jesús, que está orando. Estamos en la presencia de Jesús que ora por nosotros. "Dejamos que nos atrape la verdad primordial de que toda la masa compacta de seres creados y esencias y el mundo de todos los días que nos resulta tan familiar navegan como un barco sobre las insondables profundidades de un elemento enteramente diferente, el único que es absoluto y determinante, el infinito amor del Padre".[1]

*   *   *

Jesús ora. El texto dice: "Padre, ha llegado la hora. Glorifica a tu Hijo, para que tu Hijo te glorifique a ti" (Juan 17.1).

La oración de Jesús guarda continuidad con la conversación de Jesús que le antecede. Jesús no cambia de tono ni de contenido cuando pasa de la charla a la oración. Le habla de la misma manera al Padre

---

1   Hans Urs von Balthasar: *Prayer* (London: Geoffrey Chapman, 1963), p. 36.

que a sus amigos, habla de la misma manera con sus amigos que con su Padre. La charla había comenzado con las palabras: "había llegado la hora" (Juan 13.1). Jesús la cierra con el mismo término: "la hora viene, y ya está aquí" (Juan 16.32). Ahora ya sabemos lo que significa esta oración: "Ha llegado el momento de morir".

La muerte de Jesús, su "hora", establece el contexto para la charla y continúa como el contexto para la oración. Pero la gloria proporciona la acción. La muerte y la gloria no parecen ser una pareja natural. Pero en Jesús lo son.

* * *

Los lectores del Evangelio de Juan están ya familiarizados con las palabras "gloria" y "glorificar". En la primera página del Evangelio de Juan, él elige "gloria" como la única palabra que caracterizaría la revelación de Jesús como el Hijo de Dios y el Mesías: "Y hemos contemplado su gloria, la gloria que corresponde al Hijo unigénito del Padre" (Juan 1.14). La palabra "gloria", como verbo y como sustantivo, es usada catorce veces en el desarrollo de la historia en la primera mitad del Evangelio (capítulos 1-11), concluyendo con la declaración de Jesús a Marta, justo antes de resucitar a Lázaro: "¿No te dije que si crees verás la gloria de Dios?" (11.40).

Inmediatamente después del desfile triunfal, al comenzar la semana de la Pascua, el vocabulario de "gloria" y "glorificar" se acelera. Las palabras serán usadas otras diecinueve veces al relatarse la historia de los cinco días siguientes, la pasión y muerte de Jesús.

En su breve oración en Juan 12, al anticipar su crucifixión, Jesús usa el verbo "glorificar": "Glorifica tu nombre". Esta oración, este *verbo*, marca el comienzo de la transición de la historia de la vida de Jesús: una vida que revela a Dios, eterna (3.16) y abundante (10.10), relatada en los capítulos 1-11, a la historia de la muerte de Jesús: su muerte expiatoria y redentora relatada en los capítulos 12-19.

Cuando leemos la historia, la pluma de Juan firme pero sin entrometerse le da nueva forma a nuestra imaginación, paso a paso, a lo largo de la oración de Jesús, para que podamos reconocer la gloria de una manera profunda e interior. Si dejamos que esta oración de Jesús haga su obra en nosotros, reconoceremos la gloria en la muerte de Jesús. Mientras Jesús camina y habla en los caminos rurales y en las calles de las ciudades, en las colinas galileas y en las afueras del templo de Jerusalén, nuestra imaginación se expande hasta asumir nuevas dimensiones de gloria, una gloria que no se reduce al esplendor del templo de Salomón ni a los camellos cargados de oro y especias de la reina de Sabá. La gloria no es solamente lo que maravilla los ojos, sino lo que ilumina el corazón que cree. La gloria se expande hacia adentro. Abarca una realidad revelada que obra de manera invisible desde abajo, infundiendo vida desde la parte inferior donde germinan las semillas y echan raíces los árboles y brotan en silencio los manantiales desde profundos acuíferos en las rocas. Alcanza el interior más profundo donde los volcanes extraen el fuego y la lava que forman las montañas.

Al pronunciar su oración de Juan 17, Jesús desarrolla estas dimensiones interiores de la gloria: "Glorifica a tu Hijo, para que tu Hijo te glorifique a ti". Ésta es una gloria que no tiene el aspecto de gloria; es una gloria irreconocible como gloria: no hay claridad, sino noche; no hay renombre, sino burla. Unas horas después de orar Jesús esta oración, ella es respondida: Jesús está muerto y es sepultado.

El sustantivo "gloria" (tres veces) y el verbo "glorificar" (siete veces) dominan la oración. La oración une dos opuestos que deberían cancelarse mutuamente: la gloria y la muerte, y los convierte en elementos polares del mismo acontecimiento. En el acto de morir, Dios glorifica a Jesús. En el acto de morir, el Hijo glorifica al Padre. Jesús ora por gloria. La gloria tiene lugar. La gloria como muerte y la muerte como gloria no son una verdad fácil ni placentera de aceptar. Pero para los que seguimos a Jesús, es algo primordial para primeramente entender y luego participar en la gloria que es nuestra salvación y la salvación del mundo.

*   *   *

La superposición de la muerte y la gloria, la gloria y la muerte, en la charla y la oración, es dramática, pero serenamente dramática. Las realidades están entretejidas de una manera casi natural, como si siempre hubiera pertenecido la una a la otra. En realidad, fue así: "desde antes de la creación del mundo" (Juan 17.24). Aquí no hay un lenguaje argumentativo; no hay nada didáctico. Y por cierto, no hay un manejo emocional. En este lenguaje, discernimos la verdad, detectamos las urgencias. Pero no hay manipulación. Es un lenguaje personal, un lenguaje relacional, lo que Martin Buber ha explorado de manera tan excelente como el lenguaje de yo-tú.

Esto es importante. No hay nada más destructivo para el evangelio de Jesucristo que el uso de un lenguaje que descarta la manera en que habla y ora Jesús y asume, en cambio, la retórica del arte de vender con una sonrisa o la invectiva maliciosa. Si, en el nombre de Jesús, se eviscera la verdad hasta convertirla en hechos, se despersonaliza la salvación hasta convertirla en una estrategia, o se abstrae el amor hasta convertirlo en un eslogan o principio, se blasfema el evangelio.

*   *   *

El lenguaje de la oración, en continuidad con la charla, está permeado por lo personal. Jesús se dirige a Dios como Padre, una metáfora que insiste en la relación personal, seis veces y, con pronombres de segunda persona ("tú", "te", "ti", "tu", "tuyo") cuarenta y tres veces. Jesús se refiere a sí mismo por nombre una vez (Jesucristo), por la metáfora personal de Hijo una vez, y con pronombres de primera persona ("yo", "me", "a mí", "mi" "mío") cincuenta y siete veces. La oración es un lenguaje personal que se usa entre personas. Jesús no es "una verdad" abstraída de lo inmediato y particularmente personal.

Complementando estos nombres y pronombres personales, hay cuarenta y cinco alusiones ("ellos", "estos", "les", "los") a los once discípulos que están en la habitación con Jesús cuando él ora por ellos. Algunos de estos pronombres se extienden por los siglos a los que aún no se han convertido en discípulos, lo cual nos incluye a nosotros. Jesús los reúne a ellos y a nosotros en su oración en un acto de intercesión. Él ora por nosotros. Al escuchar con atención la oración de Jesús, participamos en ella.

El uso íntimamente personal del lenguaje que es la oración se enfatiza aún más mediante el uso de la preposición "en" diecinueve veces. La oración no es una operación de distanciamiento. La oración no es un ejercicio religioso que "pone las cosas en perspectiva" o "pone a la gente en su lugar". Es incluyente. Jesús se involucra en la obra del Padre. Jesús se involucra en la vida de sus discípulos. Jesús se involucra en aquello en lo que está involucrado Dios.

En el contexto, el sufrimiento y la muerte de Jesús a horas de ocurrir, la oración y el sufrimiento componen la sustancia de la intercesión. "¿Me pregunto si te das cuenta de un hecho profundo y magnífico? ¿Que las almas, todas las almas humanas, están profundamente interconectadas? Que, quiero decir, no sólo podemos orar el uno por el otro, sino que podemos además *sufrir* por los demás".[2]

La oración de Jesús no trata sobre ideas y proyectos; es involucrarse personalmente en todas las operaciones de la Trinidad. Por virtud de la oración de Jesús, estamos involucrados en todo lo que hace el Padre y dice el Hijo y encarna el Espíritu en nosotros. La larga charla en la que participaron Jesús y sus discípulos se recoge ahora en las intimidades de la oración, en las que nos encontramos como participantes de la relación del Padre y del Hijo y del Espíritu Santo.

*   *   *

Jesús ora muchas cosas por nosotros. Bien podemos imaginarnos que estas intercesiones incluyen virtualmente todo lo involucrado en crearnos y sanarnos, nuestra salvación y nuestra santificación, nuestro cuerpo y alma. En la oración de Juan diecisiete, Jesús le pide al Padre que no dé vida eterna (versículos 2 y 3); ora que podamos tener su "alegría en plenitud" (versículo 13); le pide al Padre que nos mantenga

---

2   Baron Friedrich von Hügel: *Letters from Baron Friedrich to a Niece*, editado y con una introducción de Gwendolen Greene (London: J. M. Dent & Sons, Ltd., 1958), p. 25.

seguros y que nos proteja del maligno (versículos 6-15); le pide al Padre que nos santifique en la verdad (versículos 17-19).

Hay una última intercesión: Jesús pide que seamos incluidos, como él, en todas las operaciones de la Trinidad, que seamos plenos participantes de lo que Dios es y dice y hace, en todas las maneras que Dios es y dice y hace. Cuando consideramos todo lo que esto significa en términos de plenitud e intimidad, es algo sumamente sorprendente: ser parte del Altísimo, pertenecer y tener acceso a él. Pero Jesús lo dice en serio. Se asegura de que entendamos que éste no es un agregado casual de último minuto, que no es un asunto más sumado a la oración. Esta intercesión final nos incluye y abraza profundamente. Desea estar seguro de que estamos prestando completa atención, de modo que lo repite seis veces:

"Padre santo, protégelos con el poder de tu nombre... para que sean uno, lo mismo que nosotros" (versículo 11).

"Ruego... para que todos sean uno" (versículos 20-21).

"Padre, así como tú estás en mí y yo en ti, permite que ellos también estén en nosotros" (versículo 21).

"...para que sean uno, así como nosotros somos uno" (versículo 22).

"Yo en ellos y tú en mí. Permite que alcancen la perfección en la unidad" (versículo 23).

"... para que el amor con que me has amado esté en ellos, y yo mismo esté en ellos" (versículo 26).

Un lenguaje personal y participativo caracteriza toda la oración. Pero la repetición seis veces de *para que sean uno, lo mismo que nosotros* resalta la intercesión. No omitan esto: el Padre, el Hijo y hasta el último de nosotros mediante la oración y la cruz de Jesús y la obra del Espíritu Santo somos uno. Así como la gloria y la muerte yuxtapuestas en la vida de Jesús se catalizan en la resurrección, así la intimidad y la inclusión están aquí integradas por la oración de Jesús en la comunidad de los seguidores de Jesús que serían pronto formados por el Espíritu Santo: la iglesia.

*   *   *

La importancia que le da Juan a esta oración al transportarnos a las últimas páginas de la historia de Jesús y la probabilidad de que Jesús continúe orándola mientras intercede por nosotros ("vive siempre para interceder por ellos..." Hebreos 7.25), requiere que tomemos deliberadamente nuestro lugar en la reunión de oración de Juan diecisiete, ingresando y sometiéndonos a la oración que Jesús continúa orando por todos los que seguimos a Jesús, de que *seamos uno* así como Jesús y el Padre son uno.

*   *   *

Una de las mayores dificultades en tomar en serio esta oración es que no parece haber hecho mucha diferencia durante estos veinte siglos, y por cierto no parece tener demasiado impacto en los cristianos en el presente. La iglesia cristiana es famosa en todo el mundo por ser polémica y mezquina por usar las palabras de Moisés y de Jesús como armas para excluir y condenar. Una de las marcas de identificación que Jesús les dio a sus discípulos es: "De este modo todos sabrán que son mis discípulos, si se aman los unos a los otros" (Juan 13.35). Pero habían pasado apenas algunos siglos y ya los de afuera estaban diciendo: "¡Miren cómo se vilipendian los unos a los otros!" Matamos con verbos y sustantivos, espadas y pistolas, "cristianos" que marchamos bajo el estandarte de la cruz de Cristo.

Dada la acumulación de matanzas a través de los siglos —iglesias destrozadas, familias destrozadas, almas destrozadas— es difícil permanecer en la reunión de oración de Juan diecisiete con los once discípulos, sometiéndonos serenamente a la oración de Jesús al Padre de que *seamos uno* así como Jesús y el Padre son uno.

*   *   *

Es comprensible que muchos observen este penoso historial y decidan dejar la habitación donde está orando Jesús para hacerse cargo ellos mismos de sus asuntos. Muchos cristianos, impacientes con lo que perciben como la ineficiencia de la oración de Jesús, intentan resolver el problema mediante la imposición de unidad: unidad por coerción, o sea, una autoridad despersonalizada y convertida en institución. El estilo es jerárquico. Los métodos son burocráticos. Toda persona o congregación que se niegue a conformarse a ello queda excluida, convertida en anatema, excomulgada o rechazada. La unidad es preservada mediante la imposición de una definición institucional.

Otros cristianos, también impacientes con la oración de Jesús, resuelven el problema creando escisiones. Reducen el nivel de unidad a lo que ellos pueden controlar reuniendo hombres y mujeres de igual pensamiento y temperamento. A menudo hay un líder sólido y carismático que aparece para definir los parámetros reducidos de la así llamada unidad. Si las personas o grupos descubren que ya no calzan en el estilo teológico o de adoración o conducta que define la unidad, otra división es siempre una opción: simplemente se separan y se van con otras personas que piensan igual y comparten el mismo espíritu. La unidad se preserva mediante las preferencias personales.

La urgencia repetitiva con la que Jesús ora que seamos uno, así como él y el Padre son uno, pone en clara evidencia los deliberados actos de escisión como actos de insurrección: una erupción de violenta terquedad en la presencia misma de aquel que está intercediendo por la unidad relacional de los unos con los otros de acuerdo con la unidad de la Trinidad. La frecuencia de esta violencia contra el cuerpo de Cristo, una violencia que está justificada por interminables racionalizaciones, no es más que sorprendente. El desafiar a Jesús en la causa de Jesús. Qué escándalo.

Lo que nos salva es que el desafío no impide que las oraciones de Jesús hagan su obra: poco a poco, lenta y maravillosamente. Sin embargo, esto no significa que el escándalo de desafiar a Jesús en el nombre de Jesús deje de ser un escándalo. Con arrogancia alardean que el escándalo es necesario para preservar la iglesia. No importa qué lenguaje usen, qué slogans coloquen en sus estandartes, no hay duda de que en algún momento, los cismáticos se van de la reunión de oración de Juan diecisiete.

Desde chico me enseñaron a odiar a los católicos. Más adelante, adquirí un desprecio condescendiente y esnob por los cismáticos. Mien-

ASÍ HABLABA JESÚS

tras tanto, estaba atacando al pueblo de Dios. Tardé algún tiempo —a todos nos lleva tiempo— en someterme a la oración de Jesús y descubrir que estaba siendo formado en la unidad a la que Jesús le está dando constantemente vida. Ahora encuentro hermanos y hermanas en Cristo, muchos de ellos, en todo el espectro de la iglesia e iglesias.

Estemos donde estemos en este espectro que va desde la unidad exhaustiva impuesta desde lo alto a los fragmentos de la unidad mantenida por la escisión, es importante saber que hay muchos, muchos seguidores de Jesús incondicionales y maduros y obedientes a lo largo de todo el espectro, desde el papa en el Vaticano hasta un círculo de manipuladores de serpientes en las colinas de los montes Apalaches.

Si permanecemos en la habitación con Jesús mientras él ora por nosotros, tendremos la capacidad de aceptar a todos los bautizados como hermanos y hermanas. Puede ser un proceso lento, pero la oración de Jesús cumplirá en nosotros su cometido. Ya no definiremos a los demás cristianos como competidores o rivales. Jesús no evalúa ni califica a sus seguidores mientras ora. No propone planes para arreglar las controversias que sabe que habrán de surgir. Está orando para que ingresemos en una fácil camaradería. Cuanto más tiempo permanezcamos en la presencia de Jesús orando, tanto más comprenderemos que nuestros impulsos hacia la escisión y el sectarismo, nuestras rivalidades y denuncias, no caben en la habitación donde Jesús está orando para que nosotros "seamos uno".

Cuando Pedro descubrió a un hombre de fe en la ciudad secularizada de Cesarea en la persona poco probable de un soldado romano, Cornelio, él dijo: "En verdad comprendo que Dios no hace acepción de personas" (Hechos 10.34, RVR1960). ¿Sería permisible añadir "o de iglesias" a la oración de Pedro? Pienso que sí.

La trinidad

Existe otra manera mucho más satisfactoria de entender y evaluar la oración de Jesús que el rechazarla con impaciencia como ineficaz, colocándola al comienzo de la lista que guardamos de las "oraciones sin respuesta" y luego haciéndonos cargo de nuestros propios asuntos. Es la manera en que los cristianos han aprendido a comprender el Uno y los Muchos, la Unidad esposada con la Particularidad, como Trinidad. El "uno" que Jesús ora que seamos es el Uno que es la Trinidad. Este "uno" es verdaderamente uno, pero es el uno que reúne todas las particularidades en una unidad relacional. Todo contribuye a la existencia de todo lo demás, permitiendo que todo sea lo que es distintivamente. Todo tiene que ver con todo. Cada persona tiene que ver con todas las demás. Nada es forzado. En esto, no hay nada matemático. Lo sepan o no, todos están involucrados, en sumisión o en resistencia, en todas las operaciones del Padre, del Hijo y del Espíritu Santo.

El santo bautismo es el sacramento que predica la promulgación de este cimiento trinitario que es la base de toda la existencia. Somos bautizados en el nombre del Padre, del Hijo y del Espíritu Santo. Al ingresar en las aguas bautismales, nos convertimos en quienes realmente somos. Se afirma nuestra identidad particular y se esclarece en un nombre personal y una relación personal con todas las formas y modalidades en que Dios es Dios. No somos autónomos. No somos nosotros mismos por nosotros mismos.

El pecado es un acto que nos aísla. Nos separa de Dios, de su creación y de su comunidad. No es posible restablecer por decreto la complejidad de la relación en la que hemos sido creados. No se puede alcanzar impersonalmente una intimidad relacional y personal. A las intimidades sexuales forzadas las llamamos violaciones, las que son sin duda la humillación más violenta de una persona. Dios no está involucrado en violaciones.

En una novela de Charles Williams, hay una conversación en la que los personajes discuten por qué no se ocupa Dios mejor de las cosas sagradas y por qué no es nunca apropiado hacer por Dios lo que él no parece hacer por sí mismo. Se dicen estas palabras: "Dios sólo da, y él sólo tiene para darse a sí mismo, y él, incluso él, puede sólo darlo en las condiciones que son él mismo".[3] Dios no puede operar en maneras que lo contradigan. Dios es libre y personal. Por lo tanto, lo que ocurra en

---

3   CharlesWilliams: *War in Heaven* (Grand Rapids: Eerdmans, 1974), p. 251 (edición original, 1930).

la oración es personal, dado y recibido con libertad. La oración no es una técnica sobrenatural para la coerción. La oración no reúne a santos y pecadores en pilas separadas de seres anónimos: una pila asignada a la condena, una pila asignada a la salvación. La oración toma en serio cada persona y cosa en particular, y todo lo que sea particular sobre esa persona o cosa, y preserva simultáneamente una absoluta libertad. No podemos ser uno con los demás o con Dios si no poseemos libertad.

Por esta razón tardan tanto esos hombres y mujeres por los que ora Dios (o sea, nosotros) en convertirse en "uno, lo mismo que nosotros"; ésta es la razón por la que no lo podemos forzar ni apurar. Por esta razón, no importa cuántos sean formados por las oraciones de Jesús en esta unidad trinitaria, la unidad misma está siempre en curso mientras ingresan los nuevos seguidores en el proceso de formación en el cual no existen los atajos. No se permiten las eficiencias de las líneas de montaje. Podemos fabricar automóviles de esa manera, pero no santos. La obra de santificación (otra palabra para describir este "ser uno, lo mismo que nosotros") no es jamás un producto terminado que las congregaciones pueden probar y, si están satisfechas, inscribirse en ella. La unidad no es un modelo que podamos copiar: es una relación trinitaria —Padre, Hijo, Espíritu Santo— de reciprocidad.

La trinidad es intrincada y exhaustiva, fusionando el Uno y los Muchos. Para entender y participar en todas las operaciones del Dios trinitario se necesita toda una vida de adoración sacrificada (apartándonos nosotros de nosotros mismos) y una sumisión paciente a las oraciones pacientes de Jesús de que seamos uno. La iglesia, la cual proporciona visibilidad por medio de las vidas de hombres y mujeres particulares, en lugares particulares, en momentos particulares, no es una idea. Tampoco es un ideal. Es una realidad histórica que existe en el tiempo. Está constantemente en formación. Como una pieza musical, le lleva tiempo convertirse en lo que es. Todas las notas tienen que ser interpretadas por todos los instrumentos asignados para interpretarlas antes de que pueda llegar a ser lo que es. Si nos negamos a ser parte de la orquesta, si insistimos que todos toquen la misma nota una y otra vez, o si encontramos una sola melodía o acorde de la música que nos gusta en particular y eso es lo único que tocamos, dudo que los resultados sean lo que el compositor o el conductor desean. Ser la iglesia es algo sumamente complejo y exigente, pero no es más difícil en especie que todas las demás cosas que valgan la pena ser. La iglesia es el lugar de reunión amplio, saludable, trinitario donde dejamos que Dios sea Dios de la manera en que quiere ser Dios y dejamos que Jesús ore que nosotros podamos participar de la dinámica unidad revelada entre el Padre y el Hijo y el Espíritu que es, precisamente, la gloria. La iglesia es la principal arena en la que aprendemos que la gloria no consiste en lo que podemos hacer por Dios, sino en lo que Dios hace por nosotros. Es el campo de poda donde nos sometemos a la muerte y al morir: Jesús muriendo en la cruz y nuestro diario morir. Necesariamente implica el rehusar a hacernos cargo de la gente que nos rodea y negarnos a forzarlos, ya sea por intimidación como padres o fuerza militar o manipulación política, a que lo hagan a nuestra manera. E implica necesariamente el negarnos a salir y disipar nuestra vida en una ronda de salidas nocturnas con gente glamorosa o en causas alimentadas por la adrenalina, satisfaciendo nuestras ambiciones y complaciendo nuestros caprichos "en el nombre de Jesús".

* * *

Una de las preguntas metafísicas más antiguas tiene que ver con la naturaleza básica de la realidad, una cuestión de la que se ocupan los cristianos que pasan un rato en la reunión de oración de Juan diecisiete. ¿Es la vida en la comunidad de Jesús una o muchas, singularidad o multiplicidad? Los griegos se lo preguntaban continuamente. Parménides era el campeón de "el uno". Heráclito abogaba por "los muchos". Los cristianos, muy influenciados por las conversaciones y oraciones de Jesús, comenzaron desde un principio a reformular la discusión en términos de la Trinidad: "No bien concibo al Uno, soy iluminado por el esplendor de los Tres: no bien los distingo, soy llevado de regreso al Uno" (Gregorio Nacianceno).[4]

---

4   Citado por Colin E. Gunton: *The One, the Three and the Many* (Cambridge: Cambridge University Press, 1993), p. 149.

* * *

Es digno de notar, pienso, que Jesús asume la completa responsabilidad de nuestra unidad: "que sean uno, lo mismo que nosotros". Él ora. Es significativo que la intención de Jesús de "que sean uno" se exprese en oración al Padre y no en una orden o exhortación a los discípulos "que sean uno". El ser una comunidad de fe en Cristo es un asunto complejo. No tenemos el conocimiento ni la competencia para alcanzarlo.

Cuando nos sometemos a Jesús mientras ora por nuestra unidad, tenemos que someternos también a la manera en que escoge lograrlo: la manera de la gloria, una gloria que abarca el sufrimiento y la muerte. Ésta es la manera, la única manera que nos da la libertad y la dignidad de participar. La unidad por la que ora Jesús se articula exclusivamente en el lenguaje de la relación personal y la participación voluntaria. Una unidad impuesta no forma parte de la oración de Jesús. Una reducción cismática no forma parte de la oración de Jesús. Hoy día, Jesús ora por todos nosotros los bautizados y llamados cristianos para que maduremos en compañía de "la iglesia santa, católica y apostólica".

* * *

Seis páginas más adelante (en mi Biblia en inglés) y cuarenta días después en la historia según se la relata (reanudando Lucas el relato donde lo dejó Juan), encontramos a estos mismos discípulos aún en Jerusalén y aún orando. Entretanto, se ha llevado a cabo la crucifixión, la resurrección y la asunción de Jesús. Pero los discípulos en oración no saben lo que viene después. La madre y los hermanos de Jesús se han unido a los once discípulos que siguen orando en continuidad con la reunión de oración de Juan diecisiete. El tamaño de la reunión de oración se acrecienta: en un punto son 120. Ellos continúan orando mientras se hacen cargo del asunto de reemplazar a Judas Iscariote. Al orar, reciben a Matías como reemplazo para que se una a ellos como "testigo de la resurrección" (Hechos 1.22).

Siguen en oración: ya han pasado cincuenta días desde la resurrección y diez desde la asunción. Es la fiesta judía de Pentecostés. Y luego ocurre. El Espíritu Santo prometido está entre ellos, como les había asegurado Jesús en su conversación más temprana. Y la oración de Jesús por ellos de "que sean uno" recibe confirmación, visiblemente en el fuego y audiblemente en las lenguas: un fuego, dieciséis lenguas. Se logra la unidad aun cuando se conserva la particularidad.

La reunión de oración de Hechos dos es la primicia de las raíces formadas por las oraciones de Jesús en el suelo de la reunión de oración de Juan diecisiete, que tuvo lugar cincuenta días antes. Esas raíces, raíces de intercesión, continúan enviando retoños de integridad trinitaria, atrayendo a pueblos y naciones a su regazo.

CAPÍTULO 18

Jesús ora la agonía de Getsemaní: Mateo 26.39, 42

"Padre mío, si es posible, pase de mí esta copa;
pero no sea como yo quiero, sino como tú..."

"Padre mío, si no puede pasar de mí esta copa sin
que yo la beba, hágase tu voluntad".

Unas horas antes de colgar Jesús de la cruz en agonía, él estaba orando en agonía en Getsemaní. Las dos agonías son la misma Agonía. La agonía recibe un nombre: "esta copa". Una copa contiene un líquido que se bebe. La propiedad peculiar de la copa es que la sostenemos con las manos, la acercamos a nuestros labios, la inclinamos en nuestra boca y bebemos su contenido. Requiere un espíritu coordinado y bien dispuesto de aceptación y recepción. Requiere ingerir su contenido, que pasa a todo nuestro sistema digestivo, para distribuirlo a músculos y huesos, glóbulos rojos y ganglios nerviosos. La copa es el recipiente del cual tomamos algo ajeno a nosotros en nuestra vida para que se convierta en nosotros, para que ingrese en nuestro vivir.

La copa que sostiene Jesús esa noche en Getsemaní es la voluntad de Dios: la voluntad de Dios de salvar el mundo en un acto final de amor expiatorio. La copa que bebe Jesús es la muerte propiciatoria en la que Jesús se apropia del pecado y el mal, los absorbe en su alma y los convierte en salvación: los bebe como de una copa. La traducción del nombre de Jesús es: "Jehová salva". Cuando Jesús bebe la copa, se convierte en su nombre.

Por supuesto, esto es misterio puro e insondable. Es un misterio inexplicable, pero no es un misterio oscuro. Tiene muchos testigos: poetas y granjeros, cantantes y padres que atestiguan que la voluntad de morir es un acto de aceptación y un abrazar la vida.

* * *

Antes de su última semana, Jesús había pasado la mayoría de sus años en los pequeños pueblos y caminos rurales de Galilea. Esos años fueron oportunidades para que la gente lo conociera. Había tiempo libre para charlar, oportunidades para hacer preguntas y escuchar lo que enseñaba Jesús. La gente había podido observar a Jesús que llegaba a sus vecindarios y sanaba a los enfermos, ignoraba los tabús que mantenían a los leprosos y los samaritanos y los gentiles a distancia y a las mujeres en su lugar. En una atmósfera religiosa estancada con el mal aliento del moralismo minucioso, Jesús era una brisa de aire fresco. Bajo la ocupación romana, que era brutal y opresora, Jesús no se dejaba intimidar ni degradar.

Él caminaba entre la gente con una gracia sin ostentación que permitía que la gente viera que existía una manera diferente de vivir, una manera de vivir con libertad, de estar plenamente vivo. Corrieron los rumores. La gente comenzó a hablar. Se mencionaban términos como "Hijo de Dios", "Hijo del Hombre" y "Mesías". De maneras inesperadas, la gente cobraba vida en la presencia de Jesús. Muchos se convencieron de que Dios estaba llevando a cabo algo en Jesús que no tenía precedentes y, por lo tanto, se convirtieron en sus seguidores. Se entregaron a la clase de vida que vivía Jesús.

Esto sucedió durante unos tres años, y luego se alcanzó algo así como una masa crítica. El reconocimiento quedó en claro. Pedro fue el primero en articularlo: "Tú eres el Cristo, el Hijo del Dios viviente" (Mateo 16.16). Dios estaba presente y obrando entre ellos, la Vida eterna, la Vida real, la Salvación del mundo, Cristo.

Luego Jesús hizo algo extraño: comenzó a hablar sobre la muerte, su propia muerte y la muerte de todos los que lo seguían. Dejó Galilea para marcharse a Jerusalén. Hubo peregrinajes anteriores a Jerusalén, pero habían sido precisamente peregrinajes: siempre regresaban a casa a Galilea. Ahora Jesús había comenzado a hablar de Jerusalén como su destino y su muerte. Durante tres años en la presencia de Jesús, ellos habían estado sumergidos en conversaciones de vida. El tema había cambiado ahora de forma radical: la muerte.

¿Podrá Jesús mantener a sus discípulos al cambiar el tema de la vida a la muerte? ¿Podrán los cuatro escritores de los Evangelios mantener nuestra atención y ordenar nuestra lealtad al cambiar el tema de la vida a la muerte?

*   *   *

Tenemos la transcripción de tan sólo seis de las muchas oraciones que Jesús le ofreció a su Padre durante el transcurso de su vida. Las primeras dos las oró en Galilea cuando atrajo a sus seguidores a su vida abundante. Las otras cuatro restantes las ora en Jerusalén durante la última semana de su vida mientras aguarda su muerte de salvación. La oración en Getsemaní es la tercera en este cuarteto de oraciones de la pasión.

Los cuatro escritores de los Evangelios nos sumergen en los detalles de los últimos días de Jesús, su rechazo, sufrimiento y muerte. Estas últimas cuatro oraciones son una poderosa defensa contra las persistentes ilusiones satánicas que nos seducen con sus promesas de que si tan sólo seguimos la vida de Jesús no tendremos problemas, ni dolor, ni aburrimiento, ni ansiedad. Las cuatro oraciones garantizan que tengamos abundante acceso a oraciones que asumen con todo nuestro ser —nuestras emociones, nuestro entendimiento, nuestra imaginación— la conciencia de que seguir a Jesús significa seguirlo paso a paso por los valles tenebrosos y la cruz.

*   *   *

En Getsemaní, Jesús sabe que pronto habrá de padecer una muerte violenta. También sabe que no tiene que hacerlo. Tiene la libertad de aceptar o rechazar esta muerte. Su muerte no es una necesidad, no es un destino impersonal. No es la *ananké* invocada por los griegos, no es el *destino* de los romanos, no es el *karma* que los budistas usan para poder darle sentido al cosmos. Jesús sabe, y nos hace saber, que su muerte es un acto libre de obediencia.

Jesús ora su camino hacia la muerte y a través de ella. En la oración, la muerte adquiere una dimensión inimaginable: ya no es un camino sin salida, sino el heraldo de la resurrección; ya no es el final sino el principio: "El final es el lugar donde comenzamos" (T. S. Eliot). Cuando oramos las oraciones de la pasión de Jesús, sus "oraciones de muerte", descubrimos que la muerte adquiere para nosotros un significado diferente.

La primera oración de este cuarteto de oraciones de la pasión: "¡Padre, glorifica tu nombre!" (Juan 12.28), anticipa esta muerte. La oración: "Padre, ha llegado la hora..." (Juan 17.1) nos prepara para esta muerte. La última oración, que Jesús ora cuando está muriendo en la cruz, que comienza con: "Dios mío, Dios mío, ¿por qué me has desamparado?" (Mateo 27.46), ora la muerte misma. En esta tercera oración: "Padre, si quieres, pasa de mí esta copa..." (Lucas 22.42), Jesús ingresa en la angustia de la muerte y nos incluye en su agonía.

* * *

La oración de Getsemaní está comprendida entre la cena, en la que los discípulos comen y beben sacramentalmente el cuerpo y la sangre de Jesús, y la cruz, sobre la que ellos verían el cuerpo quebrantado y la sangre derramada.

El marco es un jardín llamado Getsemaní, que significa "prensa de aceite". Este lugar se encontraba en la base del monte de los Olivos, el cual poseía huertos de olivos. La prensa de aceite estaba ubicada allí para cosechar el aceite de oliva, un alimento de primera necesidad de la cultura alimenticia del Medio Oriente. Jesús y sus discípulos se reunían allí a menudo (Juan 18.2). Era un lugar algo apartado del camino que venía de Betania por la parte más alta de la montaña, el hogar de los amigos de Jesús María, Marta y Lázaro, que descendía y pasaba por el valle del Cedrón y luego se dirigía a Jerusalén. El hecho de que ellos se reunieran allí a menudo sugiere que se trataba de un lugar que Jesús y sus amigos consideraban conveniente y adecuado para orar cuando ellos realizaban los peregrinajes de los días de fiesta a Jerusalén. Las oraciones en la Prensa de Aceite fusionan lo que había dicho Jesús durante la cena con lo que Jesús hizo en la cruz.

Era la noche del jueves de la Semana Santa. Después de compartir Jesús y sus discípulos la última cena en Jerusalén, cantan un himno y se dirigen caminando a Getsemaní para orar. Judas, que conocía muy bien el lugar ya que había orado frecuentemente allí con Jesús, en un acto de traición lleva a los soldados allí para que encuentren y arresten a Jesús. A continuación, se llevan a cabo dos juicios criminales, uno detrás de otro. El primero se celebra en la mitad de la noche en la casa de Caifás, el sumo sacerdote; el segundo se celebra en la madrugada ante Pilato, el gobernador romano. La impía alianza de la religión y la política colabora para decretar que Jesús es culpable. Lo sentencian a muerte. Unas pocas horas después era sólo un cuerpo que colgaba de una cruz.

La primera de las oraciones de Jesús que tenemos por escrito, el Padrenuestro, la oración que Jesús utilizó para enseñarnos los rudimentos esenciales de la oración, tiene dos grupos de imperativos, tres en cada grupo. En el primer grupo, Jesús nos enseña a pedir que podamos participar en la presencia y obra de Dios. En el segundo, nos enseña a pedir lo que necesitamos de parte de Dios para poder participar con fe y fidelidad en esa presencia. En cada grupo de tres oraciones, podemos discernir un avance cada vez más intenso. El tercer pedido en cada grupo libera las energías acumuladas reunidas en las dos peticiones anteriores y las pone en marcha.

En su oración en Getsemaní, la última oración antes de ser clavado a la cruz, Jesús selecciona la tercera petición de cada grupo de tres del Padrenuestro. La agonía de Getsemaní completa y redondea lo que Jesús nos había presentado en aquellos primeros días en Galilea cuando nos estaba enseñando a orar. Del primer grupo, él escoge el imperativo dirigido al Padre: "hágase tu voluntad ". Del segundo grupo, escoge la palabra "tentación" y la coloca en un imperativo dirigido a nosotros.

"Hágase tu voluntad"
La intención de Dios para Jesús, la manera de lograr Dios la salvación, la manera de librarnos Dios del maligno. Ésta es la petición que concluye y resume los tres primeros imperativos incisivos que nos orientan hacia Dios y que definen la realidad en el Padrenuestro, estableciendo así una sólida base para una vida de obediencia con fe que nos mantiene despiertos, alerta y presentes en el camino de Jesús: Santificado sea tu nombre... Venga tu reino... Hágase tu voluntad. Cada imperativo en sucesión recoge energía y acrecienta su intensidad, de la misma manera que un resorte que enrollamos cada vez más hasta soltarlo con un disparador. Las palabras disparadoras son: *En la tierra como en el cielo.*

Con esto, los tres imperativos se fusionan en una obediencia que lleva a Jesús a aceptar la muerte que va a cambiar todo en resurrección.

"Estén alerta y oren para que no caigan en tentación"
Es un momento de crisis. Jamás ha estado tanto en juego como en esta reunión de oración en Getsemaní. Lo que enfrenta Jesús es lo que nosotros también enfrentamos: "Estén alerta y oren para que no caigan en tentación" (Mateo 26.41).

Jesús toma la "tentación" del tercer pedido en el segundo grupo de tres en el Padrenuestro: *Danos pan... Perdónanos nuestras deudas... No nos dejes caer en tentación, sino líbranos del maligno.* Estos son los imperativos en los que pedimos lo que necesitamos hacer para ser participantes obedientes en la santificación del nombre de Dios, la venida del reino de Dios y el hacer la voluntad de Dios. Este pedido de ayuda en los momentos de prueba, tentación y liberación del mal es también el tercero en una serie de creciente intensidad. Tomado del Padrenuestro y colocado en la oración de Getsemaní, el pedido enuncia la preocupación de Jesús de que permanezcamos despiertos y presentes y obedientes a esta vida de salvación, de que aceptemos el sufrimiento y soportemos las pruebas, de que digamos no a la tentación de huir y abandonar las dimensiones de Jerusalén de nuestro llamado, de que nos neguemos a dar la espalda a la cruz para regresar a lo que nos resulta familiar y al mundo mucho menos exigente de Galilea para establecernos en una vida religiosa convencional de enseñanza de la verdad sobre Jesús y de realización de buenas obras para imitarlo.

* * *

Jesús ora esta plegaria cuando está reunido con sus discípulos. Él deseaba que ellos oraran con él y por él. Estaban juntos en el jardín para orar juntos. Pero ellos no lo hicieron. Jesús se había llevado a Pedro, Jacobo y Juan con él y les había dicho: "Es tal la angustia que me invade, que me siento morir. Quédense aquí y manténganse despiertos conmigo" (Mateo 26.38). Luego había ido y orado su agonizante plegaria de Getsemaní: "Padre mío, si es posible, pase de mí esta copa; pero no sea como yo quiero, sino como tú". Luego había regresado al lugar donde estaban sus discípulos y los había encontrado durmiendo. Los reprende con estas palabras: "¿No pudieron mantenerse despiertos conmigo ni una hora? Estén alerta y oren para que no caigan en tentación. El espíritu está dispuesto, pero el cuerpo es débil" (Mateo 26.40-41). Esta escena se repite dos veces más. Tres veces les pide Jesús a sus discípulos que oren con él. Y tres veces se quedan dormidos.

Y luego finaliza la reunión de oración. Jesús está preparado para todo lo que tenga que enfrentar durante la noche y la mañana. Está preparado para dos juicios, preparado para morir, preparado para la cruz. Los discípulos no están preparados. En menos de una hora, "todos los discípulos lo abandonaron y huyeron" (Mateo 26.56).

* * *

Lucas agrega este detalle a la escena de Getsemaní: "Pero, como estaba angustiado, se puso a orar con más fervor, y su sudor era como gotas de sangre que caían a tierra" (Lucas 22.44). La agonía de la cruz no podría haber sido posible sin la agonía de esta oración. La oración logra en nosotros, en nuestro espíritu, en lo profundo del alma, lo que luego vivimos en las circunstancias y condiciones de nuestra obediencia. No es suficiente guardar la compostura. Tampoco lo es una férrea voluntad, ni una vida ejemplar.

Toda persona y cosa tiene un interior. La oración va más allá de la superficie y penetra hasta lo más profundo de nuestra esencia. Al contrario de las acciones, la oración no está sujeta a una evaluación o verificación inmediatas. Si somos adictos a los "resultados", pronto perderemos todo nuestro interés en la oración. Cuando oramos, participamos voluntariamente en lo que Dios está haciendo, sin saber exactamente lo que Dios está haciendo, cómo lo está haciendo o cuándo sabremos lo que está ocurriendo, si esto fuera posible.

*   *   *

Un elemento esencial de lo que se llevó a cabo en la cruz al día siguiente, como lo expresa el Credo, "para nosotros... y para nuestra salvación", fue formado por las plegarias que oró Jesús esa noche. La acción sin la oración se disuelve en algo meramente exterior. Una vida sin oración puede resultar en acciones eficaces y lograr cosas magníficas, pero no hay una interioridad desarrollada, la acción nunca penetra en las profundidades y complejidades de las relaciones donde se formó la esencia de la creación, donde se elabora la salvación, donde hombres y mujeres se encuentran presentes y a gusto con los caminos de Dios —Padre, Hijo y Espíritu Santo— mientras su nombre es santificado, su reino cobra vida y se lleva a cabo su voluntad.

CAPÍTULO 19

Jesús ora desde la cruz: las últimas siete palabras

"Cristo está en agonía hasta el fin del mundo".
CHARLES PÉGUY

La muerte es el acto de definición ("la razón") de la vida de Jesús: "Mas para *esto* he llegado a esta hora" (Juan 12.27). Jesús tardó tres horas en morir: desde el mediodía hasta las tres de la tarde del viernes justo a las afueras de Jerusalén. Cuando Jesús estaba muriendo, él oró. Él oró siete plegarias de una sola oración cada una. Ninguno de los escritores de los Evangelios nos da todas las siete: Mateo y Marcos nos dan una (Mateo 27.46; Marcos 15.33); Lucas nos da otras tres (Lucas 23.34, 43, 46); Juan escribe las últimas tres (Juan 19.26-27, 28, 30).

Las siete "palabras desde la cruz" han sido comúnmente leídas o cantadas en diversas liturgias en lo que se supone que es una secuencia cronológica. He escogido tomarlas en el orden en que aparecen en nuestros cuatro Evangelios canónicos, no en una cadena fortuita, sino simultáneamente presentes la una a la otra en una especie de mosaico o collage. Cada plegaria existe por separado, pero ninguna está aislada de las demás. Las siete plegarias desarrollan, al orarlas, una coherencia interior. En vez de una lista consecutiva, las siete se convierten en una en ritmo y armonía.

La comunidad de la iglesia ha orado estas últimas palabras de nuestro Salvador agonizante para practicar la presencia de Jesús. Nosotros sumimos el alma en este misterio, estas "profundidades" (Salmo 130) en las que se forja nuestra salvación. Deseamos que nuestra muerte sea congruente con su muerte: congruente con su vida de sacrificio, una ofrenda intencionada de todo lo que somos y un testigo de la resurrección.

*   *   *

La muerte de Jesús es una muerte verdadera. Su muerte es un hecho histórico. No hay nada tan meticulosamente documentado en la vida de Jesús como su muerte: "muerto y sepultado" como lo dice el Credo de los Apóstoles, una muerte tan física como lo será cada una de las nuestras. Su corazón se detuvo, su respiración se detuvo, su cerebro se detuvo. Hubo una caída brusca de temperatura corporal. Muerto. Pero en la muerte de Jesús hay más, mucho más, que el cese de signos vitales. Se había logrado la salvación. En la muerte de Jesús se promulga un acontecimiento divino. Su muerte, una muerte voluntaria y expiatoria, fue una ofrenda para los pecados del mundo; una muerte que conquistó a la muerte. Fue la muerte de la muerte.

Éste es un gran misterio, el misterio más grande del universo, en el cielo y en la tierra y, estrictamente hablando, indescifrable. No es que las mentes más brillantes no lo hayan intentado. Sus pensamientos y oraciones no son inútiles. Ellos proporcionan ideas y visiones de las obras profundas y eternas de la Trinidad que nos ayudan a no quedarnos fuera de este misterio de salvación en el cual se vuelven a crear nuestras vidas de una manera exhaustiva y radical: "redimidos, sanados, restaurados, perdonados" como cantamos con toda el alma. Pero una vez que todo fue dicho y hecho, nos damos cuenta de que nunca podremos comprender del todo el funcionamiento interior de la cruz y nuestra salvación.

Este misterio le da forma a la manera en que los cristianos viven y mueren, creen y aman, perdonan y son perdonados. Es un misterio que habitamos y no un misterio frente al cual nos detenemos y hacemos preguntas por curiosidad.

*   *   *

Es posible entender y dar cuenta con bastante facilidad de la muerte de Jesús en la cruz en un nivel físico e histórico. Pero no es así con la salvación que alcanza Jesús en la cruz. Y es esta salvación, no la autopsia de un médico forense, lo que nos lleva vez tras vez a la cruz. El volver a visitar la muerte de Jesús es diferente a las visitas que hacemos al cementerio para llevar flores y mantener viva la memoria de nuestros seres queridos. No estamos en la cruz para recordar o rendir homenaje. Estamos aquí para sondear el significado de nuestro morir cotidiano junto a Jesús que muere por nosotros.

San Pablo nos da el vocabulario para hacerlo, orando nuestra propia muerte cotidiana como participación en las dimensiones eternas de la muerte de Jesús. Cuando Pablo escribe: "He sido crucificado con Cristo" (Gálatas 2.20), él sondea las dimensiones redentoras de la muerte de Jesús tal como él las experimenta. Cuando él escribe: "Cada día muero" (1 Corintios 15.31), da testimonio de la ofrenda propiciatoria de su vida que hace todos los días de su vida al seguir el camino de Jesús hacia la cruz. Cuando les escribe a sus hermanos y hermanas en Cristo: "ustedes han muerto y su vida está escondida con Cristo en Dios" (Colosenses 3.3), los está llevando a participar en las obras de salvación de la muerte de Jesús. Cuando escribe desde la celda de la prisión, condenado a ser ejecutado en Roma, que Jesús "se hizo obediente hasta la muerte, ¡y muerte de cruz!", insta a sus lectores: "La actitud de ustedes debe ser como la de Cristo Jesús" (Filipenses 2.5-8).

*　　*　　*

Los cristianos mueren dos veces. La primera muerte es cuando nos proponemos seguir a Jesús, nos negamos a nosotros mismos, tomamos su cruz y elegimos vivir con obediencia y fe en su compañía expiatoria y no aislados con orgullo.

Cuando Jesús ora su muerte, nosotros oramos con él. Al hacerlo, nuestra muerte queda incluida en la suya. Es una forma de oración que nos lleva a aceptar la muerte que morimos cuando somos bautizados en Cristo y nos convertimos en testigos de una resurrección en la que, una vez muertos, somos resucitados con Cristo (Romanos 6.5-11).

Antes de orar Jesús su muerte en la cruz, nos ordena morir como él mismo moriría: "Si alguien quiere ser mi discípulo, tiene que negarse a sí mismo, tomar su cruz y seguirme" (Mateo 16.24). Lo que equivale a decir: "... síganme a mi muerte en la cruz". La muerte es un elemento que no podemos negociar como criaturas humanas. Tampoco la podemos negociar como seguidores de Jesús. Una de las maneras de asimilar lo que ella implica (no es la única manera, pero es quizás la mejor) es orar las siete oraciones junto a Jesús mientras él las ora durante su muerte.

*   *   *

Pero *caveat orator*: el que ora preste atención. Meditar y orar con Jesús mientras muere en la cruz no es una invitación a la morbosidad. Hubo épocas en la comunidad de Cristo en las que los cristianos intentaron experimentar y apropiarse de los sufrimientos de Jesús en la cruz permitiéndose prácticas de mortificación: ayunos extremos, privación del sueño, uso de cilicios, autoflagelación (el "castigo" medieval). Hay una historia que me encanta de un monje que se había impuesto la disciplina de no sonreír. ¿Cómo podía siquiera pensar en sonreír cuando Jesús estaba sufriendo? ¡Qué sacrilegio! Un colega monje le dijo exasperado: "Ve nomás, entristécete. Pero hazlo a solas. No hagas que todos los que te rodean se entristezcan también".

Por ascéticamente heroicas que parezcan estas prácticas, hay una cierta arrogancia sospechosa, una presunción que el dolor que nos imponemos, las privaciones y el sufrimiento pueden agregar o contribuir a lo que ha hecho Jesús en la cruz, quien "murió por los pecados una vez por todas, el justo por los injustos" (1 Pedro 3.18), logrando un "sacrificio completo, perfecto y suficiente por los pecados de todo el mundo".[1]

*   *   *

Comenzamos nuestras oraciones, y más enfáticamente estas oraciones de la cruz, en una tumba vacía, el lugar de la resurrección. Comenzamos desde la resurrección. Aparte de la resurrección no podemos entender ni

---

1   Tomado de la "Orden para la Celebración de la Cena del Señor", *The Book of Common Worship* (Philadelphia: The Presbyterian Church in the United States of America, 1946), p. 162.

participar en la muerte de Jesús (y la nuestra). La cruz y la resurrección son el polo norte y sur, verdaderos extremos del Evangelio, de un solo mundo de salvación sin divisiones. Si quitamos uno de los dos polos, destruimos la salvación. Si no hubiera resurrección en la tumba de Jesús, no estaríamos orando estas plegarias de la cruz. Este sufrimiento y esta muerte son la esencia de la expiación. La cruz queda transformada y absorbida por la resurrección. La resurrección implica crucifixión: no es un agregado a ella. La morbosidad (una obsesión neurótica con el sufrimiento) y el masoquismo (el sufrimiento autoimpuesto) no tienen cabida en la obra de la expiación redentora. Nuestro enfoque básico es el agradecimiento.

El hecho, tanto histórico como teológico, es que si no hubiera resurrección, no estaríamos orando estas plegarias de la cruz. La agonía de Jesús en la cruz es el comienzo de la resurrección. Citando Mateo 27.51-52, Hans Urs von Balthasar es franco: "La tierra rasgada abre el infierno y los sepulcros dados vuelta liberan sus cuerpos a la resurrección".[2]

Las siete plegarias de Jesús desde la cruz son metáforas, pero no por eso menos reales, que podemos orar con él en nuestro morir cotidiano.

1. Elí, Elí, ¿lama sabactani?... Dios mío, Dios mío, ¿por qué me has desamparado? (Mateo 27.46; Marcos 15.34)

La muerte nos suelta de las amarras. Es la despedida final. Es también lo más incomprensible de todo. Ya no pertenezco. Ya no tengo mi lugar. No se me da ninguna explicación. Estas pequeñas muertes metafóricas cuando seguimos a Jesús rumbo a la cruz anticipan y nos preparan para lo que muchos cristianos suelen orar: "una muerte digna". Estas pequeñas muertes (y algunas de ellas no demasiado pequeñas) — callejones sin salida, rechazos, sorpresas, abandonos, preguntas sin respuesta, giros equivocados— cada "muerte" a su vez es una sombra de la muerte. Antes de que nos sepulten, morimos diez mil muertes.

La fe en Dios no es un huir de la realidad. La fe en Dios es sumirnos en la realidad en todas sus dimensiones, y la muerte no es una de las menores de estas realidades. Es mucho lo que podemos decir sobre el confort y la

---

2   Hans Urs von Balthasar: *Prayer* (London: Geoffrey Chapman, 1963), p. 243.

fortaleza que provienen de creer y seguir a Jesús, quien nos revela a Dios: "Bendito sea el Señor, nuestro Dios y Salvador, que día tras día sobrelleva nuestras cargas" (Salmo 68.19); "tu vara de pastor me reconforta" (Salmo 23.4); "Alabado sea el Dios y Padre de nuestro Señor Jesucristo, Padre misericordioso y Dios de toda consolación, quien nos consuela en todas nuestras tribulaciones para que con el mismo consuelo que de Dios hemos recibido, también nosotros podamos consolar a todos los que sufren" (2 Corintios 1.3-4); "No se angustien ni se acobarden" (Juan 14.27).

Pero existe además esto: cuando seguimos a Jesús rumbo a la cruz (¡es el único camino disponible para nosotros!), nos encontramos a la misma vez en circunstancias que aborrecemos por completo: tratar con gente que nos repugna, descubrir cosas en nosotros que nos abochornan y avergüenzan. Buscamos un camino alterno, un atajo. Deseamos cambiar de tema. Deseamos encontrar otro camino hacia la salvación, circunvalando la muerte y el morir provisorio. Pero incluso a Dorothy en el camino de ladrillos amarillos en *El Mago de Oz* le costó trabajo y sus compañeros no le facilitaron tampoco la tarea.

La manera en que Jesús encara el pecado y el mal y la muerte ("el último enemigo") —todo lo que anda mal en el mundo— es caminando en medio de todo ello y obrando allí mismo su salvación. Y cuando lo hace, él desea que estemos allí con él.

No es fácil. Nadie (al menos ninguno de nuestros antepasados en la fe) dijo que sería fácil. No le resultó fácil tampoco a Jesús.

La primera oración desde la cruz revela lo peor que nos puede ocurrir en la vida de fe en Dios: la experiencia de absoluto abandono de parte de Dios. La muerte, no como consumación, como una llegada satisfactoria a las puertas del paraíso, como un saludo de "bienvenido a casa" de Dios. No: la muerte como nada, absolutamente nada, la noche.

Nadie está exento. Tampoco Jesús está exento. Especialmente Jesús.

*   *   *

Una de las sorpresas que inevitablemente tienen los cristianos que siguen a Jesús en su camino de salvación es la gran cantidad de gente, tanto viva como muerta, que experimenta y clama su desesperación por haber sido abandonada, por Dios o por su cónyuge o por un hijo o amigo, y que pregunta: ¿Por qué? Podemos escuchar el grito de abandono de Jesús que resuena en los corredores de los siglos, rebotando en las paredes de nuestras iglesias y hogares.

Y por más que escuchemos durante un largo rato con atención, nunca tenemos la respuesta al por qué.

¿Acaso nos ayuda estar en compañía de Jesús mientras el ora su "por qué"? Pienso que sí.

¿Nos ayuda darnos cuenta de que cuando Jesús ora la sensación de que Dios lo abandonó, está orando una plegaria que aprendió de niño? Es el primer versículo del Salmo 22. Es un salmo que expresa un tremendo aislamiento, devastación emocional, dolor físico. Es además un salmo que finaliza en una congregación, "la gran asamblea" (versículo 25) de hombres y mujeres entre las cuales puede dar testimonio de que Dios "no esconde de él su rostro, sino que lo escucha cuando a él clama" (versículo 24). ¿Acaso nos ayuda saber que este salmo tiene un final diferente a su comienzo? Pienso que sí.

¿Y nos ayuda acaso observar que ésta es la primera plegaria de una sola oración desde la cruz, pero no la última? Jesús sigue orando. Los fragmentos de oraciones arrancadas de la inocencia de la infancia y los pedazos rotos de oraciones de vidas quebrantadas se unen nuevamente en la presencia de Jesús. Jesús no ha terminado de orar. Tampoco nosotros.

2. *"Padre, perdónalos, porque no saben lo que hacen". (Lucas 23.34)*

Vale la pena recolectar la identidad de "los" y el "ellos", de esa gente que está matando a Jesús. Conocemos algunos de sus nombres: Caifás, el sumo sacerdote que preside el juicio religioso por acusaciones de blasfemia; Poncio Pilato, el gobernador romano que preside el juicio político por acusaciones de sedición; Judas, quien traicionó a Jesús y lo entregó "en manos de pecadores" (Mateo 26.45); los once discípulos, quien durante su arresto "lo abandonaron y huyeron" (Mateo 26.56);

Pedro que sumó su cobardía colectiva a su negación de Jesús en el patio del sumo sacerdote; el joven que escapó para no ser implicado en el arresto de Jesús y dejó su ropa en manos de los soldados huyendo como un conejo asustado, desnudo. ¿Y quizás también Barrabás, quien fue perdonado en lugar de Jesús, aunque no era más que un inocente participante? Otros no tienen nombre: los soldados que se burlan y hostigan a Jesús, exacerbando su burla al ofrecerle vino mezclado con hiel para apagar su sed; el criminal en la cruz de al lado que se ríe de él. ¿Acaso no sabían lo que estaban haciendo? Si hubieran tenido que comparecer ante un tribunal, cualquiera de ellos, los nombrados y los sin nombrar, habrían necesitado un abogado ultra inteligente para probar su inocencia.

Jesús, enjuiciado por acusaciones falsas. El tribunal religioso y el tribunal secular colaboran en la condena y sentencia de muerte. Los observadores y amigos, desperdigados como ratas de un barco que se hunde. ¿Y qué hace Jesús? Los absuelve de su culpa argumentando que ellos no sabían lo que estaban haciendo. Le pide a su Padre que los perdone.

*   *   *

Para los que elegimos orar esta plegaria de Jesús, esto es algo aleccionador. ¿Acaso no tenemos el deber de insistir que se cumpla la justicia? ¿No somos acaso responsables de asegurarnos de que se preserve el derecho común? ¿No estamos acaso obligados a cerciorarnos de que se extirpen la inmoralidad y el crimen de la sociedad y la nación por cualquier medio que sea necesario: por ley, por la fuerza, por medio de encarcelamiento, por medio de la guerra, por ejecución, por predicación?

Y para llevar el tema en cuestión a un plano personal, cotidiano, vecinal y familiar, cuando nos ofenden, ¿nos quedamos callados y lo soportamos? ¿Cultivamos acaso una imagen pasiva y toleramos pacientemente que personas malvadas y bravuconas, groseras y maquinadoras, sean padres o cónyuges, empleadores o vecinos, hijo o amigos, se aprovechen de nosotros, nos violen, nos defrauden y luego respondemos con un tímido: "Padre, perdónalos"?

Estas preguntas son generalmente retóricas y tienen el propósito de generar la respuesta: "¡Por supuesto que no! ¡Yo tengo mis derechos! Nadie me va a mandonear". Como tal, las preguntas eliminan eficazmente el perdón de nuestras agendas personales, al menos cuando son nuestros intereses los que están implicados. Si logran hacerlo, si logran eliminar la oración de perdón de Jesús, ellas son preguntas que el diablo ha injertado mediante insinuaciones en nuestra vida.

La justicia es un asunto complejo. El mundo de la ley y los tribunales, el determinar la culpa y la inocencia, el prevenir la conducta criminal y proteger a los débiles y desafortunados, ha sido siempre el pilar fundamental de todo sistema político y social, incluyendo el judío y el cristiano. Hay mucha, mucha sabiduría acumulada recogida de todo el mundo y de todos los siglos bajo el encabezamiento de "justicia". No podríamos funcionar sin ella. Los hombres y mujeres que administran la justicia son esenciales para nuestra seguridad y cordura. Los profetas y apóstoles bíblicos expresan algunas de las palabras más fuertes y convincentes sobre el tema.

Sin embargo, la justicia no es la última palabra. En todos los asuntos del mal obrar, en todos los asuntos de pecado, en todo lo que tiene que ver con lo que le pasa al mundo y a nosotros, lo que le pasa a nuestros enemigos y nuestros amigos, el perdón es la última palabra.

No tengo ningún interés en eliminar la tensión entre la justicia y el perdón quitando la justicia del tapete. Dadas las sutilezas del pecado y la persistencia del mal, si no hubiera previsiones para la justicia, pronto estaríamos viviendo en una anarquía moral y un caos político. Pero yo estoy interesado en volver a introducir en nuestras vidas la prioridad de este perdón que pidió Jesús para nosotros. En cuestiones de pecado e injusticias y maldad, la última plegaria de Jesús no es por justicia, sino por perdón. El acto de perdón no elimina las preocupaciones por la justicia, pero introduce una dimensión personal en esas inquietudes que da testimonio del evangelio.

Cuando oramos la plegaria de Jesús por perdón, ella capacita nuestro espíritu para la compasión, no la venganza; para la comprensión, no la irritación; para la aceptación de un hermano o hermana que haya pecado, no el rechazo de un extraño neutral. Crea además espacio para la posibilidad de que "no saben lo que hacen". Más específicamente, que ellos no saben que están lastimando o profanando la imagen de Dios, que ellos no saben que están defraudando o mutilando a "uno de mis hermanos, aun por el más pequeño" (Mateo 25.40).

Habitamos en un mundo plagado de pecado y lleno de violencia. A diario leemos y vemos las noticias sobre ello en los medios de comunicación. En nuestros hogares y lugares de trabajo y vecindario luchamos todos los días en contra de ello, aunque no aparezca en los informes policiales. Lo que deseo argüir como consecuencia de orar la plegaria de Jesús desde la cruz es que el perdón tendría que ser nuestra primera respuesta frente a la persona que nos degrada y lastima y nos quita la vida.

Por cierto, habrá asuntos de justicia que la sociedad tiene que tarde o temprano enfrentar, y podría ser importante que participáramos en ello. Hay jueces y fiscales, policías y jurados, y hay muchos de nosotros que perseguimos y sostenemos la causa de la justicia que nos contamos entre ellos. ¿Pero quién más dirá "Padre, perdónalos", sino los cristianos que saben cómo orar esa plegaria con Jesús? Por importante que sea la justicia —y es importante— el perdón lo es más aún. El cristiano que ora, como ora Jesús, no es primero de todo un agente impersonal de la justicia sino un transmisor personal del perdón y un testigo de la resurrección.

Dicho perdón no es un sentimentalismo mórbido. Es un duro evangelio. Dicho perdón no es un encogerse de hombros moral. Es una llama al rojo vivo de amor de resurrección fraguada en la hoguera de la cruz.

Suponiendo que el criminal crucificado junto a Jesús estaba recibiendo una sentencia de muerte justa (él mismo lo dijo), la sentencia no fue anulada por la plegaria de Jesús. El criminal murió por el delito que había cometido. Pero el perdón triunfó sobre la justicia. Siempre lo hace.

3. "Luego [uno de los criminales condenados que estaba siendo crucificado junto a Jesús] dijo: 'Jesús, acuérdate de mí cuando vengas en tu reino'. 'Te aseguro que hoy estarás conmigo en el paraíso', le contestó Jesús". (Lucas 23.42-43)

El siguiente fragmento del mosaico de la oración desde la cruz es una respuesta a la oración de un criminal. Es la respuesta personal de

Jesús a su vecino inmediato en la crucifixión, un criminal que acababa de escuchar cómo perdonaba Jesús a todos los responsables por su condena y sentencia de muerte. La oración del criminal es: "Acuérdate de mí..." La respuesta de Jesús a su oración es un inmediato, sin calificaciones ni condiciones: "Te aseguro" y "hoy".

* * *

La vida después de la muerte es la preocupación eterna de la raza humana: ¿Qué sigue a continuación? ¿Hay algo más? Y si hay algo más, ¿qué es? ¿Acaso pasearnos por las calles de oro de Jerusalén... los fuegos del infierno... los castigos del purgatorio... una vida sombría sirviendo los caprichos de médiums y 'canalizadores'... transmigrar hasta convertirnos en una vaca o jirafa?"

Pero en el siglo veintiuno, menos personas parecen estar haciendo esa pregunta. En mi propia experiencia como pastor en los Estados Unidos durante cincuenta años, es una pregunta que pocas veces escucho. Y la frecuencia con la que la escucho es cada vez menor. Vivimos en una era —al menos en el afluente mundo occidental— en la que las espléndidas comodidades de los consumidores y las asombrosas proezas tecnológicas contribuyen firmemente a una sensación de muerte diferida y, entre algunas personas, a ilusiones incluso de inmortalidad. Y si la podemos posponer lo suficiente, quizás, quién sabe, no va a suceder.

He sido un oyente y participante activo en la fe cristiana toda mi vida consciente y, francamente, estoy aburrido con la mayoría, aunque no todas, las charlas sobre "los cielos y el infierno" que escucho. Parecen aunar nuestras fantasías de niños y egoísmos de adolescentes, proyecciones de lo que nos imaginamos que nos daría una eternidad de gratificación propia y un satisfactorio merecido a las personas indeseables que han hecho que la vida, como imaginamos que debería ser, sea imposible de vivir.

La respuesta de Jesús a su vecino en Gólgota se concentra y simplifica las preocupaciones de "la vida después de la muerte".

Frederick Buechner, un novelista que me gusta mucho, describe en sus memorias una conversación con su madre. Ella le pregunta si él realmente cree que "algo *ocurre* después de la muerte". Debido a la sordera de su madre, él tiene que gritar su respuesta: "¡SÍ!" En una carta en la que amplía su respuesta, el hijo testifica a su madre que su fe se basa en "un pálpito": "si las víctimas y los victimarios, los sabios y los necios, los bondadosos y los malvados, todos terminan de la misma manera en la sepultura y ése es el fin, entonces la vida no sería más que una oscura comedia". A continuación, le dice a su madre que la vida "es como un misterio. Uno siente que en lo más profundo de ella hay 'Santidad'"[3].

Si lo colocamos junto al fragmento de la oración de respuesta de Jesús al criminal en la cruz, eso me parece correcto. Jesús le promete a su compañero "hoy" en el paraíso, o sea, el cielo. Y ahí lo deja. Sin especulaciones. Sin conjeturas sobre qué más, aparte de Jesús, está involucrado. ¿No es suficiente? Una afirmación clara y contundente ("te aseguro", que equivale a un SÍ en voz alta) y la bendita seguridad: "conmigo".

Me parece significativo que sea un criminal crucificado el primero en reconocer que Jesús en la cruz es su salvador y, sin calificaciones morales ni justas, sea salvo. Y en el mismo momento de su oración: "acuérdate de mí", se concreta su salvación: "hoy"[4].

Hay más cosas que comprender sobre la vida después de la muerte, pero ¿qué más necesitamos aparte de esto: que algo ocurre después de la muerte y que Jesús estará allí?[5] La eternidad no es un futuro perpetuo sino perpetua presencia.

4. *"¡Padre, en tus manos encomiendo mi espíritu!"*
Un viernes, justo a las afueras de Jerusalén, los soldados romanos erigieron una cruz sobre la cima de la colina de Gólgota, la "Calavera". En ese momento, nadie tenía idea de que ello marcaba una importante

3   Frederick Buechner: *The Eyes of the Heart* (San Francisco: HarperSanFrancisco, 1999), pp. 14-16.

4   Véanse los comentarios exegéticos de Joel Green: *The Gospel of Luke*, New International Commentary on the New Testament (Grand Rapids: Eerdmans, 1997), p. 823.

5   En mi libro *Reversed Thunder* (San Francisco: HarperCollins, 1988), pp. 168-85, he tratado de reunir el extenso testimonio de San Juan sobre el cielo.

intersección entre el cielo y el infierno. Pero entre las doce y las tres de la tarde del viernes, ése fue el lugar de un colapso cósmico cuyos efectos han continuado repercutiendo durante dos mil años por todo el mundo. Cuando se quitaron los escombros, resultó claro que había ocurrido algo completamente insólito e inesperado, al menos para los hombres y mujeres que habían tenido algo que ver con ello. No era ni más ni menos que lo terrible del infierno y la salvación del mundo.

En esa intersección en Gólgota, marcada por la cruz romana, los odios y los miedos de todos los tiempos chocaron con la carne y los huesos, el espíritu y el alma, de Jesús. Los fragmentos del mal que flotaban libres, al azar, sin ataduras: los gritos histéricos del populacho de "¡Crucifícalo! ¡Crucifícalo!", la odiosa hipocresía de Caifás, el cinismo arrogante de Pilato, la brutalidad de los soldados burlones, la traición calculadora de Judas, cayeron en el vórtice del centro en forma de cruz de la colina donde Jesús, con el cuerpo arrasado por los clavos, las espinas y la sed, oraba.

Una de las plegarias, una plegaria con una sola oración como las demás, es diferente de las otras que había orado desde esa cruz. Aparenta ser una plegaria completamente fuera de contexto, una plegaria de una simplicidad casi pueril: "¡Padre, en tus manos encomiendo mi espíritu!" Es una oración de total confianza, la clase de oración que asociamos con las plegarias que orábamos cuando éramos niños.

Una confianza que no es calculadora. La determinación de dejar todo en las manos del Padre sin hacer ninguna pregunta. Es una oración que emerge de una profunda sensación de bienestar, seguridad, amparo, protección, con manos de bendición acariciándonos y una voz afectuosa que nos arropa en un sueño apacible en compañía de los ángeles.

Sin embargo, las circunstancias en las que Jesús ora esta plegaria de la niñez no eran precisamente seguras y protegidas. Cuando Jesús cuelga en su desnudez de esa cruz, se ve expuesto al asalto y la ignominia, las maldiciones y las burlas. Todos los detalles que podamos imaginar como parte de la oración "¡Padre, en tus manos encomiendo mi espíritu!" son inimaginables en la sangrienta matanza de Gólgota.

No obstante, si hemos de orar esta plegaria en compañía de Jesús, tenemos que imaginarlos. Si elegimos no hacerlo, diluimos la plegaria de Jesús y la convertimos en una plegaria impía de resignación: nos rendimos y cedemos ante lo que no podemos solucionar: nos damos por vencidos. Jesús no se da por vencido: él ingresa en la obra de salvación en la que todo lo que había experimentado hasta ese momento se pone a disposición de dicha salvación. Y, por cierto, Jesús no estaba orando en el contexto del abrazo físico y emocional que experimenta un niño al que se lo arropa para ponerlo a dormir.

Pablo les escribe a los cristianos en Corinto que "siempre llevamos en nuestro cuerpo la muerte de Jesús, para que también su vida se manifieste en nuestro cuerpo" (2 Corintios 4.10). Una de las maneras en la que los cristianos hacen lo que hizo Pablo es orando las plegarias de Jesús desde la cruz en el contexto de la cruz. Es difícil mantener esta cuarta oración del mosaico de las plegarias de Jesús desde la cruz en el contexto de la crucifixión y aún orarla. Un estado de reposo como si fuéramos niños en los brazos de Jesús cuando todo va bien y estamos rodeados por aquellos que amamos y en los que confiamos, sí. ¿Pero acaso nos entregamos confiados a las manos del Padre cuando somos atacados por el lado ciego en una intersección de Gólgota y nuestra vida queda destrozada? Por hermosa que sea la plegaria de Jesús, no creo que ella surja espontáneamente de nuestros labios en tales circunstancias.

En la primera de las plegarias, el Padrenuestro, Jesús nos enseña a orar con él: "líbranos del maligno". En esta oración final, nos encontramos, al morir todos los días con Jesús, entregándonos a los cuidados del Padre en medio del mal. Ambas oraciones son plegarias de Jesús. Si deseamos permanecer en su compañía, no podemos escoger. Debemos tener fluidez en ambos lenguajes: "líbranos del maligno" y "en tus manos encomiendo mi espíritu".[6]

<hr>

6   Una declaración que es particularmente apta en el contexto de la oración desde la cruz: "En este estado de autoabandono, en este sendero de la fe simple, todo lo que le ocurre al alma y al cuerpo, todo lo que ocurre en todos los asuntos de la vida, tiene un aspecto de muerte. Esto no debería sorprendernos. ¿Qué esperamos? Es propio de nuestra condición". Jean-Pierre de Caussa-

Esto es difícil, pero no imposible. Muchos de nuestros antepasados espirituales nos han aconsejado durante mucho tiempo cultivar "la mente de un niño". Nos dice que es esencial no permitir que nuestras circunstancias físicas y emocionales dicten el lenguaje de nuestras oraciones. Nos dicen que Jesús, tanto en su vida como en su muerte, es el principal contexto en el que vivimos. Nos dicen que el Espíritu Santo es nuestro maestro de oración. Nos dicen que alimentemos la simplicidad propia de los niños que confían en la providencia y la gracia de Dios para lo presente. Jesús mismo nos dice: "Les aseguro que a menos que ustedes cambien y se vuelvan como niños, no entrarán en el reino de los cielos" (Mateo 18.3) y "Te alabo, Padre, Señor del cielo y de la tierra, porque habiendo escondido estas cosas de los sabios e instruidos, se las has revelado a los que son como niños" (Mateo 11.25).

Uno de los antepasados más sabio y apasionado de la oración es un sacerdote francés, el Padre Jean-Pierre de Caussade. Su frase "abandono a la providencia divina" es similar al "en tus manos encomiendo mi espíritu" de Jesús. En su breve e intenso libro *El abandono a la providencia divina*, él describe las implicaciones vividas de entrega/abandono en todo el espectro de la experiencia humana. Él habla del "sacramento del momento presente". Una oración clave en Caussade es: "Si nos hemos entregado a Dios, sólo tenemos una regla: el deber del momento presente". Su escrito, respaldado por una "nube de testigos" aleja nuestra imaginación del Dios que deseamos que Dios sea para llevarnos a Dios tal como él es, revelado en Jesús en el aquí y el ahora, mientras oramos: "¡Padre, en tus manos encomiendo mi espíritu!"

Ésta no es una oración que reservamos para el momento de nuestra muerte: una oración de abandono al pasar a mejor vida. La oramos cuando nos levantamos cada mañana, vivos otro día más, listos para ir al trabajo, a pintar una casa, enseñar una clase de jardín de infantes, operar un tumor canceroso, escribir un cheque para pagar la universidad, sembrar un campo de cebada: "¡Padre, en tus manos encomiendo mi espíritu!"

---

de: *Abandonment to Divine Providence*, (New York: Image Books/Doubleday, 1975), p. 95.

5. *"Mujer, ahí tienes a tu hijo... Ahí tienes a tu madre". (Juan 19.26-27)*

Jesús ora desde la cruz. Cada vez que abre la boca, revela otro detalle más de lo que involucra la obra grande y santa de salvación que derriba las puertas del infierno y abre las puertas del cielo: el grito de abandono que es el epitafio de la muerte de Dios; la absolución sin condiciones del Salvador de aquellos que lo están matando; la promesa del cielo para un criminal; Jesús ofreciéndose como un sacrificio para lograr el camino de la salvación para el mundo que Dios ama. Y hay más.

Las plegarias que se aúnan en esa cruz definen nuestra vida. Ellas proporcionan un testimonio definitivo de la manera en que Dios extrae el bien del mal, promulgando el misterio impenetrable que revierte lo "perdido" en lo "encontrado". Las oraciones introducen la palabra "evangelio" en nuestro lenguaje de una manera tan completa que nadie está relegado a vivir o morir sin esperanza.

De casi todas las maneras posibles, es mucho lo que tenemos que asimilar. Es algo parecido a lo que experimentamos frente a un accidente automovilístico durante la noche en el que hay muerte y mucho sufrimiento. La oscuridad se ve surcada por los destellos de luz de los faros, el aullido de las sirenas, los sollozos y gemidos de dolor, los paramédicos extrayendo los cuerpos de los restos del accidente, todo en el marco de una multitud anónima de espectadores. Es surrealista. La crisis nos desorienta. La repentina realidad de la muerte y el sufrimiento nos obliga a tratar con aquello que mantenemos al margen de nuestra vida, con aquello de lo que nos aíslan las rutinas de las comidas y el trabajo, los horarios y el sueño. Todo parece irreal. Un sueño; o una pesadilla.

Esto es algo parecido a lo que enfrentamos en la cruz de Jesús, sólo que en un grado más intenso. Las acciones que percibimos y las palabras que escuchamos durante esas tres horas están tan cargadas de significado que nos sentimos abrumados. No estamos acostumbrados a vivir en crisis. Es demasiado lo que tenemos que incorporar. Los poetas y novelistas, teólogos y músicos meditan y examinan y oran esta muerte de manera interminable y encuentran capa tras capa de significado. El acontecimiento de la muerte, que la filosofía y las Escrituras nos dicen es definitivo en cuanto al significado que le da a la vida, es experimentado como algo casi irreal. Los pequeños detalles —los detalles caseros y hábitos domésticos— nos parecen más sustanciales.

*   *   *

Cuatro soldados están realizando apuestas a los pies de la cruz de Jesús. Acaban de terminar su tarea de crucifixión. Ahora están tirando los dados para ver quién se habrá de quedar con las ropas de Jesús. Jesús mira por encima de ellos y ve cuatro mujeres desconsoladas —su madre, la hermana de su madre, María la esposa de Cleofas y María Magdalena— mientras Juan, "el discípulo que Jesús amaba" está allí junto a ellas. Los soldados están preocupados por obtener algo de manera gratuita, ajenos a la vida eterna que pende sobre ellos. Las mujeres están presentes con su profundo amor y silencio respetuoso, dándole dignidad a su muerte desoladora.

Pero ahora escuchamos una palabra muy diferente desde la cruz, una palabra que nos pone nuevamente de pie sobre el terreno firme y conocido de lo común y corriente: "Mujer, ahí tienes a tu hijo... Ahí tienes a tu madre".

Las palabras son un alivio. Jesús nos lleva de regreso a nuestro entorno familiar: lo doméstico y las relacionas familiares. Si es posible escuchar la oración de Jesús desde la cruz en terreno conocido, el peligro que corremos año tras año delante de la cruz como espectadores se ve considerablemente disminuido.

Con estas palabras, Jesús hace que su madre y su discípulo sean participantes en todo lo implicado en su muerte: el abandono, el perdón, la esperanza del cielo, la expiación, el sacrificio, el dolor, la salvación. Y, por supuesto, la resurrección. Estos ya no son más artículos de discusión o estudio bíblico. Ya han dejado de ser materiales privilegiados para componer música y crear obras de arte. Todas las palabras y acciones de Jesús, desde ese momento en adelante, ingresan en el campo de lo doméstico y cotidiano para ser practicadas y elaboradas precisamente allí: "Mujer, ahí tienes a tu hijo... Ahí tienes a tu madre... De ahora en adelante, cuando hablen y sirvan, respétense y ámense el uno al otro, porque me lo están haciendo a mí".

Si perdemos de vista estas palabras: "Mujer, ahí tienes a tu hijo... Ahí tienes a tu madre", corremos el riesgo de alejarnos de la cruz con tan sólo una poderosa emoción que puede ser renovada bajo las condiciones apropiadas, o una verdad sagrada que podemos llevar como un talismán. Pero si escuchamos, verdaderamente escuchamos, vamos a escuchar algo así como: "Mira con atención a la persona que tienes a tu lado. Trata de conocerla como yo, Jesús, la conozco y ella me conoce, como una madre conoce a su hijo y un hijo conoce a su madre".

6. *"Tengo sed". (Juan 19.28)*

Esta plegaria de una sola palabra (en griego: *dipso*) es única en el mosaico de fragmentos de oraciones desde la cruz. Es la única oración en la que Jesús expresa su agonía física. Piensen: siete plegarias oradas en esas tres horas en la cruz y sólo una de ellas expresa dolor físico. La muerte es algo más que lo que le ocurre al cuerpo. Hay una sensación de abandono, hay perdón, hay esperanza del cielo, hay responsabilidad por las personas que quedan atrás, hay una sensación de recapitulación (el fragmento de la oración final). Y hay dolor: el cuerpo que se apaga, los pulmones que están dejando de funcionar, el corazón, los riñones. En la muerte de Jesús este dejar atrás el cuerpo lo experimenta como una sed insoportable: "Tengo sed".

No es probable, dada la amplia gama de detalles particulares que nos dan los escritores de los cuatro Evangelios, que los creyentes y seguidores de Jesús no se percaten de las heridas y el sufrimiento, la alienación y el dolor concentrados en el cuerpo de Jesús durante sus últimas tres horas de vida. Los cristianos, en su mayoría, no se distancian de ello. Mantenemos contacto con el cuerpo quebrantado de Jesús colgado de esa cruz. Meditamos y ayunamos, oramos y entonamos himnos, hacemos peregrinaciones y sostenemos crucifijos.

Casi no podemos evitar enfrentarnos y lidiar con el simple hecho incontrovertible de que Jesús tenía un cuerpo y que él habitaba totalmente en ese cuerpo hasta el momento en que se escurrió el último vestigio de vida. "Tengo sed" es el testimonio sagrado de que no quedaba en él ningún "manantial del que brotará vida eterna" (Juan 4.14).

A pesar de estos indiscutibles datos históricos —Jesús que ora por agua, agua literal y no metafórica— hay una increíble cantidad de personas que de alguna manera piensan y tratan a Jesús como un ente separado de su cuerpo: Jesús como una presencia espiritual, Jesús como un dogma teológico, Jesús como un ejemplo moral, Jesús como un "poder superior", Jesús como una verdad poética.[7]

Claramente, Jesús, al orar de esa manera desde la cruz, no dejó de incluir su condición física, su dolor expresado en su sed. Lo que me interesa en este momento es que la realidad de nuestro cuerpo en nuestro morir de todos los días tiene que estar también incluida en nuestras oraciones, y no como un pensamiento secundario. Ninguna parte del cuerpo de Jesús quedó excluida de su acto de sacrificio expiatorio en la cruz. Y ninguna parte de nuestro cuerpo, incluyendo el dolor, queda excluida. Pablo lo dijo correctamente: "Por lo tanto, hermanos, tomando en cuenta la misericordia de Dios, les ruego que cada uno de ustedes, en adoración espiritual, ofrezca su cuerpo como sacrificio vivo, santo y agradable a Dios" (Romanos 12.1). Dicho de otra manera, Pablo nos dice que tomemos nuestra vida común y cotidiana —nuestro dormir, comer, ir a trabajar y caminar por la vida— y la coloquemos delante de Dios como una ofrenda.

Es necesario mencionar otro aspecto de la oración de Jesús "tengo sed" en el mosaico de plegarias. Si algunas personas eliminan, o incluso minimizan, el dolor de Jesús de la oración en un intento piadoso por hacerlo aparecer más "espiritual" de lo que es, hay otras que aíslan el dolor físico de los otros seis elementos de su oración desde la cruz y lo presentan excluyendo todo lo demás. El sufrimiento físico y la muerte de Jesús

---

7 Éste es el error sobre Jesús (o, más insidiosamente, la falsa enseñanza) que ha confundido a la comunidad de Jesús desde el principio y no hay señales de que disminuya: o sea, que el cuerpo de Jesús no era "realmente" Jesús, sino tan sólo una forma que él usaba y de la que se escurrió mientras estaba en la cruz. Esa negación o evasión de la realidad del cuerpo de Jesús y su muerte continúa emergiendo siglo tras siglo bajo el nombre de "gnosticismo". La mentira gnóstica es una epidemia en nuestro mundo posmoderno.

se hacen cargo y dominan. Las relaciones (con Dios, el criminal, la madre de Jesús, el discípulo de Jesús), el definitivo acto de perdón, la esperanza del cielo y el veredicto final son puestos de lado para centrar toda la atención en cada uno de los detalles del cuerpo crucificado.

El efecto de aislar el dolor de Jesús de todas las demás relaciones presentes y eternas que están vigentes en el mosaico de plegarias de Jesús tiene el efecto de deshumanizar y despersonalizar el dolor de Jesús. Se convierte en una cosa, un objeto que admiramos o por el que sentimos lástima, o una verdad que predicamos y enseñamos. Es una especie de pornografía espiritual. La pornografía sexual es sexo sin relaciones en la que la intimidad de la sexualidad queda reducida y rebajada a un objeto que usamos o contemplamos. La pornografía espiritual es la oración o la fe sin relaciones. Es una intimidad con Jesús que ha quedado reducida o ha sido rebajada a una idea o causa para usar o debatir [8].

Los escritores de los Evangelios no hacen esto. Y tampoco lo hace Pablo cuando desarrolla nuestra oración y participación obediente en el morir y la muerte de Jesús. Todas las partes de la oración de Jesús desde la cruz están insertadas en la gran historia que incluye todas las operaciones de la Trinidad.

7. *"Todo se ha cumplido". (Juan 19.30)*

La historia de Génesis de la primera semana de la creación concluye con lo siguiente: Dios, después de dar vida mediante su palabra a la creación, descansa de su trabajo y bendice el día. Se usa dos veces el verbo "terminar": "Así quedaron *terminados* los cielos y la tierra... Al llegar el séptimo día, Dios descansó porque *había terminado* la obra que había emprendido" (Génesis 2.1-2). Una buena creación, completa: ya no queda nada más por hacer.

Trazando un paralelo con las primeras páginas de Génesis, Juan lo presenta a Jesús en su Evangelio dando vida con sus palabras a la salvación. Cuando relata la historia de la última semana de la vida de Jesús, la consumación de su obra de salvación, termina con el uso doble del verbo de Génesis "terminar":

---

8 La película de Mel Gibson: "La pasión de Cristo" es una instancia llamativa de esto en el escenario americano de 2004.

273

"Después de esto, como Jesús sabía que ya todo había *terminado*... al probar Jesús el vinagre, dijo: 'Todo se ha *cumplido*'" (Juan 19.28, 30). Una buena salvación, completa: ya no queda nada más por hacer.

Éste es una buena nota para terminar. Es la nota con la que Jesús finaliza su oración desde la cruz. Es parecida al enfático "amén" que comúnmente usamos para concluir nuestras oraciones. Sin algo como esto, la oración se va apagando lentamente, como un invitado que parece no irse nunca, sino que arrastra sus pies por un interminable torbellino de epílogos, apéndices y notas al pie de página.

Esa séptima pieza final de la plegaria que ora Jesús desde la cruz es un definitivo "Todo se ha cumplido". (Como el fragmento de la sexta plegaria que lo precede, es igualmente una sola palabra en el griego: *tetelestai*.) "Todo se ha cumplido" es una oración de resumen. Pero el verbo en griego no significa terminar en el sentido de "éste es el final" o "esto es todo", como bien podríamos decir de una carrera que ha terminado o un libro que terminamos de leer. Este verbo transmite una sensación de finalización, una integridad lograda.

Es el mismo verbo que usa Jesús en Juan 17.4 cuando ora a su Padre: "Yo te he glorificado en la tierra, y *he llevado a cabo* la obra que me encomendaste". No significa que la vida de Jesús haya simplemente llegado a su fin, sino que todo lo que Jesús vino a hacer está ahora finalizado, ya no queda nada por hacer, no queda ningún cabo suelto. Podemos dilucidar el logro completo que Pablo le expresa a la congregación que estaba en Roma: "Sabemos que Dios dispone todas las cosas para el bien de quienes lo aman" (Romanos 8.28). Y, ¿no escuchamos acaso un eco del "todo se ha cumplido" de Jesús en el "¡Se acabó!" de Apocalipsis 17.17, dicho desde el trono de Dios y el Cordero cuando el séptimo ángel derrama la última copa de la ira de Dios? Se ha cumplido el decreto de Dios: "en la tierra como en el cielo".

*   *   *

En la extensa deliberación en la carta a los hebreos sobre la finalización "una sola vez y para siempre" de la obra de salvación, las muchas dimensiones de la salvación catalizadas ahora en la muerte de Jesús, leemos que "este sacerdote, después de ofrecer por los pecados un solo sacrificio para siempre, *se sentó* a la derecha de Dios" (Hebreos 10.12). Cuando leemos entre líneas en la carta a los hebreos, tenemos la sensación de que había cristianos que honraban la importancia del Jesús crucificado pero que no se contentaban con sólo eso. Jesús se había sentado, pero ellos no. Tenían cosas muy importantes que hacer. Se convirtieron en una congregación de entrometidos religiosos. Lo que Jesús había hecho era esencial, por supuesto, pero ellos seguían encontrando cosas que redondearían la salvación de una manera más satisfactoria: por ejemplo, ángeles y Moisés y más y más sacerdotes para ayudar a Jesús. Se adjudicaron la responsabilidad de añadir cualquier cantidad de "complementos" religiosos.

Aún ocurre a menudo. "Obtenemos" la religión. Al poco tiempo nos impacientamos y decidimos mejorar los asuntos metiendo baza. Complementamos; suplementamos; adornamos. Pero en vez de mejorar la pureza y simplicidad de Jesús, diluimos esa pureza, recargamos la simplicidad. En lo religioso, nos ponemos quisquillosos y ansiosos. Entorpecemos el camino.

Ninguna congregación cristiana está libre de los cristianos "Jesús y…" En el texto a los hebreos es Jesús y los ángeles, Jesús y Moisés, Jesús y el sacerdocio. A lo largo de los siglos, estas conexiones se expandieron a Jesús y la política, Jesús y la educación, Jesús y los negocios y también, Jesús y Buda. No quiero decir que la política y la educación y los negocios y Buda no requieran atención. Pero no son la acción que Jesús oró en nuestras vidas en la cruz.

"Todo se ha cumplido" borra estas conexiones. El foco de la oración vuelve a ser claro y preciso: la acción de salvación de Dios completa en Jesús. Se nos libera para el acto de fe obediente, la única acción humana en la que no nos ponemos en el camino sino que estamos en el camino.

Raymond Brown, siempre magistral en su estudio de Jesús en la cruz, ofrece una intrigante percepción que profundiza el sentido de finalización pero, a la misma vez, reúne nuestras oraciones para un fin sustancial. Él observa que cuando Jesús concluyó su oración, "inclinó la cabeza y entregó el espíritu" (Juan 19.30). Brown sugiere que es plausible que Jesús entregó el Espíritu Santo a aquellos que estaban al pie de la cruz, en particular su madre y su amado discípulo. ¿Qué podría ser más apropiado? De esta manera, estos hombres y mujeres no sólo podían ver y escuchar la finalización de la obra de salvación de Jesús, sino que podían verse incluidos y participar de ella. Así como continuamos haciéndolo hasta este día.[9]

---

9   "... mientras se dirige hacia el Padre, Jesús entrega su espíritu a aquellos que están de pie cerca de la cruz. En Juan 7.37-39, Jesús prometió que cuando fuera glorificado, aquellos que creyeran en él recibirían el Espíritu. ¿Quién más indicado para recibirlo primero que aquellos creyentes que no se alejaron cuando Jesús fue arrestado, sino que se reunieron junto a la cruz? Raymond E. Brown: *The Death of the Messiah*, vol. 2 (New York: Doubleday, 1993), p. 1082.

CAPÍTULO 20

La oración en el nombre de Jesús: Bellotas convertidas en robles

Cuando yo era joven y vulnerable a todo "viento de enseñanza" que soplara por nuestros valles de Montana y sacudiera las ventanas de nuestra pequeña congregación, un pastor itinerante con la reputación de ser un "guerrero de oración", un experto en todo lo relacionado con la oración, captó mi atención de adolescente. Uno de sus dogmatismos era que todas las oraciones tienen que concluir con la frase "en el nombre de Jesús". "En el nombre de Jesús" era la clase de imprimátur que validaba todo lo que lo precedía, fuera cual fuera su contenido. Sin la dirección correcta, ¿quién sabe adónde puede terminar la oración? La frase era una defensa contra el diablo o uno de sus ángeles ganándole de mano a Jesús y usando mi oración para el mal o para la condenación de mi alma. El predicador me rescató de las ambigüedades de la adolescencia y me dio un marco claramente definido en blanco y negro en el que insertar mis oraciones. Me advirtió que, en estos asuntos, ninguna cautela es excesiva. Y yo tuve cuidado.

Tardé algunos meses en reconocer la tontería de su ignorancia dogmáticamente formulada. Pero por tonta que fuera, terminó por hacerme bien: activó mi imaginación para pensar sobre la importancia y las consecuencias de orar "en el nombre de Jesús". A la larga, me derivó a la frase de "en el nombre" en el Evangelio de San Juan y a todo el contexto coloquial con sus discípulos en el que Jesús les habla durante la última noche que pasaron juntos. Juan usa la frase cinco veces: "Cualquier cosa que ustedes pidan *en mi nombre*, yo la haré..." (Juan 14.13); "Lo que pidan *en mi nombre*, yo lo haré..." (14.14); "...mi Padre les dará todo lo que le pidan *en mi nombre*" (15.16); "... mi Padre les dará todo lo que le pidan *en mi nombre*" (16.23); "Hasta ahora no han pedido nada *en mi nombre*" (16.24). ¿Acaso estaba Jesús ofreciéndonos un "ábrete sésamo" mágico que nos otorgaría todo lo que queremos? No creo. Jesús nos estaba invitando a ingresar en su vida: una vida de relación personal íntima en la que sus palabras "se hicieron carne", no de manera general, sino de manera local y presente y particular en todas las diversas circunstancias que conforman la vida cotidiana.

Con la ayuda de mis padres y amigos, no tardé en entender que "en el nombre de Jesús" no es una fórmula verbal, como un conjuro mágico, que tiene el poder de hacer que algo suceda con la simple enunciación de las palabras en el orden correcto. El "nombre" es una entrada en el mundo que está habitado y concretado en una persona con nombre en un lugar con nombre. Un nombre no es una contraseña impersonal que podemos intercambiar con el número de nuestra tarjeta de identidad, sino un recuerdo personal que reúne relaciones y antepasados, obras y palabras, geografía y el alma: todo lo interior y exterior de la vida de una persona fusionado en un nombre, de la misma manera que aparece en este himno que entonamos a menudo:

Ante el nombre de Jesús se doblega toda rodilla,

Toda lengua confiesa ahora que Él es el Rey de Gloria;

Es el placer del Padre que lo llamemos Señor,

Quien fue desde el principio la poderosa Palabra.[1]

Después de algo así como un año, me escapé de la trampa de la certidumbre que había acogido con tanta avidez al principio ("hemos escapado de la trampa del cazador" Salmo 124.7) y entré, por medio del nombre de Jesús, en la amplia y exhaustiva compañía de Jesús: Jesús la

1   Palabras de Caroline Maria Noel (1870): *The Hymnbook* (Philadelphia: United Presbyterian Church USA, 1955), p. 143.

Palabra hecha carne, Jesús que nos relata historias ricas en asociaciones con las generaciones de historias que han descendido de sus antepasados Moisés y Elías y Daniel, Jesús que continúa con sus oraciones los exuberantes Salmos inmersos en dolor de David y el maravilloso Magníficat de su madre.

*   *   *

Las primeras dos páginas de las Escrituras nos meten de lleno en la brillante demostración del lenguaje en funcionamiento: Dios usa el lenguaje para crear todo lo que existe. Pero no bien terminamos de leer la historia del glorioso cosmos formado por la Palabra y damos vuelta la hoja, nos topamos con un lenguaje que es utilizado para corromper lo que acaba de ser creado.

Nos toma por sorpresa. Las cosas iban tan bien. Dios crea: todo lo que hace es bueno, bueno, bueno, bueno, bueno, bueno, y luego un séptimo resonante *muy bueno*. Dios siembra un jardín con deliciosos árboles y se los da al hombre y la mujer para que habiten en él. Hay cosas buenas para hacer. Hay magníficos animales para disfrutar. Un gran río fluye del jardín y riega toda la tierra. El hombre y la mujer son el toque supremo. Un mundo de belleza e intimidad e inocencia, hecho con palabras.

Y luego, algo va mal, desastrosamente mal. ¿Cómo puede andar algo mal cuando todo está yendo tan bien? Pero así ocurre. El desastre se origina en una conversación entre la serpiente y la mujer que aún no tiene nombre. Un intercambio de palabras, muchas de las mismas palabras que acababan de ser usadas en la gloriosa creación del mundo y todo lo que él contiene. El pecado y el mal llegan en las alas de las palabras, y la creación queda mancillada. No se trata de emociones fuera de control ni de genitales insubordinados ni de una arrogancia bravucona ni de tiros de pistolas y bombas que explotan en el aire, sino de palabras. El caos general en el que nos encontramos se originó en un mal uso del lenguaje. El hombre y la mujer usan hojas de higuera para cubrir la pérdida de su inocencia e intimidad y con ellas se hacen unos delantales improvisados.

Dos oraciones le dan marco a la conversación que relata la historia. Primero: "el hombre y la mujer estaban desnudos, pero ninguno de los dos sentía vergüenza" (Génesis 2.25). Luego, siete versículos más adelante: "Entonces fueron abiertos los ojos de ambos, y conocieron que estaban desnudos; entonces cosieron hojas de higuera, y se hicieron delantales" (3.7 RVR 1960).

El hombre y la mujer habían empezado bien. Dios mismo los había diseñado y les había dado vida con su aliento. Estaban en un buen lugar con una buena tarea por delante —poetas trabajando con palabras, jardineros trabajando con la tierra y las plantas— cubiertas todas sus necesidades, abiertos e íntimos el uno con el otro, abiertos e íntimos con Dios. Cada mañana se despertaban a un mundo de belleza y abundancia en el que tenían dignidad y propósito y uso.

"Desnudos pero sin sentir vergüenza": completamente cómodos, completamente en casa, con nada que ocultar, con nada que temer, abiertos el uno al otro, abiertos a los animales y al clima y a la tierra, abiertos a Dios. Y luego, después de una breve conversación con la serpiente, los encontramos cosiendo con desesperación hojas de higuera para cubrir lo que no se puede cubrir. Las hojas de higuera indican una catástrofe del lenguaje. Las palabras ya no son más un medio de intimidad, de revelación. Son palabras de hojas de higuera. El hombre y la mujer que las pronuncian ya no están abiertos el uno al otro, libres en el jardín, perdidos en su asombro, deleitados en lo que se les ha dado. Ya no están abiertos a Dios. Cuando se les pregunta sobre ello, el hombre dice: "tuve miedo porque estoy desnudo. Por eso me escondí" (Génesis 3.10). El lenguaje de hojas de higuera trata con Dios pero de una manera que lo evita con sutileza ("La serpiente era más astuta que todos los animales del campo" Génesis 3.1). Las hojas de higuera cubren lo que hay que dejar al descubierto. Las palabras de hojas de higuera parecen tan inocentes: después de todo, ellas tienen su origen en un lugar sagrado: el Santo Jardín del Edén. Continúan floreciendo en santuarios y capillas de todo el mundo. La devastación se ha extendido.

Dada la gloria y ubicuidad del lenguaje en todo lo que tiene que ver con la vida en su sentido más global —la vida de Dios, la vida del hombre y la mujer, la vida de los animales y árboles y océanos— es más que desalentador descubrir que se usa el lenguaje con tanta facilidad y frecuencia para adulterar, ultrajar y degradar la vida, y al Dios de la vida.

*   *   *

El lenguaje es sagrado. Todas las palabras son santas. Pero cuando las extraemos de la historia a la que Dios da existencia con sus palabras y cuando las usamos aparte de Dios, el lenguaje es profanado: las palabras se convierten en algo impersonal, las palabras se convierten en algo carente de relaciones. Al poco tiempo, la santa creación es profanada. Las palabras usadas por la serpiente y la mujer retienen el significado que encontramos en el diccionario. Pero sin la sintaxis de la historia de Dios son hojas de higuera, sin conexión, sin la relación vocal con el Señor del lenguaje, con el Verbo hecho carne, con el Espíritu que nos da "palabras" cuando proclamamos "en nuestra propia lengua las maravillas de Dios" (Hechos 2.11).

*   *   *

Las seis plegarias que oramos con Jesús de la manera en que él las oró, esas "oraciones establecidas", nos dan una idea del mundo en el que Jesús oró, el extenso mundo de la intimidad y confianza creadas por el coloquio con Jesús cuando él ora con nosotros y por nosotros. El orar estas seis plegarias nos facilita además un aprendizaje en la vida de oración, previene el ensimismamiento, con nuestra atención puesta en nosotros mismos (¿estoy haciendo esto bien?) y mitiga la inseguridad (¿qué van a pensar los demás de mí?). Nos dan un lugar inadvertido pero seguro junto a la nube de testigos y a Jesús mientras oran.

Existe un prejuicio que prevalece entre muchos cristianos de los Estados Unidos contra las oraciones repetidas, los "libros" de oración, aun cuando estos surjan directamente del "libro de Jesús". Éste es un error. La espontaneidad ofrece una clase de deleite y gusto por la santidad, y las repeticiones, otra, igualmente placentera y santa. No tenemos que elegir lo uno o lo otro. No *tenemos* que hacerlo. Son los dos extremos de la oración. Las repeticiones de las oraciones de nuestro Señor (y de David) nos dan una firme base para la espontaneidad, el vuelo, las exploraciones, las meditaciones, los suspiros y los gemidos que son parte del "orar sin cesar" de 1 Tesalonicenses 5.17 hacia lo que nos impulsa Pablo.

* * *

La naturaleza de la oración es ofrecer una manera de asentir a la Palabra de Dios que está encarnada en Jesús, la Palabra de Dios escrita en nuestras Sagradas Escrituras, la Palabra de Dios que nos hace presente el Espíritu Santo. Es una forma de lenguaje congruente con el lenguaje en el que escuchamos, recibimos y respondemos a la Palabra.

Aprendemos el lenguaje de la oración mediante la inmersión en el lenguaje que usa Dios para revelarse a nosotros, el mundo del lenguaje de Jesús. En la oración, oramos en el contexto de Jesús. Nuestras oraciones ya no están formadas por nuestra cultura. Hemos sido prevenidos en contra del lenguaje religioso de la serpiente. Nuestras oraciones son rescatadas del condicionamiento de nuestra psiquis. Adquirimos un lenguaje de oración adecuado para escuchar y hablar en el amplio mundo de la Trinidad, revelado en Jesús por el Padre por medio del Espíritu Santo. La oración es el lenguaje personal, el lenguaje del Padre y del Hijo, el lenguaje de Dios y sus hijas. Es un lenguaje que está puesto a disposición de las relaciones. Es conversación. Dios nos escucha; nosotros lo escuchamos a Dios. Dios nos habla; nosotros le hablamos a Dios. No podemos decir que sea una conversación entre pares, pero al menos las dos partes están hablando el mismo lenguaje, un lenguaje de revelación, un lenguaje profundamente relacional y no un lenguaje para informar y manipular.

El Padre: la oración no es un acto foráneo, un hecho extraño. Oramos dentro de la familia. Oramos a partir de nuestra afinidad natural con Dios.

El Hijo: no estamos orando en la oscuridad, tanteando y tratando de adivinar. El Hijo revela al Padre. No sabemos todo, pero sabemos algo. Conocemos a Dios como Salvador, Dador, Amante, Oyente.

La oración en el nombre de Jesús

El Espíritu Santo: no oramos "por cuenta propia". La oración no es reunir nuestra energía espiritual para hacer una declaración o lanzar una causa. Aun cuando la oración involucre nuestras palabras, nuestras meditaciones y nuestras acciones, nuestra oración es mucho más que *nosotros mismos*. En su mayor parte, es el Espíritu Santo que nos da a conocer a Dios y que inicia *en nosotros* una respuesta de alabanza, petición y obediencia: "Así mismo, en nuestra debilidad el Espíritu acude a ayudarnos. No sabemos qué pedir, pero el Espíritu mismo intercede por nosotros con gemidos que no pueden expresarse con palabras" (Romanos 8.26).

*   *   *

La oración renuncia al lenguaje que manipula a Dios (el camino de la magia). La oración rechaza el lenguaje que reduce a Dios a nuestro control (el camino de los ídolos). La oración está atenta al lenguaje que despersonaliza a Dios y lo convierte en una idea o fuerza o sentimiento (el camino de la introspección piadosa). La oración desconfía de los tecnólogos espirituales que profesan ser expertos en el uso de la oración para "hacer que algo suceda", una tecnología para obligar a Dios y los demás a garantizar que se haga *nuestra* voluntad. La oración presta atención a la tendencia en nosotros mismos de privatizar la oración y aislarla de la compañía de la comunión de los santos. Y la oración no es por cierto una cubierta espiritual para tomarnos unas vacaciones que nos alejen del mundo y sus problemas y responsabilidades.

La oración es una forma de lenguaje que se practica en la presencia de Dios en la cual pasamos a ser más de nosotros mismos, aun cuando permanezcamos siendo nosotros mismos. En la práctica de la oración, Dios honra nuestra libertad, Dios nos da dignidad. Balthasar habla de nuestras vidas como "una expresión sostenida de oración... El hombre sólo necesita saber, a un cierto grado, lo que realmente es, para irrumpir espontáneamente en oración".[2]

Por lo general, no hablamos el lenguaje de la oración con fluidez por nuestra cuenta, o leyendo un libro o inscribiéndonos en un curso.

---

2   Hans Urs von Balthasar: *Prayer* (London: Geoffrey Chapman, 1963), p. 36 (publicado por primera vez en alemán en 1957).

La fluidez en la oración la adquirimos reunidos con Jesús. Aprendemos a orar "en el nombre de Jesús".

*   *   *

Deseo eliminar el bilingüismo con el que nos criamos o que adquirimos durante nuestro crecimiento: un lenguaje para hablar de Dios y sus cosas, para la salvación y Jesús, para cantar himnos y concurrir a la iglesia; otro lenguaje que aprendemos cuando vamos a la escuela, conseguimos un empleo, jugamos a la pelota, vamos a bailes y compramos patatas y vaqueros. Un lenguaje para la religión y un lenguaje para todo lo demás, cada uno con su propio vocabulario y tono de voz. Deseo derribar las paredes que separan los asuntos de Dios y la oración de los asuntos de comprar comida para poner sobre la mesa y ganarse la vida.

Estoy interesado en recuperar el lenguaje común de la Biblia, el lenguaje que no está dividido en diferentes dialectos, uno para el trabajo y los asuntos domésticos, otro para lo que pensamos en estereotipos como "espiritual": un dialecto para la calle, otro para la iglesia.

Deseo tirar abajo las paredes que mantienen la oración confinada a los entornos y temas religiosos. Deseo ampliar el campo de la oración —de manera exponencial si fuera posible— hasta que incorpore toda la creación y toda la historia, todas nuestras vidas unidas en una misma intención delante de Dios, no quedando nada ni nadie afuera. Deseo que mis oraciones, y las oraciones de mis amigos, reboten de las paredes rocosas de las montañas, que resuenen por los corredores de los centros de compras, que suenen en las profundidades del océano, que rieguen los desiertos áridos, que encuentren un asidero en los hediondos pantanos, que encuentren poetas cuando ellos están buscando la palabra justa, que mezclen su fragancia con las flores silvestres de los prados alpinos, que canten con las aves en los lagos canadienses. Por supuesto, yo voy a continuar orando en los santuarios y en lugares solitarios y junto a los lechos de muerte. Pero deseo mucho más. Deseo participar en oraciones que no suenen como oraciones. Oraciones que en el orar no se identifiquen como oraciones. Oraciones sin cesar.

La oración en el nombre de Jesús

Esto no significa que todas nuestras palabras y silencios sean, en sí, oraciones, sólo quiere decir que pueden llegar a serlo.

Jesús, que se sentía en casa tanto en el cielo como en la tierra, a gusto tanto en la "casa de su Padre" como en la casa de María y José, usaba el mismo lenguaje —personal, metafórico, particular, relacional, local— en todas partes, ya fuera en la sinagoga o en la calle, y con quienquiera que hablara, ya fuera un samaritano o Dios. No reducía lo sagrado a lo secular, sino que inyectaba lo sagrado en lo secular. Cuando nos reunimos con Jesús en asuntos de lenguaje, el lenguaje mismo se convierte en un sacramento. No cultivamos un lenguaje elitista para conversar sobre cosas e ideas que hayamos definido como "espirituales". No permitimos que el mundo sin fe le quite toda trascendencia a las palabras y las conviertan en hojarasca. Permitimos que Jesús les dé forma a nuestro lenguaje y oraciones, hablando y orando el lenguaje común de la tribu, alertas a cada palabra impregnada de revelación, cada oración perfumada de gracia. Escuchamos y oramos siempre atentos a lo que dice y ora Jesús, ya que no deseamos perdernos ni siquiera un susurro o sílaba del Verbo hecho carne.

Cuando Dios le ordenó a Moisés construir una estructura para el culto, el tabernáculo en el desierto, su centro fue designado como el lugar "más santo", o el "Lugar Santísimo", que era el lugar donde se llevaba a cabo la acción entre Dios y los hombres. Estaba protegido del sacrilegio pagano y del voyerismo espiritual, ya fuera inadvertido o intencional, por una cortina finamente recamada o velo. Nadie tenía permiso para entrar en el Lugar Santísimo excepto el sumo sacerdote, y éste sólo podía ingresar en él una vez al año. Lo sagrado y lo profano estaban estrictamente separados.

La presencia sagrada de Dios estaba resguardada de la profanación de la curiosidad o de la idolatría blasfema. No podemos usar a Dios.

El tabernáculo, un santuario portátil en el desierto, y el templo en Jerusalén que lo reemplazó más tarde capacitaron al pueblo de Dios durante casi dos mil años enseñándoles a tener reverencia delante del Santo en el tabernáculo y el templo, una santa reverencia que se convirtió en el "temor del Señor" en la vida fuera del lugar santo. El pueblo de Dios siempre necesita una capacitación a fondo en santidad. Nosotros, todos pecadores, tenemos la costumbre profundamente arraigada de querer usar a Dios para nuestros fines, de reducirlo a un objeto que podemos controlar. No podemos hacerlo. La cortina que protege el Lugar Santísimo nos dice que no podemos.

Los siglos de capacitación en la inviolabilidad de la santidad de Dios están profundamente arraigados en nuestro entendimiento de aquel Lugar Santísimo completamente velado en el centro del lugar de adoración. La cortina lo protegía de los fisgones y los entrometidos. Por lo tanto, el impacto es sísmico cuando se nos dice que lo primero que ocurrió cuando murió Jesús en la cruz es que "la cortina del santuario del templo se rasgó en dos, de arriba abajo" (Mateo 27.51; Marcos 15.38; Lucas 23.45).

¿Qué fue lo que ocurrió? El Lugar Santísimo es ahora todo lugar. El Santo de Dios es nuestro contemporáneo. Su tiempo es nuestro tiempo. Ya no hay separación entre allí y aquí, entonces y ahora, lo sagrado y lo secular. La carta a los hebreos lo enfatiza y nos ayuda a ver que la muerte de Jesús en la cruz nos abre el "camino nuevo y vivo" por medio del cual podemos vivir una vida integrada (véase especialmente Hebreos 9-10).

Pablo también usa estas imágenes, pero de una manera algo distinta, cuando habla de la muerte de Jesús, que derriba "mediante su sacrificio el muro de enemistad" entre los judíos (los religiosos de dentro) y los gentiles (los religiosos de afuera), uniéndonos como un solo pueblo (Efesios 2.14).

Allí y aquí fusionados, entonces y ahora fusionados, lo sagrado y lo secular fusionados, nosotros y ellos fusionados. La cortina del santuario rasgada en dos. Los muros, derribados. Las divisiones, quebradas.

¿Y el lenguaje? Sí, el lenguaje. Todo el lenguaje está disponible para dar testimonio de lo santo, para nombrar lo santo, en todo lugar y en todo momento, así como Jesús usó y usa el lenguaje. Las oraciones de Jesús son fundamentales para nuestras oraciones y continúan dentro de ellas.

*　　　*　　　*

Ludwig Wittgenstein, uno de los más acertados filósofos del lenguaje, nos dice qué impresión le causó la oración: "Todo un mundo está contenido en estas palabras". Le resultó algo que no era del todo correcto. Hizo este comentario: "¿*Éstas palabras?* ¿Cómo *puede* estar contenido en ellas? Está estrechamente vinculado con ellas. Las palabras son como una bellota de la cual puede crecer un *roble*".[3]

Cuando leí sus palabras, me parecieron aptos para describir lo que implica orar en el "nombre de Jesús". Las oraciones de Jesús no contienen todas las oraciones. Son bellotas de las cuales crece una vida de oración en nosotros, convirtiéndose en robles con profundas raíces que se extienden hacia el cielo.

---

3   Ludwig Wittgenstein: *Culture and Value*, traducido por Peter Winch (Chicago: University of Chicago Press, 1980), p. 52; el énfasis es del autor.

CPSIA information can be obtained
at www.ICGtesting.com
Printed in the USA
BVHW051330010522
635368BV00003B/2